晚清的衙门 北京的官

孔祥吉 著

天津出版传媒集团
天津古籍出版社

图书在版编目（CIP）数据

晚清的衙门　北京的官/孔祥吉著.--天津：天津古籍出版社，2021.7
ISBN 978-7-5528-1002-8

Ⅰ.①晚… Ⅱ.①孔… Ⅲ.①社会生活—历史—北京—清后期 Ⅳ.①D691.9

中国版本图书馆CIP数据核字（2020）第172224号

晚清的衙门　北京的官
WANQINGDEYAMEN BEIJINGDEGUAN

孔祥吉/著

出　　版	天津古籍出版社
出 版 人	张　玮
地　　址	天津市和平区西康路35号康岳大厦
邮政编码	300051
邮购电话	（022）23517902
责任编辑	王雅贞　王浩浩
装帧设计	鞠佳美
印　　刷	天津新华印务有限公司
经　　销	新华书店
开　　本	700毫米×1000毫米 1/16
印　　张	19.5
字　　数	205千字
版次印次	2021年7月第1版 2021年7月第1次印刷
定　　价	58.00元

版权所有 侵权必究
图书如出现印装质量问题，请致电联系调换（022-23517902）

前　言

呈现在读者面前的这本书,是我数十年从事晚清史研究的一片结晶,出版前夕,我抚今追昔,感慨万分,故在此略缀数语,以尽余怀。

首先,我要感谢引领我进入晚清史研究大门的戴逸、林敦奎二位先生,他们在三十多年前,便引领我开始对古都历史以及封建社会结构进行考察,至今对他们的教导感激不尽。

后来,我在波士顿又结识了翁同龢的后裔翁万戈先生,他十多次邀请我与内子,到他远在新罕布什尔州的深山老林的家中进行访问,在那里我有机会研读了翁家所保存的珍贵史料。这对一名学人来讲,真可谓是一种难得的享受。

接着,我在2003年,于哈佛大学燕京学社有幸遇见了日本东京大学综合文化研究科的村田雄二郎教授,后来又相识了日本东京早稻田女子大学的久保田文次教授,他们邀请我去日本访问讲学,先后有六次之多,除了讲课外,大部分时间是在日本外务省外交史料馆度过的。

最后,我还感谢天津古籍出版社的张玮先生和柳文全先生,他们十分关心此书的进展,而柳先生早在2005年即帮助出版了我和村田雄二郎先生共同编纂的国家清史编纂委员会的文献丛刊《一个日本记者笔下的袁世凯》;过了十多年,年轻一辈的编辑王雅贞、王湉湉,又帮助我出版了这本《晚清的衙门　北京的官》,真可谓三世有缘。

此外,还应该提及的是清史所的董建中先生,此书的许多文章,他都热情地帮我审阅,不辞劳苦,真是难能可贵,值得铭记。

2020年夏初写于波士顿剑桥镂石斋

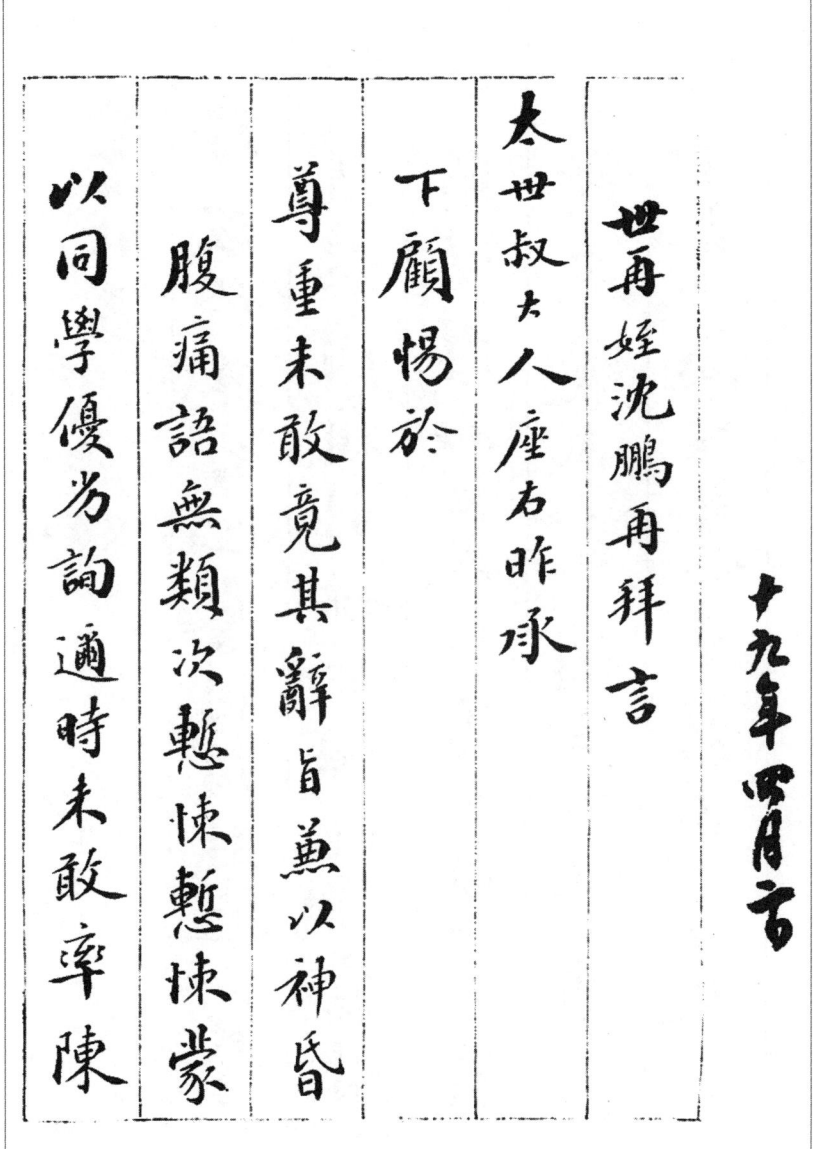

沈鹏致翁同龢的信（一）

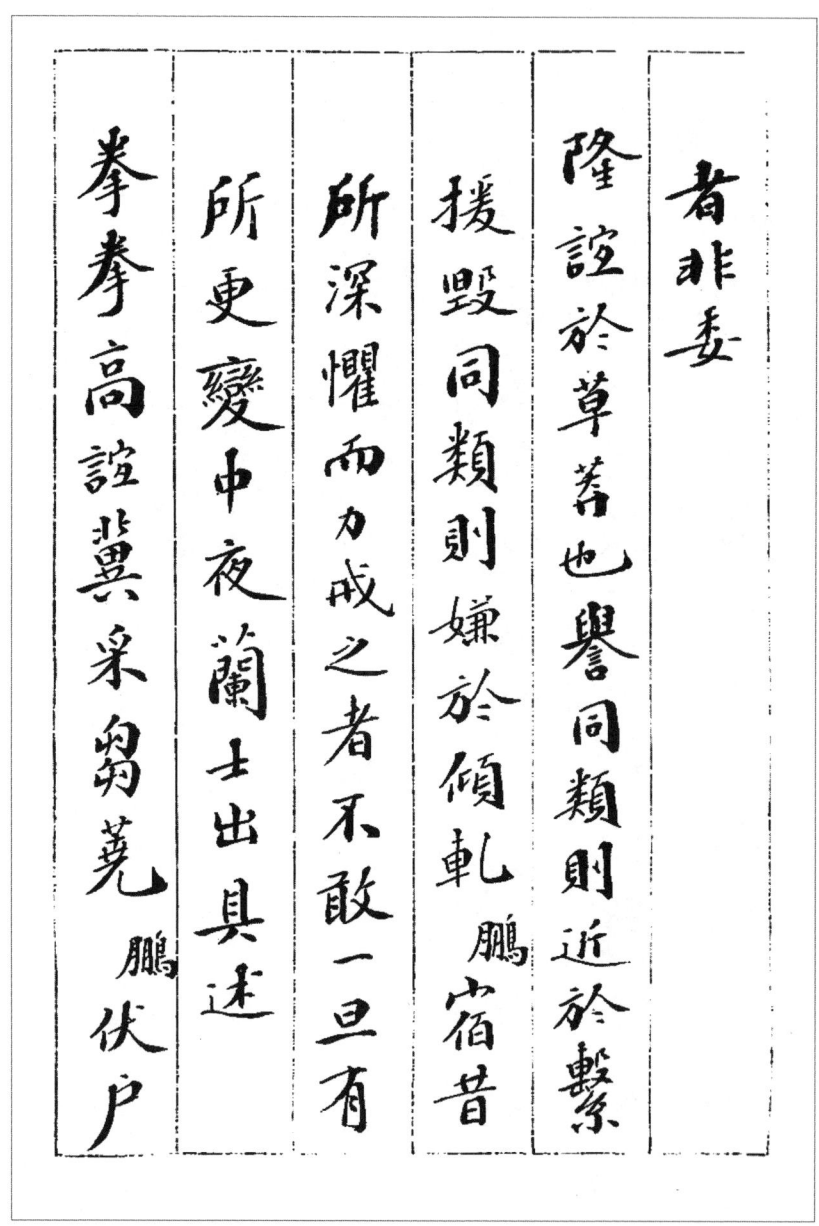

(二)

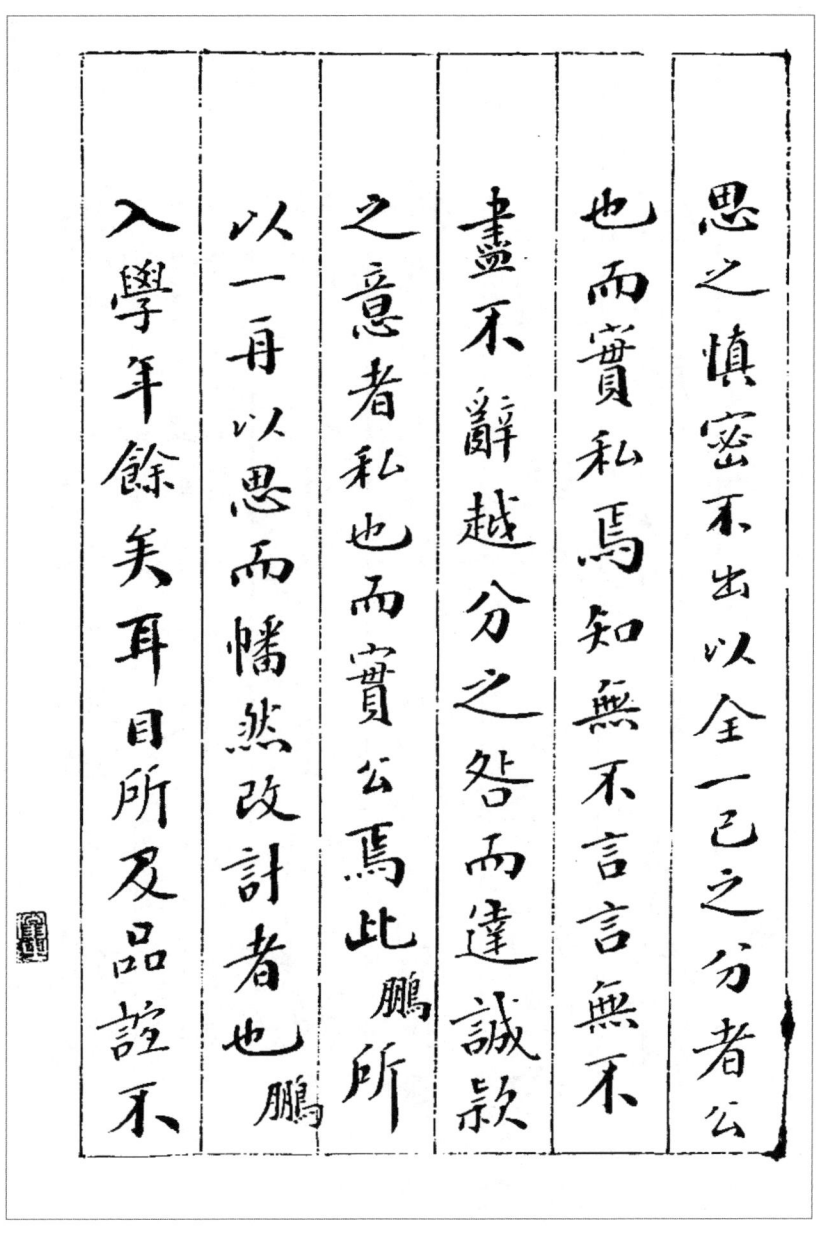

(三)

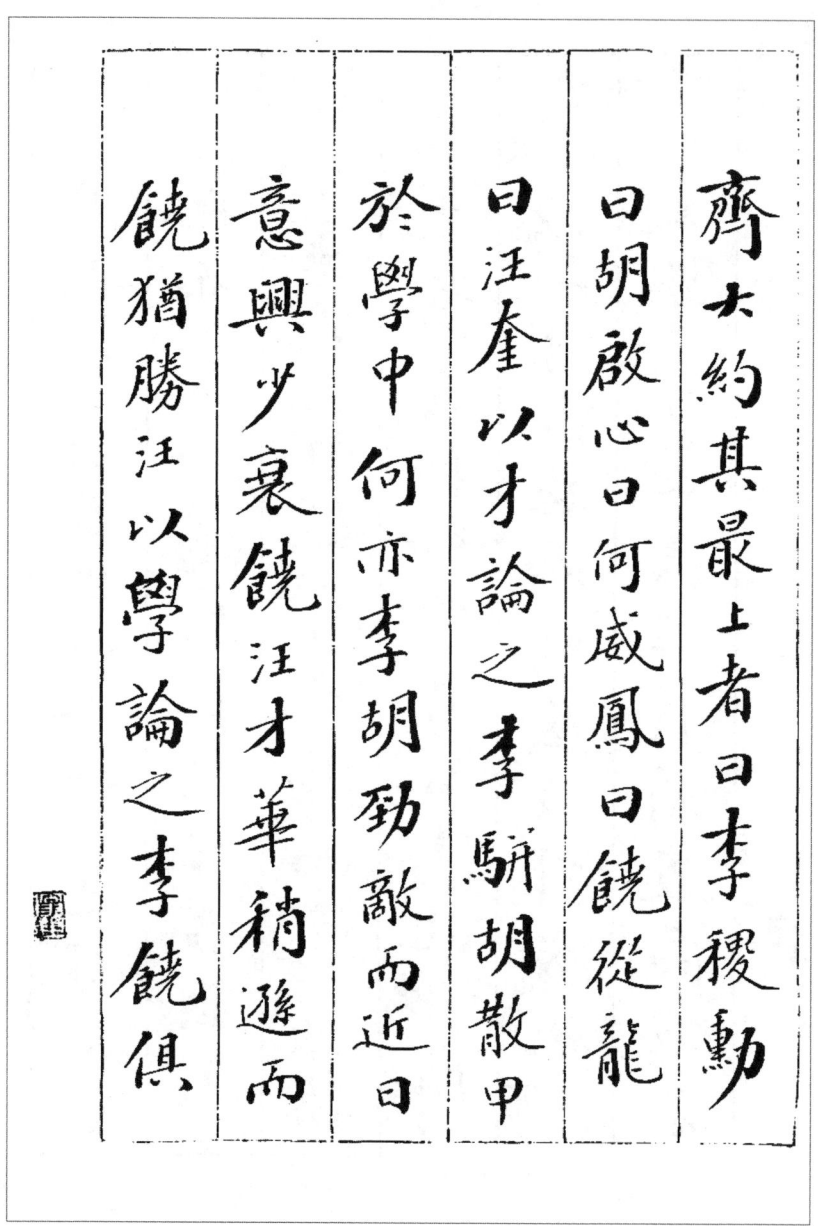

(四)

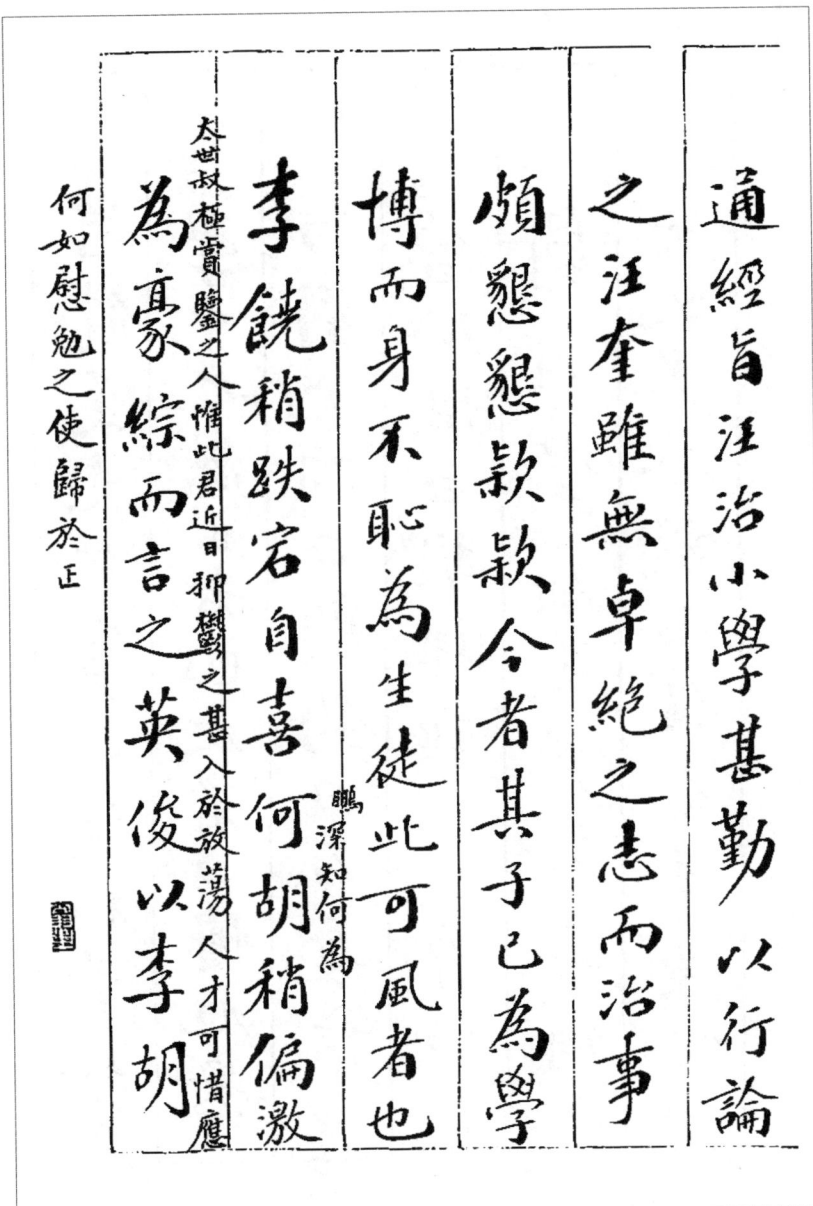

（五）

何饒為先竺實以汪稱首此皆學中之傑出者也次者曰傅旭安曰劉元輔曰顏鈞曰石長信曰曾炳熿曰胡棣鄂曰曾沛霖劉顏石之駢文少於李傅之古文少於胡而俱有才藻可觀

（六）

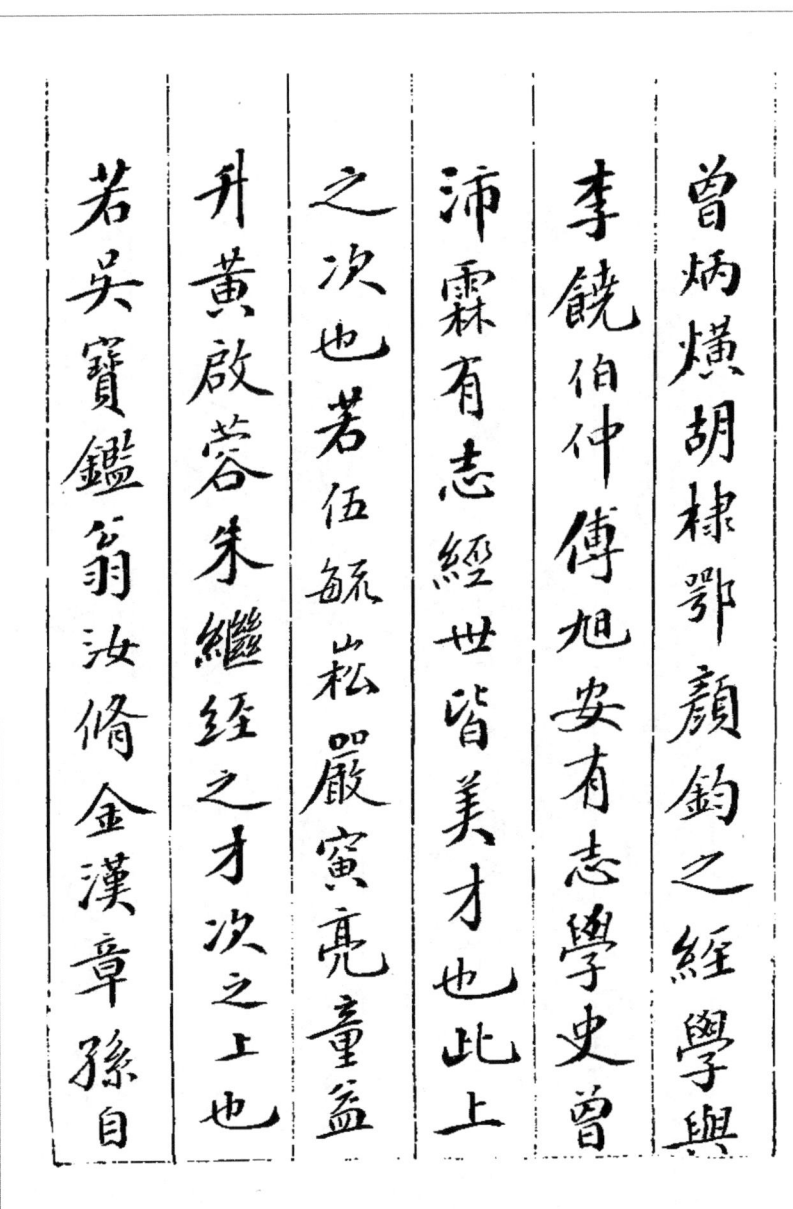

曾炳熿胡棣鄂頤鈞之經學與李饒伯仲傅旭安有志學史曾沛霖有志經世皆美才也此上之次也若伍毓崧嚴竇亮童益升黃啟蓉朱繼經之才次之上也若吳寶鑑翁汝脩金漢章孫自

（七）

鎔之才次之次也自傳曁孫十有
六人其志趣雖不同均未聞
有不謹聲而傅旭安吳寶鑑
待鵬極厚想亦篤於友道者
也若杜本芳丙向南彭鳳沼
杜曲俱考勿論卯彭陽程俱不用功
曲雍海楊之銓程鴻鋆則才
向鵬程

之下者也至若蘇志澄王咸昌縈心勢利宋敬篤馬玉珂縱情泆蕩李鳴鸞趙運煌停妻再娶 此事未徵 璿岳 此數人才既陋劣品尢濁濫乃學中最下者也其餘 諸生載 新至未稔或一時不

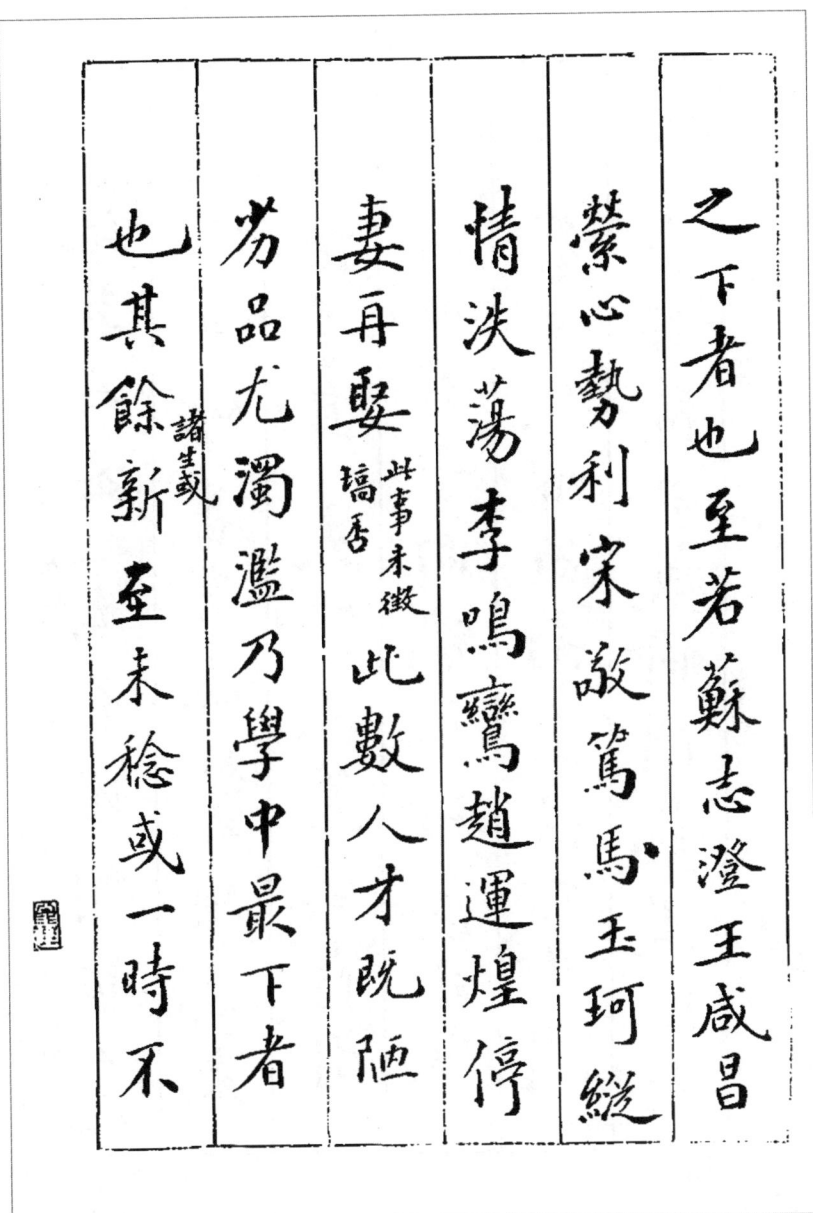

（九）

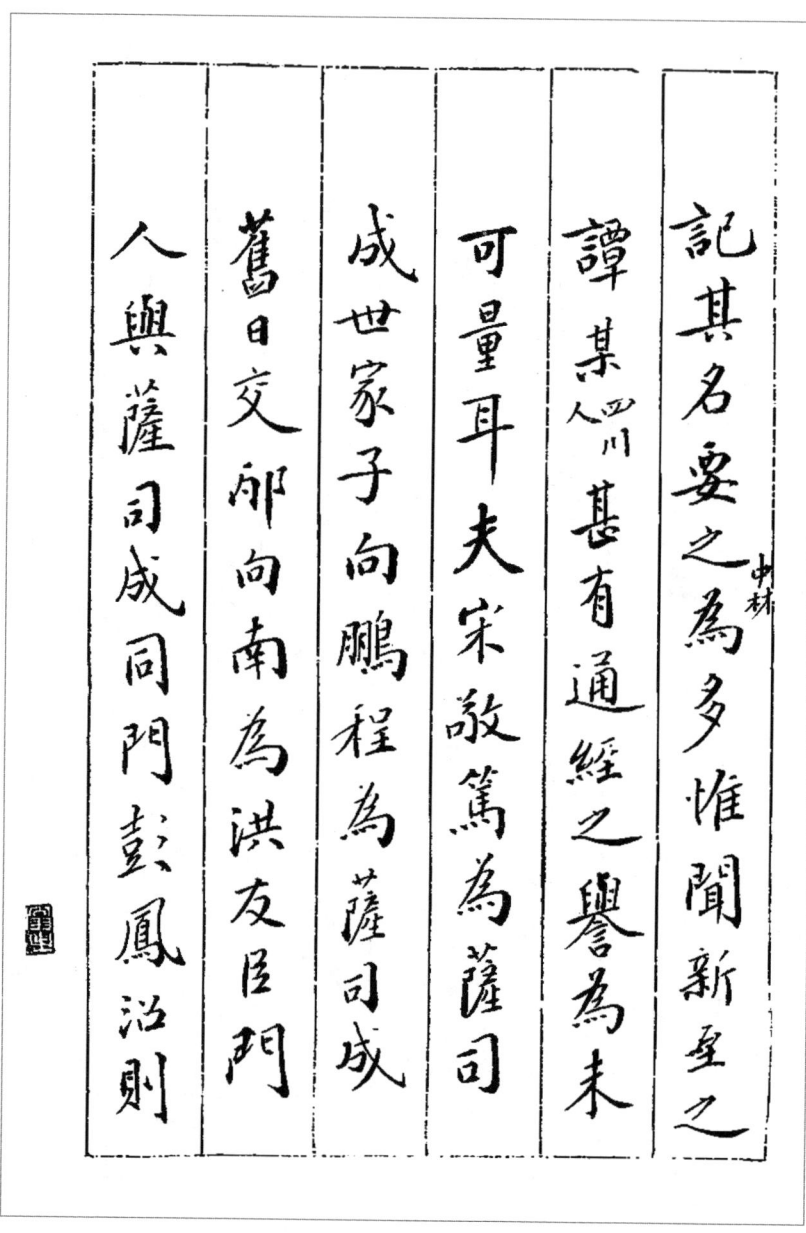

記其名要之為多惟聞新至之譚某（四川）甚有通經之譽為末可量耳夫宋敬篤為薩司成世家子向鵬程為薩司成舊日交郇向南為洪友臣門人與薩司成同門彭鳳沿則

（十）

澗少司成之門人也幸管學劉公一秉大公校藝之旹不少寬貸尚無害學中風氣不然之數人將超軼輩流而風氣不可問矣近學中傳言

太世叔欲奏保伍毓崧以繼阮何

（十一）

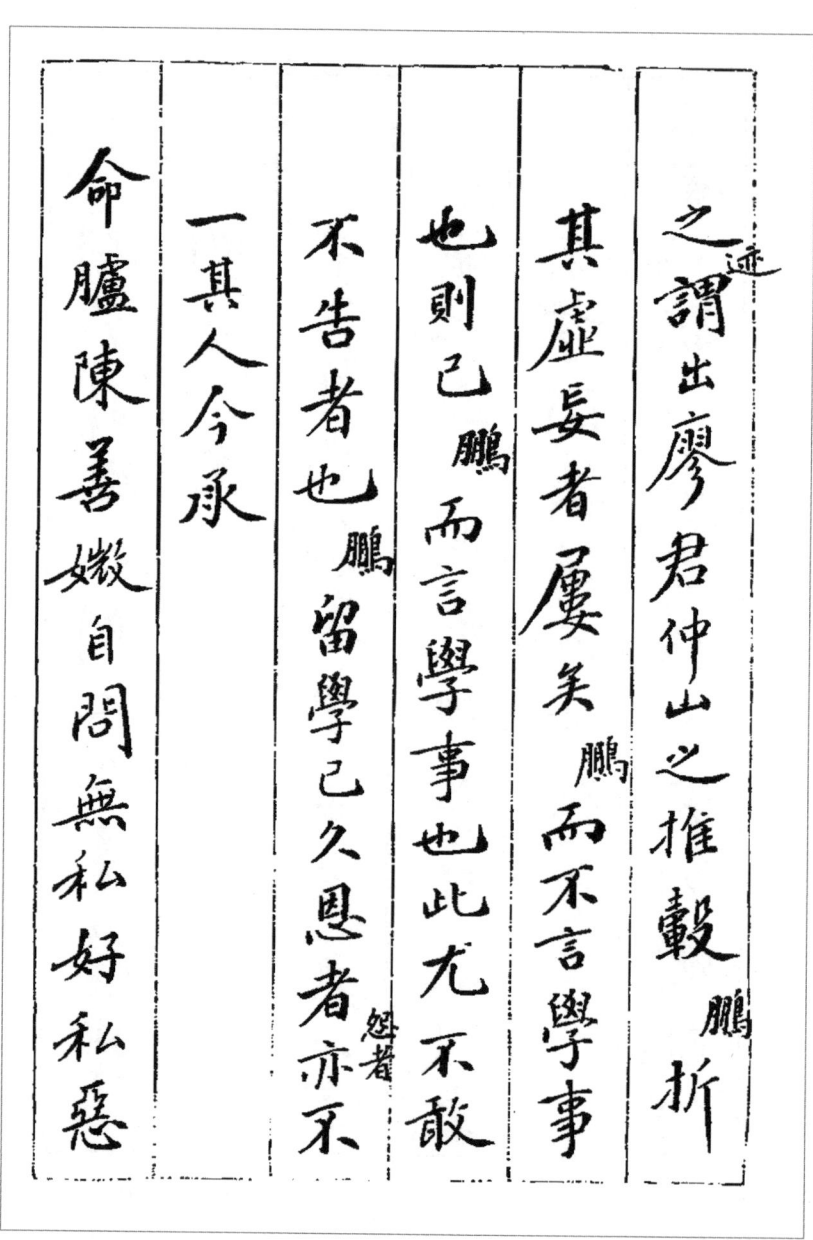

(十二)

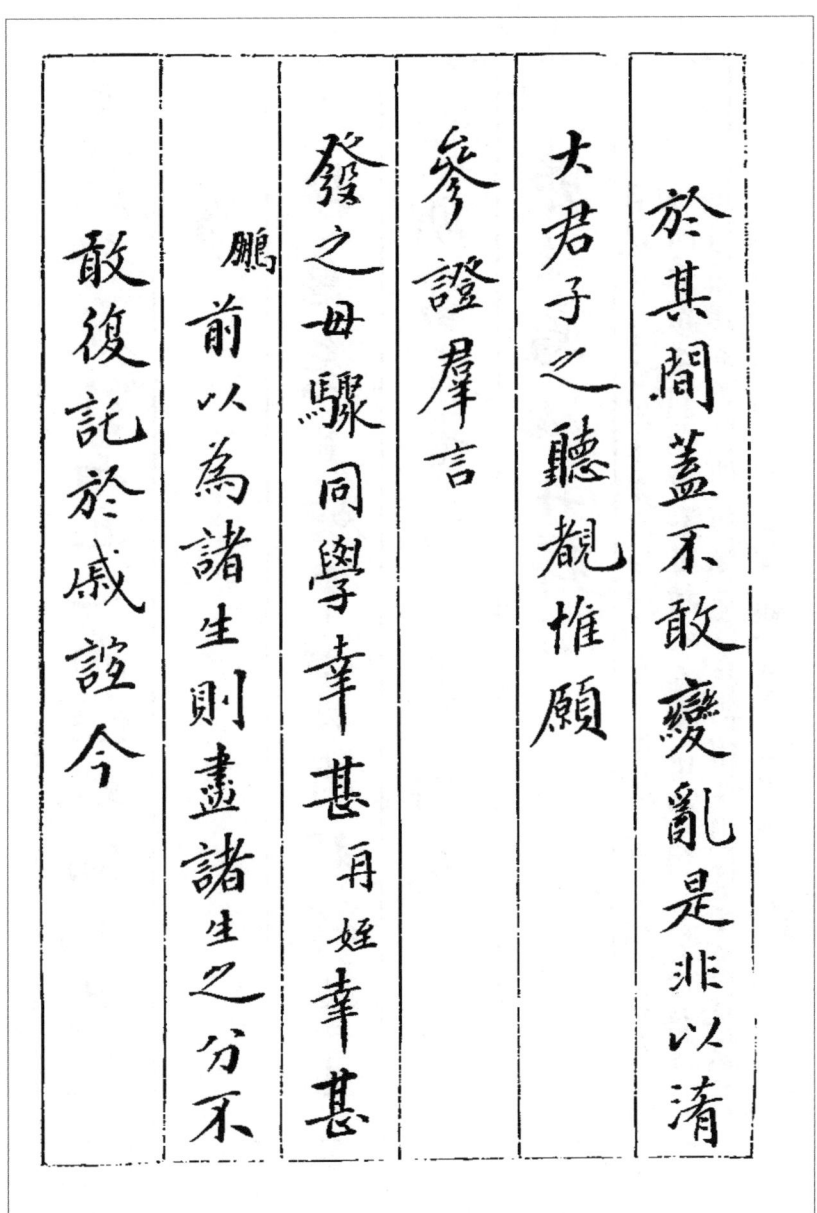

（十三）

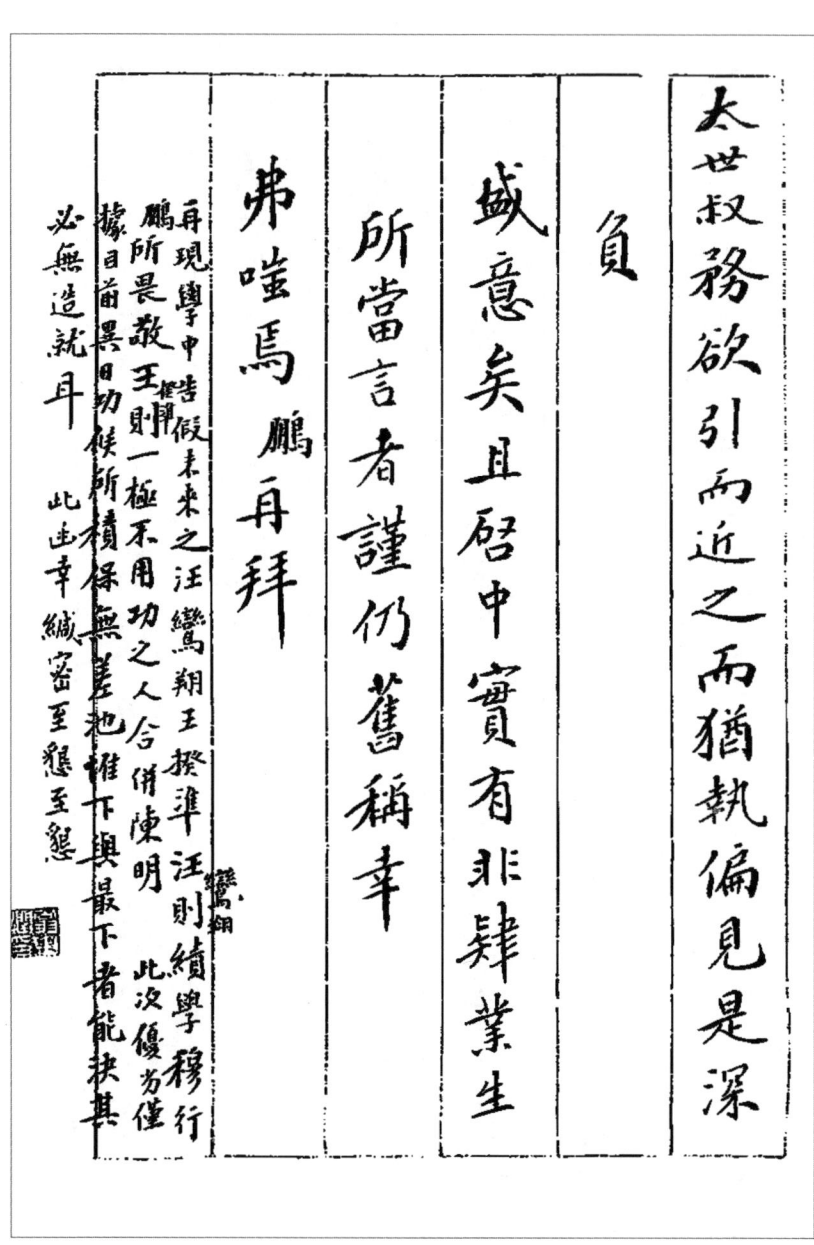

（十四）

六兄大人如晤日前蒙
惠賚藥品佳刻下旦暮應用數月後當
須接濟望即
頒見高廟熟挂
墨寶檻聯輓棻亭鞠魚稻稅文官果塾
秀才園旁註此淨業湖上鼓寶未悉
二語出需撰有何人並載在某書祈
示弟為荷專此奉候 勳祉
　　　　　　　　　　　恭親王啟

恭王信

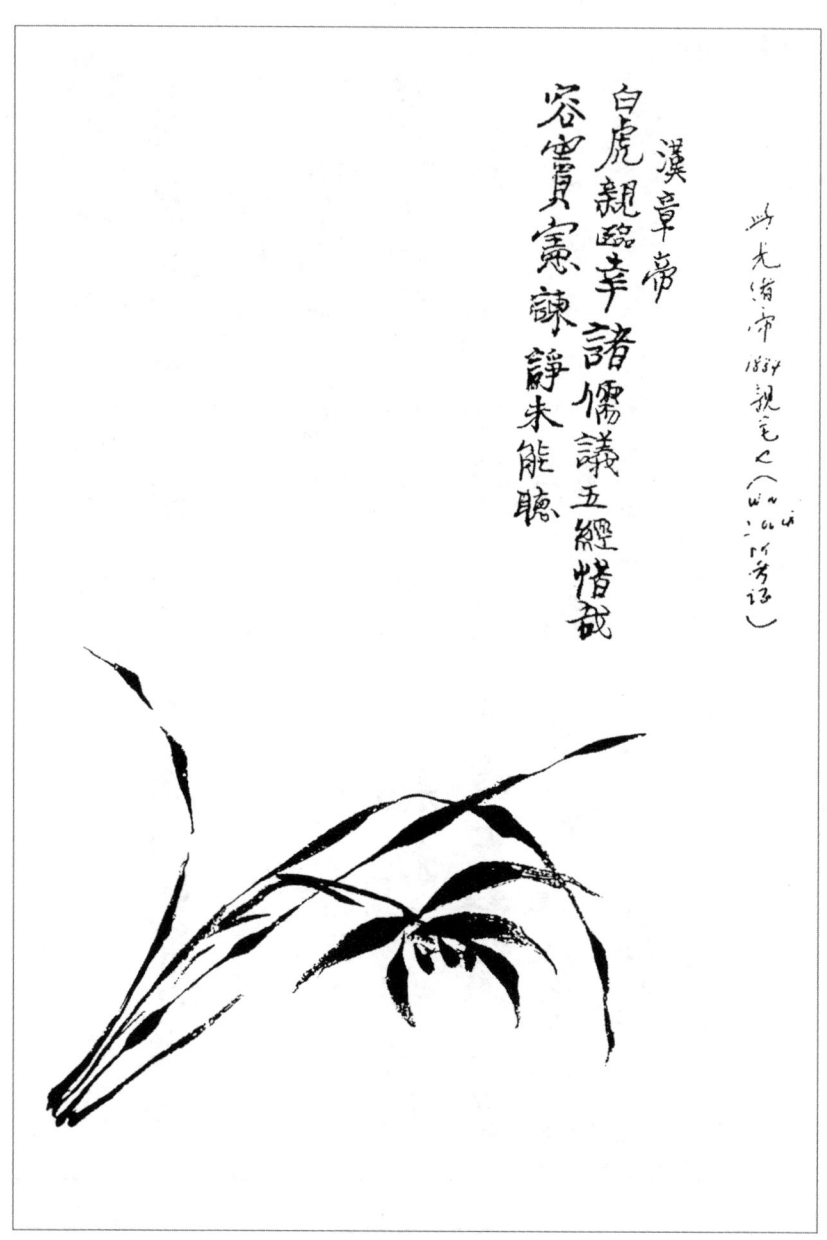

光绪皇帝于光绪十年（1884年）在书房所作，原件为帝师翁同龢保存

目 录

太和殿的晚清风雨 …………………………………… 001

不平静的养心殿 ……………………………………… 016

什刹后海醇王府 ……………………………………… 031

清代刑部与刑部监狱 ………………………………… 048

妙高峰上七王坟 ……………………………………… 063

淮系人物与晚清社会变革 …………………………… 077

不问苍生问鬼神

　　——清季北京的占卜风气 ……………………… 092

莫把赝品当珍宝

　　——以北京大学善本部所藏翁同龢戊戌密札为例 …… 107

晚清一次向高官送礼事件剖析

　　——以翁同龢《己丑年寿礼名册》为线索 ……… 125

晚清北京风水热与皇家风水大师英年 ……………… 139

晚清的北京当铺 ……………………………………… 158

铮铮铁骨话沈鹏 ……………………………………… 176

清流何处是归宿 ………………………………………… 193

甲午战争后的民族危机与北洋大学的创成

  ——天津大学早期校史的重要补充 ………… 213

东京大学与近代中国

  ——以日本《文部省往来文书》为中心 ……… 235

辛亥革命史料抉择之困惑

  ——冯自由《中华民国开国前革命史》与

  《革命逸史》异议 ……………………………… 254

代后记 …………………………………………………… 285

太和殿的晚清风雨

人们参观故宫,穿过午门、太和门之后,呈现在面前的是一座重檐黄瓦,气势宏伟的宫殿,这就是举世闻名的太和殿。这座高大的殿宇矗立在由三重汉白玉雕栏环绕的台基之上,金碧辉煌,巍峨庄严,真不愧是世界建筑史上一颗灿烂的明珠!这里的一砖一瓦,都凝结着我国古代劳动人民的聪明才智。这座古老的殿宇,又是当之无愧的历史见证人。明清两代许多重要人物,都曾在这里登台表演。时至今日,殿堂里的灯火,虽然久已熄灭,但历史的足迹则依然保留。

一、太和殿是工匠梁九的不朽之作

太和殿,俗称金銮殿。明成祖朱棣发动靖难之役,将建文帝朱允炆赶下台以后,即决定将国都由南京迁至北京,于是大举兴修宫殿城池。太和殿作为皇宫的主体建筑,早在明永乐十八年(1420年)即开工兴建。起初称作奉天殿,嘉靖四十一年(1562年)更名皇极殿,清顺治二年(1645年)又改称太和殿。太和殿建成后屡遭火灾,"康熙八年重建太和殿,三十四年再建"。[①] 现在人们所看到的,就是康熙三十四年(1695年)建造的。

太和殿工程浩大,所需原材料,均采自全国各地。巨大的楠木

[①] (清)于敏中等编:《日下旧闻考》卷11,北京:北京古籍出版社,1981年,第148页。

来自云贵、广西、湖南、四川等地，亦有从东北运来的松木；石料大多从房山县开采；殿堂内铺设的金砖，则是由江南官窑承烧的。在运输条件十分落后的情况下，要把这些巨大的木料和石料，从遥远的地方运送到京师，其艰辛是不言而喻的。人们常说，太和殿的一砖一瓦都渗透着穷苦百姓的血汗，是毫不过分的。

康熙时期，清廷之所以能两度重建太和殿，是因为当时清王朝正处于繁荣昌盛阶段。最后一次兴建，从康熙三十四年（1695年）二月二十五日开工，到三十六年（1697年）七月落成，仅用了两年多的时间。当时主持此项工程的是顺天府的木匠梁九，时年七十有余。这位老工匠自明末到清初，一直在紫禁城内施工，凡有较大的工程，"梁皆董其事"。① 在没有近代先进工具的条件下，整个大殿的外形轮廓、结构组合，全凭梁九费心筹划。太和殿的结构复杂，梁枋檩柱，斗栱飞檐，构件多达数万。梁九当时尚未采用图纸，但是为了准确施工，预先"手制木殿一区，以寸准尺，以尺准丈，不逾数尺许，而四阿重室，规模悉具"。② 梁九的这套建筑工艺，被京师百姓称作"绝技"。

王士禛《居易录》记载，梁九的高超技艺，是由著名工匠冯巧传授的。冯巧自明万历年间，即开始主持宫廷高大建筑物的修建。在长期施工过程中，他积累了丰富经验，却不肯轻易传授别人。梁九在其门下学徒，数年不得其传。尽管如此，梁九并无怨言，反而更加勤谨恭顺，终于感动了冯巧。"一日，（梁）九独侍，（冯）巧顾曰：'子可教矣。'于是，尽传其奥。巧死，九遂隶籍冬官，代执营造

---

① （清）王士禛：《居易录》，陈宗蕃编著：《燕都丛考》（第1编），北京：北京古籍出版社，1991年，第40页。
② （清）王士禛：《居易录》，陈宗蕃编著：《燕都丛考》（第1编），第40页。

之事,一技之必有师承,不妄授受如此。"①

　　《居易录》的这段话,生动地记载了我国古代的能工巧匠们,是怎样将他们在实践中总结的经验,一代一代地辗转相传,丰富了建筑艺术的宝库。因此,我们绝不应该忘记冯巧、梁九这些知名的建筑大师,以及曾为修建太和殿流血流汗的京城百姓们。

二、太和殿是故宫的核心建筑

　　在故宫的古建筑群中,太和殿是一颗璀璨夺目的明珠。这座宫殿基高二丈,殿高十一丈,广十一间,纵深五间,建筑面积达二千三百多平方米。大殿正脊的两端,屹立着我国现存一对最大的龙吻,高三米有余,浑身龙纹熠熠闪光,四爪腾空,龙首张口,紧吞正脊。在大殿的檐角上,整整齐齐地排列着一行小兽,有仙人海马,龙凤狮獬,一个个龙飞凤舞,栩栩如生。

　　太和殿不仅外貌雄伟,其殿内建筑亦十分壮观。殿堂之内开阔高大,七十二根大柱擎立其间。大殿中央,设有二米高的地平台,上面设有金漆雕龙宝座。宝座周围,有六根高大的蟠龙金柱,每柱雕一巨龙,龙身缠绕全柱,柱下绘有海水江岸花纹。海水翻腾,龙首高昂,搏风击浪,气势磅礴。天花板正中,有一盘龙金凤藻井,倒垂着轩辕宝镜。宝镜为圆球状,相传是我国古代轩辕氏——黄帝创造。太和殿悬挂此镜,有其重要含意,它表示当今在位者是正统皇帝。殿前宽阔的丹陛上,设有嘉量和日晷。嘉量位于丹陛西侧,铸于乾隆九年(1744年),它是全国的标准量器,分为斛、斗、升、合、龠五个单位。丹陛的东侧设有日晷,象征着授时,由汉白玉

---

① (清)王士禛:《居易录》,陈宗蕃编著:《燕都丛考》(第1编),第40页。

石制成。日晷系我国古代的计时仪器,石制的圆盘上刻有子、丑、寅、卯等字,利用太阳的投影,可以确定时辰。

太和殿后面是一座亭形方殿,明时称华盖殿、中极殿,清顺治二年(1645年)改名为中和殿,深广均为五间,供皇帝举行大典前休息之用。殿中设有宝座,每当盛大庆典前夕,皇帝先到这里升座,接受内阁及礼部官员行礼,然后去太和殿接受朝贺。再往后便是保和殿,深五间,广九间,是一座重檐九脊歇山顶的建筑,是清统治者宴饮王公大臣的地方。自乾隆五十四年(1789年)四月起,原在太和殿举行的"殿试"移到这里举行。① 太和殿及其后面的中和殿、保和殿,通称为故宫的"三大殿"。这一组建筑,各自的功用不同,形态各异,太和殿高大威严,中和殿方正端庄,保和殿雄伟壮观,各殿高低相间,浑然一体。

太和殿的前面,是一个十分宽阔的广场,占地约三万平方米。广场的东西两侧,分别耸立着体仁阁和弘义阁,这两座高大端庄的建筑,仿佛是太和殿的左护右卫。广场的中央,是用巨大石板铺筑的御路;御路两侧放置着铜制的品级山。品级山是文武大臣在广场列队的标志,每行自正、从一品至九品共十八级,东西各两行,文职在东,武职在西。

广场的南侧,是与太和殿遥遥相对的太和门。它的"左右各一门,皆南向,左曰昭德,右曰贞度,门各三间"。② 南出太和门,便是雄伟壮观的午门和天安门城楼了。太和殿在这一系列殿阁的映衬下,显得格外气势磅礴。因此,人们常常把以太和殿为中心的这一组建筑,视作人类建筑史的杰作,虽然经历了五百多年的风吹雨

① (清)金梁编:《清宫史略》,自刊铅印线装本,1933年,第57页。
② (清)于敏中等编:《日下旧闻考》卷11,第147页。

打,至今仍然容光焕发,巍然屹立。

昔日举行大典的时刻,伞、盖、旗、纛等法驾卤簿,分布在殿前的广场上。身穿朝服的文武大臣,按照各自的品级,跪列于品级山的旁边。午门之外,陈列着五辂及驯象仗马。伴随着金钟玉磬有节奏的奏鸣和午门上铿锵的钟鼓声,封建帝王登上了太和殿的宝座。三声静鞭响过,在鸣赞官的统一号令下,广场上的王公百官恭恭敬敬地向皇上行"三跪九叩"礼。宝座上受贺的帝王可以一眼看到重重门阙,满目旌旗,众官俯首,好不气派。难怪历史上的英雄豪杰,为能登上这里的皇帝宝座,驰骋疆场,不惜一切代价!当然,也有许多阴谋家、野心家,也都为登上这里的宝座而费尽心机,以求一逞。

三、令人沮丧的大婚盛典

太和殿是明清王朝举行盛大庆祝活动的场所。每朝的新皇帝登基大典,大都在这里举行。随后,新皇帝要在这里颁布即位诏书,举行最隆重、最庄严的朝贺仪式。此外,每年三大节(元旦、冬至、万寿)、皇帝大婚、册立皇后以及国家其他喜庆之事,都在这里举行庆典,"凡大朝会、燕飨、命将出师,临轩策士及百僚除授谢恩皆御焉"。[①] 除此之外,清代的康熙、同治、光绪三帝,还都是在太和殿举行大婚典礼的,其中,尤以光绪帝的大婚富有戏剧性。

光绪皇帝的大婚,是由慈禧一手操纵的。所聘皇后,又是慈禧胞弟桂祥的女儿,因此这次庆典格外隆重。早在大婚之前,清廷就拨出一大笔专款进行筹备,整个紫禁城内披红挂绿,张灯结彩。太

[①] (清)于敏中等编:《日下旧闻考》卷11,第148页。

和殿更是浓妆艳抹,尽情渲染,到处洋溢着喜庆气氛。但是,天公偏偏不作美。在大婚典礼前一个月,即光绪十四年十二月十五日(1889年1月16日)夜晚,北风怒号,彻夜不息。突然,一个火星落在太和殿前新搭的彩门上,居然引起了一场罕见的大火。火势之大,几乎全北京城都可看见。据时人记载,自未至酉,火势尤旺,"南望黑烟如芝盖"。① 朝廷的文武官员,不少人一大早就赶来救火。但是,由于"人力难施,水又短缺",②很多人只能望火兴叹。于是,有的官员到附近金水桥下,凿冰取水。可是,当时正值隆冬,凿冰一尺,仅能得水数寸,只好眼巴巴地望着大火蔓延。烈焰吞噬了贞度门、太和门、昭德门以及附近的皮库、茶库。火借风势,风助火威,燃烧了很长时间,以至于翁同龢第二天入值时,还看到"昨火处犹冒烟",③砖石红透,满地污水。大殿前面,已是一片灰烬。

太和殿作为庆典要地,门楼烧掉怎么行呢? 于是,清廷一面颁诏自责,停园工,开言路,杜悻门,一面下令对太和门等处赶快整修。由于时间紧迫,重建根本来不及,"乃以扎彩为之"。北京的许多能工巧匠及民间艺人都被征集到紫禁城赶扎彩门。他们不辞辛劳,昼夜施工,所扎的门楼"高卑广狭无少差,至榱桷之花纹,鸱吻之雕镂,瓦沟之广狭,无不克肖。虽久执事内廷者,不能辨其真伪,而且高逾十丈,栗冽之风,不少动摇",④真可谓巧夺天工矣。

光绪十五年正月二十六日(1889年2月25日)是光绪皇帝大婚的喜日子。册立、奉迎皇后均在这天举行。为了庆祝这空前盛大的典礼,是日子时(午夜十二时许),銮仪卫率官校在殿前陈放了

---

① (清)震钧:《天咫偶闻》卷1,北京:北京古籍出版社,1982年,第5页。
② 陈义杰整理:《翁同龢日记》(第4册),北京:中华书局,1992年,第2245页。
③ 陈义杰整理:《翁同龢日记》(第4册),第2245页。
④ (清)震钧:《天咫偶闻》卷1,第5~6页。

法驾卤簿,乐部及和声署在太和殿东西檐下摆设了丹陛大乐。礼部官员还在殿内分别陈列了节案、册案、宝案。由太和门阶下到午门之间,工部预设了龙亭二座、皇后的凤舆以及名目繁多的仪驾。

空前隆重的典礼开始了,广场上鼓乐齐鸣,灯火明亮,气氛极为热烈。然而,与紫禁城里这欢乐气氛很不协调的是,宝座上的光绪皇帝愁眉紧锁,心里很不是滋味。因为照他本人的意愿,根本不愿意让桂祥之女作自己的皇后。这桩婚姻是慈禧出于自己的政治需要,一手包办而成。光绪帝一开始就不乐意,但在等级森严的封建制度下,即使贵为天子,在婚配问题上也不能不听命于父母。因此,大婚对光绪帝说来,并非是一件愉快的事。

据有关典籍记载,此次大婚的迎亲正使是大学士李鸿藻,副使为礼部尚书昆冈。他们"由太和门外持节乘马而出,凤舆前乐设而不作,法驾卤簿前导,群臣彩服夹路",[①]场面很是隆重。凡是凤舆经过的地方,都用彩绸搭起龙凤喜字牌楼,故宫的御路上,还铺设了棕毯和红毡。这支浩浩荡荡的迎亲队伍出大清门,经棋盘街、东江米巷、兵部街、长安牌楼,直奔皇后府邸而来。许多百姓纷纷走上街头,观看这空前盛大的迎婚典礼。

凌晨三时许,皇后乘坐的凤舆进入大清门。清代等级森严,大清门只供皇帝及皇太后出入,皇后只有在大婚之日可进此门。至于妃嫔,则自始至终从神武门入宫。皇后的仪驾留在太和门外,凤舆由载漪和载泽的夫人引导,直至乾清宫檐下。此刻,午门上钟鼓齐鸣,坤宁宫红灯高悬,光绪皇帝与皇后举行了合卺礼,册立奉迎典礼至此结束。

按照清朝的礼制,把皇后接到宫内后,还要在太和殿举行典

---

① (清)震钧:《天咫偶闻》卷1,第1页。

礼。皇帝要亲自宴请皇后的父亲及其家族,在京的大员们还要陪同庆贺。但是,由于光绪帝的情绪低落、身体欠佳,竟使这次盛大的宴会未能举行,百官不欢而散。翁同龢在二月初五日(3月6日)的日记中写道:

> 是日太和殿宴后父及后族,百僚陪宴。本传午正,余于巳正入,见蒙古王公皆散归,知已停止。乃驰入问状,见戈什爱班及奏事太监,知上早间吐水、头晕,因饮药避风,不能诣前殿,无他疾也。西边(按,指慈禧)戏未停,听戏者照旧上。自初二至今日,四日戏,御前大臣、军机、内务府及南斋诸公,内廷近支王公皆与。①

由翁氏日记所述,可以清楚地看出,光绪帝与慈禧对这桩婚姻是两种迥然不同的心情。

光绪帝撤太和殿之宴,这在有清一代是很罕见的,因此,京师的街头巷尾议论纷纷。翁氏次日(3月7日)的日记中即云:"因昨日撤宴,外间不免讹言。"②初七日(3月8日)又记:"笔帖式分宴桌送来。昨旨:以宴桌分给王大臣,却未提后父、后族也。"③不言而喻,光绪皇帝撤宴主要不是因为有病,而是一种对慈禧包办婚姻的抗争。也许正是由于这位年轻皇帝这种缺乏策略的举动,竟成了他以后悲剧的开端。

四、宣统皇帝登基大典成了不祥之兆

登基大典,对封建王朝来说,无疑是一个最庄严的庆典,它标

---

① 陈义杰整理:《翁同龢日记》(第4册),第2261页。
② 陈义杰整理:《翁同龢日记》(第4册),第2261页。
③ 陈义杰整理:《翁同龢日记》(第4册),第2261页。

志着新朝代的开始。在清王朝统治中国的二百六十多年里,从康熙帝起,各朝皇帝都在太和殿内举行这样的仪式。康熙、雍正、乾隆三帝,登临太和殿宝座时,清王朝处于鼎盛阶段。他们在位时间或长或短,其政绩每每为后世所称赞,史家有"康乾盛世"之称。可惜他们的子孙不争气。道光以降,一代不如一代。到宣统皇帝在这里举行登基典礼,简直如同儿戏。难怪当时在场的许多大臣,把溥仪的这次登基大典,视作清王朝垮台之前兆。

溥仪是在光绪帝病危时被抱入皇宫的。当时两宫辍朝,"朝士惊惶,虑有非常之变"。为了稳定人心,光绪三十四年十月二十日(1908年11月13日),奄奄一息的慈禧发布懿旨:"醇亲王载沣之子溥仪著在宫内教养,并在上书房读书。""醇亲王载沣授为摄政王。"①不久,光绪帝发厥昏迷,一时许始苏醒。慈禧亦濒临危险,乃再召枢臣议定国本,命醇亲王立时回邸抱阿哥入宫。这位年甫三岁的皇位继承人一踏进紫禁城,就遇到一种十分紧张的气氛。内务府的人员忙着准备梓宫(即皇上、皇太后之棺木),隆裕皇后"往来两宫视疾,两目哭尽肿",②朝廷的"例行公事,俱由摄政王代行"。没过多久,光绪帝和慈禧便相继"龙驭上宾"了。二十二日(15日)辰初,太监们用吉祥轿将光绪帝的遗体,由西苑送回大内,巳时升祔,进宫刚一天的溥仪"即皇帝位于柩前,嗣为穆宗毅皇帝之子兼祧大行皇帝"。③

---

① 中国第一历史档案馆编:《光绪宣统两朝上谕档》(第34册),桂林:广西师范大学出版社,1996年,第243页。
② (清)恽毓鼎著,史晓风整理:《恽毓鼎澄斋日记》(第1册)"光绪三十四年十月二十一日"条,杭州:浙江古籍出版社,2004年,第405页。
③ (清)恽毓鼎著,史晓风整理:《恽毓鼎澄斋日记》(第1册)"光绪三十四年十月二十二日"条,第405页。

宣统皇帝的登基大典,是于光绪三十四年十一月初九日(1908年12月2日)在太和殿举行的。这天凌晨,礼部鸿胪寺的官员,预先在太和殿内东侧,设好一张存放诏书的黄案,并在丹陛正中设一张黄案,"銮仪卫设黄盖、云盘于丹墀内",礼部的官员还在午门外设了龙亭和香亭。工部在天安门城楼上堞口正中,设金凤朵云,城楼东边的第一间,还设立了宣诏台。"奉诏宣诏各官咸朝服恭俟,领催耆老咸集天安门外金水桥南"。① 上午,内阁学士将诏书捧到乾清门"恭用御宝"。太和殿里里外外,站满了王公百官,许多人都想在这个不寻常的日子里,一睹小皇帝的风采。然而,溥仪的表演实在太不争气了。大典的参加者恽毓鼎(时为起居注官)当天的日记说,巳时初刻,摄政王载沣抱着小皇帝"坐小辇自乾清宫来(监国侧身坐辇上),御中和殿,受御前内廷及各执事大臣朝贺,起居注官四员序立庭西,向上行三跪九叩礼。上啼哭索母,声甚厉。臣等匆匆礼毕,即疾趋至太和殿内第三柱前侍班"。②

按照清代礼制,皇帝在登太和殿宝座之前,要在中和殿稍息片刻,举行一个小型的受贺仪式。小皇帝在这里一路"啼哭索母",登上太和殿又将如何呢?

此时,太和殿里已经布置得十分庄严,殿里殿外陈设着仪仗。御座前陈设的炉、鼎等,在不断喷吐着袅袅青烟。这一切本来是为了增加肃穆气氛,但是,对年幼的皇帝来说,恰恰适得其反。恽氏日记云:

监国抱上步行,自殿后门入,升宝座,上啼不肯就座。监

---

① (清)于敏中等编:《日下旧闻考》卷11,第150页。
② (清)恽毓鼎著,史晓风整理:《恽毓鼎澄斋日记》(第1册)"光绪三十四年十一月初九日"条,第407~408页。

国一足立脚踏上,一胫跪宝座上,扶上立于座上。四服事太监在旁慰劝,上哭不止,言欲回家,不愿在此。鸣鞭赞礼,王公百官行礼。大学士捧诏向上跪,旋起出殿门授内阁学士恭捧以出,礼部堂官跪奏礼成(按礼,皇上应目送恩诏出午门后始下宝座。此次因上啼不止,殿敞天寒,恐圣体过伤,诏下阶,即奏礼成)。太监一员即抱上退,臣等亦退。恩诏至天安门登楼用彩凤衔之下坠,礼部官以云盘承之,恭读诏书,百官吏民在金水桥前行礼跪听毕,乃置诏于黄亭,以一黄伞导之出大清门。①

这次登基大典之后,大臣们议论纷纭。朝臣们对于小皇帝在太和殿的表现感到失望。他们认为,摄政王载沣在御座上,哄劝幼帝时不应该说:"不要哭,一会就完了。"果然,溥仪只当了三年皇帝,清政府就"完了"。这当然是一种十分荒唐的比附。其实,导致清室灭亡的原因,不是小皇帝个人的过失,而是清王朝专制制度的日趋腐败以及风起云涌的革命运动。

五、袁世凯在太和殿的拙劣表演

太和殿在清王朝覆灭之后,并没有冷落。因为这座宏伟的宫殿,长期以来,被视作最高权威的象征,只要封建专制主义的幽灵,没有从中国这块土地上彻底清除,就总会有人想在这里登台表演。

清王朝垮台之后,头一个想登上太和殿宝座的是袁世凯。他从革命派手里,篡夺了胜利果实,又用武力镇压了"二次革命",强

---

① (清)恽毓鼎著,史晓风整理:《恽毓鼎澄斋日记》(第1册)"光绪三十四年十一月初九日"条,第408页。

令国会选举他为大总统,并企图建立"万世一统"的袁家天下。在他炮制的选举法中,规定总统任期为十年,而且可以连选连任。他不顾人民群众的反对,将长子袁克定确定为总统的继承人,把名字写在"嘉禾金简"上,密藏在中海海棠亭南面的金匮石室里面。这样,袁世凯不仅成了终身任职的总统,而且可以传之子孙。

然而,历史上的阴谋家对权力的欲望是永远没有穷尽的,袁世凯更是如此。他在担任大总统之后不久,就加紧推进复辟帝制的阴谋。1914年,他开始举行知县考试,接着又颁布了《觐见条例》,恢复了封建皇帝的"陛见"制度。袁世凯大量出卖民族权益,以换取帝国主义国家的支持。1915年8月,袁氏的政治顾问、美国人古德诺发表《共和与君主论》,为袁世凯复辟帝制的丑剧敲响了开场锣鼓,公然声称"中国百姓,习于君主","中国如用君主制,较共和制为宜",否则"断无善果"。① 另外一个袁世凯的顾问,日本人有贺长雄发表了《共和宪法持久策》,鼓吹君主制远胜于民主制。袁氏又授意"筹安会六君子"大造帝制舆论,十分露骨地宣称,中国的"求治之法,莫如废民主专制而行君主立宪"。②

经过一番紧锣密鼓的策划,袁世凯于1915年2月13日登上了皇帝的宝座,在中海居仁堂受文武百官朝贺,封黎元洪等128人爵位,改国号为"中华帝国"。这个野心家刚刚上台,就杀气腾腾地宣布:"今日名分已定,天泽凛然,正宜严君臣上下之分,生乱臣贼子之惧,去共和之余毒,复古国之精神。"③12月19日袁氏成立了"大典筹备处",下令将1916年定为洪宪元年,准备在元旦举行登

---

① 白蕉:《袁世凯与中华民国》,上海:人文月刊社,1936年,第170～175页。
② 陶菊隐:《北洋军阀统治时期史话》(上册),北京:生活·读书·新知三联书店,1983年,第342页。
③ 白蕉:《袁世凯与中华民国》,第320页。

极仪式。

　　袁世凯精心准备的登基大典,同样是要在故宫三大殿举行的。他将太和殿更名为承运殿,中和殿更名为体元殿,保和殿更名为建极殿,并挥霍了大量金银,对三大殿进行整修。袁世凯认为新朝尚赤,应以红色为主色调,故将太和殿内圆柱一律改漆红色,宝座周围的八大柱加髹赤金,饰以盘龙云彩。在他的御极宝座扶背各处雕有九龙,镶嵌珠宝;在宝座前摆设有雕龙玺案,案前左右排列古鼎、古炉,在宝座后面陈设着雕龙嵌宝屏,且辅之以日月宝扇,俨然是昔日帝王登极时的陈设。唯一不同的是,袁世凯下令将地平台和宝座向后移。据说这个贪生怕死的阴谋家,担心屋顶正中盘龙藻井下倒垂着的轩辕宝镜,落下来会把他砸死。与此同时,袁世凯还下令乐队演习好丹陛大乐、中华韶乐,布置好法驾卤簿。他还规划了进出太和殿的路线以及百官朝贺的仪式,并准备登极前一日起,"京外各公署、学校暨商民各户,均悬旗结彩三日",[①]以示庆贺。

　　然而,历史是无情的。就在袁世凯加紧修饰太和殿之时,全国上下爆发了反对袁世凯复辟帝制的革命运动。蔡锷在云南首先举起讨袁的旗帜,北洋军阀内部也开始分崩离析。1916年3月22日,袁世凯迫于人民群众的反抗怒潮,不得不收起洪宪年号,宣布取消帝制。6月6日,当了83天短命皇帝的袁世凯,最终没有如愿登上太和殿的宝座就一命呜呼了。

[①] 《袁大总统登极大典》,民国年间抄本,第12页。

六、张勋复辟帝制的闹剧

袁世凯死后一年多，张勋又在太和殿上演了一出帝制复辟的闹剧。张勋系清朝的江南提督，慈禧在世时曾多次赏其字画，示以恩宠。① 清亡后，张氏又受到袁世凯的庇护，担任江苏都督、长江巡阅使，并控制着定武军（时人呼之为辫子军）。在"矢志复辟"的清室王公贵族和遗老遗少的唆使和支持下，张勋又利用袁世凯死后的混乱局面，以调停"府院之争"为名，率领三千辫子兵北上，抵达天津后，即通电威逼黎元洪解散国会。1917 年 6 月 14 日，张勋率兵进京，赶走黎元洪，策划复辟。30 日晚间，张勋进入紫禁城，召开"御前会议"，商讨复辟事宜。

7 月 1 日凌晨 3 时许，张勋头戴红顶花翎，率领文武大小官员在中和殿跪请溥仪复辟，声称"代表二十二省军民真意，恭请我皇上收回政权，复御宸极，为五族子臣之主，定宇内一统之规"。② 12 岁的溥仪表示欣然接受，颁诏说："收回大权，与民更始，自今以往，以纲常名教为精神之宪法，以礼义廉耻收溃决之人心。"③ 这些丧心病狂的历史小丑，准备再次登上太和殿的宝座，重温昔日的皇帝梦。

张勋的复辟闹剧，使冷落的皇宫，顿时又热闹起来了。北京城的上空三角龙旗翻飞，蟒服顶戴居然又成了古都的热门货。一些清朝的遗老们，纷纷由阴暗的角落里钻出来，身着袍褂，头戴翎顶，

---

① 《录副奏折档》，光绪三十三、三十四年有数件张勋谢恩折，中国第一历史档案馆藏。
② 《张勋等奏为国本动摇人心思旧合词吁请复辟以拯生灵折》，《内阁官报》1917 年 7 月 3 日。
③ 《东方杂志》1917 年第 4 卷第 8 号。

招摇过市。有的人甚至"指于道旁曰:此某尚书也,此某侍郎也,某巡抚也……彼辈携手下车,扬扬得意"。这些复辟狂们,盼望着太和殿的颁诏大典尽快举行。

但是,旧制度的维护者都有一个通病,他们总是过高地估计了自己的力量,不顾及广大民众的心愿。张勋的复辟帝制闹剧,尽管来势甚凶,其失败亦十分迅速。因为经过辛亥革命洗礼的人民群众,已经深深地接受了民主观念。他们绝不容忍封建专制皇帝,再次骑到自己头上作威作福。

据记载,北京人民群众"对于龙旗无欢呼,无庆祝,衙门中人皆垂头丧气,道中行人交头接耳,辄见频摇其首"。[①] 北京城里十余家报纸停刊,以示抗议。全国抗议浪潮汹涌澎湃。张勋复辟的丑剧只上演了十二天就草草收场了。

此后的相当长时间里,太和殿是平静的。这期间,虽然也有人想在这里抛头露面,终究没有等到那样的时机。1949 年北京城解放,太和殿回到了人民的手里。经过整修的太和殿,面貌一新,更焕发出夺目的光彩。这座古老的宫殿,以她惊人的魅力,吸引着成千上万的中外游客络绎不绝地前来参观。

---

① 《西报记复辟之详情及各方面反对之状态》,《时报》1917 年 7 月 6 日,第 2 张。

不平静的养心殿

在古老的紫禁城里,红墙黄瓦的殿堂虽然很多,然而,在政治上占有重要地位的,则莫过于养心殿。养心殿之所以引人注目,是因为自雍正帝开始,清代的八个皇帝都在这里"宵旰寝兴",处理日常政务。[①] 同治、光绪两朝,皇帝幼小,太后代握权柄,其垂帘听政之所,亦在此殿。因此,养心殿与清王朝的命运密切相关。

一、养心殿之来历

"养心",来源于《孟子·尽心》中的一句话,"养心莫善于寡欲"。意思是说,只有克制各种欲念,才可以保泰持盈,修身养性。养心殿地处西六宫的南侧,与中路的乾清宫隔墙相望。其北边通过吉祥门、如意门与内廷相接;南边则经由遵义门,内右门与军机处相通。既地处内廷,又临近外朝,地理位置极为适中。

养心殿的正门,是位于北面宫墙中间的养心门。这是一座歇山九脊的琉璃门楼,朱墙黄瓦,高大端庄。门前有一对镀金铜狮,在红色宫门和门前高大松树的映衬下,显得虎虎有生气。跨入养心门,迎面是一座木制影壁。影壁正中装有朱红油饰的两扇屏门,

---

[①] (清)于敏中等编:《日下旧闻考》卷17,北京:北京古籍出版社,1981年,第230页。《国朝宫史》云:"养心殿为皇上宵旰寝兴之所,凡办理庶政,召对引见,视乾清宫",此为乾隆时情形。晚清时养心殿则比乾清宫更为重要。

可供启闭。绕过影壁,视线便骤然开阔,呈现在人们面前的是一个三合式的院落,院子的东西,各有配殿五间,均为硬山黄琉璃瓦屋顶。正面便是养心殿正殿,宽三十六米,进深十二米。

养心殿的正殿为歇山黄琉璃瓦屋顶。整个正殿又分为明间和东、西两个暖阁。在正殿的中央,设有低平方台。台上有皇帝的宝座,宝座上面悬挂着雍正皇帝所写的御书匾额:"中正仁和"。① 座前设有御案,宝座屏风上乾隆皇帝御书联曰:"保泰常钦若,调元益懋哉。"②在天花板的正中,是金碧辉煌的蟠龙藻井,虽年代久远,其光彩依然灼灼照人。

养心殿明间宝座后的屏风两侧,各有一挂帘小门,进入小门就是连接正殿与后殿的短廊。后殿是皇帝的寝宫,殿内设有宝座和御榻。御桌案上,存放着皇帝万机余暇时,经常披览的实录、圣训诸书及文玩字画,整个寝宫布置得富丽堂皇。寝殿的东侧有体顺堂,匾额上钤有"慈禧皇太后御笔之宝",此处专供皇后居住。西侧有燕禧堂,为妃嫔居住。寝殿除短廊与正殿相通外,不另设通道,而短廊的左右两侧则各开一门,以供在体顺堂与燕禧堂居住的后妃们出入。

清制,后妃们在内廷的东西六宫各有宫室,如咸丰皇后、光绪皇后,均住钟粹宫,同治皇后住储秀宫,珍妃住景仁宫等。寝殿左右的体顺堂和燕禧堂,当是后妃们侍候皇帝时的临时住地。

养心殿后殿是皇帝退朝后休息的地方,即使是王公大臣,未经皇帝特许,也是不许入内的。这里环境幽深,恬静中还带几分神秘色彩,想来昔日皇帝与后妃们之间的许多风波,都是在这里兴

---

① (清)于中敏等编:《日下旧闻考》卷17,第230页。
② (清)于中敏等编:《日下旧闻考》卷17,第230页。

起的。

养心殿在政治上的重要地位，是在雍正帝设立军机处之后逐步形成的。18世纪20年代，正当清政府出兵西北，军书旁午之际，为了及时同大臣们商议军机大事，雍正帝从他信任的满汉王公大臣中挑选数人，在养心殿墙外的几间小房内入值，随时听候召见。据熟悉清朝掌故的赵翼记载，军机处原为内阁之分局，由于内阁当时远在太和门外，"僚直者多，虑漏泄事机，始设军需房于隆宗门内，选内阁中书之谨密者入直缮写，后名军机处，地近宫廷，便于宣召。为军机大臣者，皆亲臣重臣，于是承旨出政，皆在于此矣。直庐初仅板屋数间，今上特命改建瓦屋"。①

据此可知，军机处的人员开始时由内阁中书充当，以抄写为职责，而后此地逐渐变成皇上与亲信重臣议政的处所。

二、胜保领兵倨傲，咸丰帝了若指掌

据清宫档案记载，军机处入值者除军机大臣外，尚有军机章京。这些章京分为满汉班，每班分为两组，轮流入值。每月初，军机大臣都要照例缮写章京花名册，送给养心殿的皇帝审阅。② 这些章京由于出入枢密之区，又能够接近天子近臣，因此，在官场中被视为炙手可热的人物，时人呼之为"小军机"。

每天清晨，皇帝很早起来在养心殿里披阅奏章，随后就开始召见臣工，名曰"叫起"。头一批被召见的称作"头起"，接着是"二起""三起"。按制，皇帝必须每天召见军机大臣，其余王公及中下级官

---

① （清）赵翼：《檐曝杂记》卷1，北京：中华书局，1982年，第1页。
② 《上谕档》，中国第一历史档案馆藏。

员非有特旨,则一概不许觐见。清代中央和地方的各级官员,都由皇帝直接"简放",被授予新职的官员,照例是要到皇帝那里谢恩的。如果在这几天里,皇帝要到西苑、颐和园,或是别的什么地方,新任命的官员还要赶到御路两侧"碰头谢恩"。①

尤其是外放的官员,在离开北京前夕,还要到皇帝面前"请训"。至于封疆大吏,在接到朝廷新的任命时,都要具折谢恩,请求皇帝召见,得到皇帝的允诺之后,便从数千里之外,昼夜兼程,赶到养心殿来"面聆圣训"。在浩如烟海的清宫档案中,有许多谢恩折、请训折等官样文章,唯独没有他们在养心殿与皇帝交谈内容的记载,只是在极少数的私家著述中,才可以找到一些蛛丝马迹。这些记录,对于了解当时的政治情况以及被召对官员的才干,是极关重要的。晚清官员张集馨在其日记中,曾详细记述了他在养心殿等处,被道光帝、咸丰帝召见的真实情形,其中尤以咸丰六年十月初三日(1856年10月31日)的记载最为精彩。

这次召对是在张集馨被赏给四品顶戴,并署理甘肃布政使的诏令下达之后进行的。在召对的前一天,他已托军机章京焦祐瀛代具了谢恩奏稿,并开具了履历。召对的那天凌晨,他来到紫禁城,辰刻,在养心殿开始与咸丰皇帝交谈。咸丰帝开头只是几句寒暄,诸如"何时到京"、"家里情形如何"等,随即开始谈实质性问题。

据张氏所记,咸丰帝在这次谈话中,十分注重对胜保的考察,以下便是他的谈话摘录。

上曰:"汝在胜保营几年?"

对曰:"不足三年。"

---

① (清)恽毓鼎著,史晓风整理:《恽毓鼎澄斋日记》(第1册)"光绪二十二年正月"条,杭州:浙江古籍出版社,2004年,第91页。

上曰:"胜保打仗如何?"

对曰:"奋不顾身,极为勇往,调度亦尚合机宜。"

上曰:"人言胜保不恤士卒,有否?"

对曰:"不至不恤,但御兵甚严,军中不能无怨。"

上曰:"胜保待人倨傲,虽提、镇、都统不予坐位。有否?"

对曰:"有之……"

上曰:"胜保有人说唐花满屋,娇童林立,有否?"

对曰:"山东冬日并无唐花,虽省城亦无花窖,且住居帐房,仅堪容膝,即有唐花,无处可摆;至胜保只有管稿案家人二、三名,皆已年长,其余在帐使令皆系未弁兵丁,未见其有娇童。"①

上面谈话简明扼要,看得出咸丰帝虽然深居宫禁,却对于远在前方的胜保所作所为了若指掌。他之所以能够如此,除了阅读臣工章奏外,便是通过养心殿的召对,来了解掌握官僚们的功过是非。当时,正是清政府的军队与北伐太平军作战的关键时刻,清军屡遭的挫折,京师为之震动,故咸丰帝对前方战事极为关切。张氏又写道:

上曰:"贼(指北伐军)何以屡攻不克? 究竟官兵比贼技艺如何?"

对曰:"贼情诡诈,每每伏匿不出,伺隙而动,若认真交战,断不能抵御官军……"

上曰:"贼每据一处,支搭木城,汝见过否?"

对曰:"贼在舒镇时,所据辛庄,与臣营并崇恩营紧对。贼窜阜城,臣与崇恩入辛庄搜捕余匪,见贼濠内以枣树为鹿砦,

---

① (清)张集馨:《道咸宦海见闻录》,北京:中华书局,1981年,第181~183页。

约二丈厚,绳缚桩定,极其结实。贼伏砦内,官军越濠,即被枪毙……"

上见余跪对时久,因命曰:"汝过十天,再递牌子。"

对曰:"是。"①

张集馨对咸丰帝的问话,记载颇详,篇幅所限,未能悉引,不过从上述摘要中已可看出,养心殿的召对,对于清统治者的用人行政,关系至为重要。通过彼此交谈,皇帝可以更清楚地了解各地吏治民情,以及政治、经济等方面的情形。养心殿的召对,往往涉及十分机密的内容,只有皇帝和被问话的大臣两人知道,没有特旨,任何人不得与闻。正是由于这个原因,在清宫档案中,几乎无法找到皇上召对时的问话记录。

三、慈禧在养心殿密谋垂帘

人们谈论养心殿,往往离不开东、西两个暖阁。西暖阁是皇帝批阅奏章、处理公务的地方。它被额枋下的分柱隔成大小不等的三间。中间一间较宽敞,北墙正中悬挂着"勤政亲贤"的匾额,为雍正帝御笔。室内设有坐榻,是皇帝与军机大臣、内阁各部院官员商讨政务的密室。东间的西墙上,历代皇帝都在这里悬挂各地官员的名单,以便及时掌握各地官员的变动。最西边的一间,是皇帝读书和休息的地方,是一间约八平方米的斗室,再分隔成前后间,显得十分狭窄,这就是有名的"三希堂"。它原名温室,乾隆《御制三希堂记》详述了改名的缘由:"内府秘笈王羲之快雪帖、王献之中秋

---

① (清)张集馨:《道咸宦海见闻录》,第182～183页。

帖,近又得王珣伯远帖,皆稀世之珍也。因就养心殿温室,易其名曰三希堂以藏之。"①此间门上贴有乾隆帝所书对联:"怀抱观古今,深心托毫素。"②这副对联寄托了房间主人,喜欢舞文弄墨的情怀。

东暖阁的布置与西暖阁迥然不同,进门便是一个较大的空间,迎门面西背东设有前后两重宝座,中间有黄纱帘相隔。不言而喻,这里是慈禧垂帘听政的地方。早在第二次鸦片战争期间,慈禧与留京同洋人议和的恭亲王奕䜣串联在一起,发动了"祺祥政变"。慈禧正是在养心殿下达了处死肃顺、载垣和端华的命令,登上了最高统治者的宝座,开创了和她的儿子载淳同治天下的局面。

在清人的日记和笔记中,有不少记载慈禧垂帘听政的情形。其中,以曾国藩记载较为翔实。同治七年(1868年),曾国藩在镇压太平天国之后,平定了大江南北,由两江调任直隶总督,十二月十四日(1869年1月26日)入京觐见。他在这一天的日记中写道:

> 入养心殿之东间。皇上向西坐,皇太后在后黄幔之内,慈安太后在南,慈禧太后在北。余入门,跪奏称臣曾某恭请圣安,旋免冠叩头,奏称臣曾某叩谢天恩。毕,起行数步,跪于垫上。太后问:"汝在江南事都办完了?"对:"办完了。"问:"勇都撤完了?"对:"都撤完了。"……问:"你出京多少年?"对:"臣出京十七年了。"……问:"你从前在京,直隶的事自然知道。"对:"直隶的事臣也晓得些。"问:"直隶甚是空虚,你须好好练兵。"对:"臣的才力怕办不好。"旋叩头退出。③

---

① (清)于敏中等编:《日下旧闻考》卷17,第237页。
② (清)于敏中等编:《日下旧闻考》卷17,第236页。
③ 《曾国藩日记》"同治七年十二月十四日"条,《曾国藩全集·日记3》(第18册),长沙:岳麓书社,1989年,第1583~1584页。

曾国藩的上述记载，便是慈禧与慈安垂帘听政的真实写照。同治十二年（1873年），皇帝年长，两宫太后撤帘归政。可是，天公不作美，年轻的同治皇帝患了天花，在他病重期间，慈禧为再次垂帘听政，在养心殿内进行了一系列的阴谋活动。翁同龢日记有一段十分精彩的记述：

> 同治十三年十一月初八日，巳正叫起，先至养心殿东暖阁（先于中间供佛处，向上三叩首，入见又三叩首）。两宫皇太后俱在御榻上，持烛令诸臣上前瞻仰。上舒臂令观，微语曰：谁来此。伏见天颜温悴，偃卧向外，花极稠密，目光微露。瞻仰毕，略奏数语皆退。①

这次召对是慈禧精心安排的，她先让群臣入见同治皇帝，知悉病情严重，随后再将群臣传入，授意策划。翁氏日记继续写道：

> 旋传再入，皇太后御中间宝座。南向，宣谕：数日来圣心焦虑，论及奏折等事，裁决披览，上既未能躬亲，尔等当思办法，当有公论。又谕及上体向安，必寻娱乐，若偶以丝竹陶写，诸臣谅无论议。此大略也。诸王跪向前，有语宫闱琐事。惇亲王奏对失体，颇蒙诘责。诸臣伏地叩头而已，反复数百言。……诸王奏言，圣躬正值喜事，一切章奏及必应请旨之事，拟请两宫太后权时训谕，俾有遵循。命诸臣具折奏请。退后，同至枢廷拟折稿……②

正当军机大臣根据慈禧授意草拟奏折时，心怀鬼胎的慈禧，忽然觉得事欠周密。于是，再度下令召见。翁氏日记写道：

> 甫散，又传再见。趋入，待齐入见于西暖阁。皇太后谕：此事

---

① 陈义杰整理：《翁同龢日记》（第2册），北京：中华书局，1989年，第1075～1076页。
② 陈义杰整理：《翁同龢日记》（第2册），第1076页。

体大,尔等当先奏明皇帝,不可径请。语亦多,不能悉记。①

一日之内,连续传见军机王公三次之多,何其频繁。慈禧用尽心机,进行了一系列阴谋活动后,次日,又在养心殿导演了由皇帝出面宣布,由皇太后代理朝政的闹剧。翁氏日记记曰:

> 初九日,辰初一刻又叫起,与军机、御前同入。上起坐,气色皆盛,头面皆灌浆饱满,声音有力。皇太后亦同在御榻。上首谕恭亲王:吾语无多,天下事不可一日稍懈,拟求太后代阅折报一切折件……并谕恭亲王当敬事如一,不得蹈去年故习,语简而厉。太后谕略如昨,并言昨西暖阁一起,乃出臣工之情,本恐烦皇帝心虑,故未告知。今当诸王大臣,即告皇帝,勿烦急,已允诸臣所请矣。②

由翁氏日记可以清楚看出,慈禧的再次垂帘之心,早已有之。由于畏惧清议,故采取先由群臣奏请,再由同治出面宣布,其手段之狡诈,简直是无以复加了。对于慈禧的举动,时人是很不以为然的。李慈铭在同治帝病故后所写的日记中认为,皇上刚一生病,太后即出面裁决庶政,"改引见为验放,如初垂帘故事,识者已恶其不祥"。③ 李氏日记充分表露了京城大臣们对于慈禧玩弄权术,急于柄政的厌恶之情。

四、光绪皇帝在养心殿的艰难岁月

养心殿的后殿是皇帝的寝宫,寝宫正中三间相通,以雕镂精美

---

① 陈义杰整理:《翁同龢日记》(第2册),第1076页。
② 陈义杰整理:《翁同龢日记》(第2册),第1076页、1077页。
③ (清)李慈铭:《越缦堂日记》(第9册)"同治十三年十二月初五日"条,扬州:广陵书社,2004年,第6360页。

的木花罩稍加间隔。东次间的东墙上,悬挂着"自强不息"的匾额,东里间西墙的门楣上,也悬有"毋不敬"的匾额。前者在《日下旧闻考》中,已有所记载,后者相传出自光绪帝的手笔。它反映了光绪帝在慈禧的淫威之下,既想更张旧法,力图富强,又不敢违背慈禧旨意的十分矛盾的心理状态。光绪帝自四岁入宫,经常在养心殿里居住,每天照例要到皇太后面前请安,对于慈禧的为人,他是深有了解的。一方面,他不满意慈禧的所作所为,另一方面,他却没有勇气进行反抗。这种不满情绪逐渐滋长,以致后来出现了势同水火的帝党和后党。

　　光绪皇帝在政治上最有作为的时期是从甲午到戊戌。甲午战争爆发后,光绪帝面对日本咄咄逼人的战争叫嚣,毫不示弱,奋起主战。然而,由于落后制度及其军队的腐朽不堪,加之慈禧以及李鸿章、孙毓汶等主和派的从中掣肘,致使前线清军"水陆交绥,战无一胜"。① 作为战争最高指挥者的光绪皇帝,在养心殿里急得团团转。光绪二十一年正月十六日(1895年2月10日),光绪帝将翁同龢等人宣召到养心殿东暖阁,"问诸臣时事如此,战和皆无可恃,言及宗社,声泪并发"。被召对的军机大臣们"流汗战栗,罔知所措"。② 尤其是在签署《马关条约》的时刻,养心殿里灯光昏暗,空气沉闷,光绪皇帝"天颜憔悴",如在沸釜之中,"以和约事徘徊不能决"。当他迫不得已同意签署条约后,深感台湾一割,"则天下人心皆去,朕何以为天下主?"③他和师傅翁同龢"相顾挥涕"。在养心殿这座古老的殿堂里,居然屡屡传出皇帝的痛哭之声,这实在是很

---

① (清)朱寿朋:《光绪朝东华录》,北京:中华书局,1958年,第3595页。
② 陈义杰整理:《翁同龢日记》(第5册),北京:中华书局,1997年,第2777页。
③ 陈义杰整理:《翁同龢日记》(第5册),第2797页。

少有的现象。

"卧薪尝胆""发愤为雄",是光绪皇帝在甲午战败后常说的两句话。正是在这种精神状态的鼓舞下,光绪帝才奋起更张旧法,力挽危局。百日维新期间,他在养心殿里召见臣工,筹划新政,"排众议,冒疑难,以实行变法自强之策"。① 在很短时间内,他大胆采纳了康有为等维新派的建议,颁布了一系列关于改革教育,精简机构,裁汰冗员,精练军队和发展工商业的政策法令。"举国更始以改观,外人动色而悚听",②戊戌变法在国内外都产生了强烈的反响。

但是,新法的推行却严重地损害了那些握有实权的顽固派的利益。这些反对变法的人,很快麇集在慈禧的周围,与维新派抗衡。在推行新法的日子里,养心殿成了人们瞩目的中心。殿堂里的灯火彻夜不灭,灯下的光绪皇帝,时而苦思焦虑,时而奋笔疾书。他深知守旧势力与己势不两立,颇有"不顾利害,誓死以殉社稷之意"。他在养心殿里,召见了杨锐、刘光第、林旭和谭嗣同,并将这四人破格拔擢为军机章京,要他们协助自己,参预新政。拜命之日,光绪帝还"亲以黄匣缄一朱谕授四人,命竭力赞襄新政,无得瞻顾"。③

然而,当时中国的守旧势力实在太强大了。百日维新的后期,顽固派磨刀霍霍,随时有可能向革新派反扑过来。光绪二十四年(1898年)七月底,光绪帝身在养心殿,心却悬挂着颐和园那边有什么风吹草动。他深感自己的力量不足,于是七月二十九日(1898年9月14日)迫不得已草拟了给杨锐的密诏(又称衣带诏),述说了自己的苦衷,光绪帝声称自变法以来,多次向太后建议,均不获

---

① 梁启超:《戊戌政变记》,北京:中华书局,1954年,第1页。
② 国家档案局明清档案馆编:《戊戌变法档案史料》,北京:中华书局,1958年,第523页。
③ 梁启超:《戊戌政变记》,第102页。

听,近日关系日趋紧张,连皇位都难保,遑论其他。光绪帝问改革派"有何良策,俾旧法可以全变,将老谬昏庸之大臣尽行罢黜,而登进通达英勇之人,令其议政,使中国转危为安,化弱为强"。① 其焦劳之情,溢于言表;忧愤之形,如见纸墨。光绪帝为了牵制后党,根据维新派的建议,于八月初一日(9月16日)在颐和园玉澜堂召见了袁世凯。但是,他这样做的结果,恰恰适得其反。袁世凯进京之后,非但没有帮维新派的忙,反而加速了政变的到来。

戊戌七、八月之交,北京的上空阴云密布,养心殿里暑热难熬。八月初三日(9月18日),光绪帝由颐和园返回大内,慈禧对新法的敌视态度,使他深感不安。他居处深宫,对外间的情形一无所知。其实就在这天晚间,维新派见到了他写给杨锐的密诏,张皇失措,抱头痛哭,并当场决定要谭嗣同去法华寺劝袁世凯派兵"锢后杀禄",结果却是与虎谋皮,惹出大的乱子。

八月初四日(9月19日)是养心殿里一个极不平静的日子。这天清晨,光绪帝照例在这里召见了军机大臣,准备次日召见日本前首相伊藤博文。晚饭后,太监前来禀报,太后已经回宫了。② 这突如其来的消息,使光绪帝紧张万分,于是匆忙外出迎驾。慈禧看他惊惶之状,"益信其召外兵谋己,既降舆,戟手向帝詈曰:汝以旁支,吾特授以大统,自四岁入宫,调护教诲,耗尽心力,尔始得成婚亲政,试问何负尔?尔竟欲囚我颐和园,尔真禽兽不若矣"。③ 光绪战栗不发一语,良久嗫嚅曰:"我无此意。"慈禧唾之曰:"痴儿,今日无我,明日安

---

① 赵炳麟:《赵伯岩集》(上册),南宁:广西人民出版社,2001年,第239~240页。
② 关于慈禧回宫及囚禁光绪时间,参阅拙作《关于戊戌政变二三事之管见》,《历史档案》1983年第3期。
③ 中国史学会主编:《中国近代史资料丛刊·戊戌变法》(第1册),上海:神州国光社,1953年,第466页。

有汝乎？"①说完，慈禧愤愤走进养心殿寝宫，"尽括章疏携之去"。②接着发布懿旨，以光绪生病不能临朝，由太后训政。

求治反为罪，称疾诏书哀。慈禧一伙发动戊戌政变，囚禁光绪帝之后，养心殿在很长时间内十分冷落。昔日光绪帝与珍妃等人的欢声笑语，已烟消云散，往常早朝太监们"叫起"的声音也听不到了，剩下的只是一片凄凉。除了几位看门的苏拉之外，这里几乎空无一人。军机大臣们也不再到这里入值，而改到西苑的仪鸾殿里。光绪帝虽然还是名义上的皇帝，但已毫无实权，如同傀儡。恽毓鼎记述道："至戊戌训政，则太后与上并坐，若二君焉；臣工奏对，上嘿不发言，有时太后肘上使言，不过一二语止矣。"③

根据清宫《起居注册》记载，从戊戌政变到病故瀛台，光绪帝去养心殿的次数，大为减少，④而且往往是为了召见外国使臣，摆摆样子，其余时间都在瀛台，或随慈禧一起到颐和园驻跸。直到慈禧在义和团事件时仓皇出逃，光绪帝才能随着出外，见见世面，而从西安回銮后，又重新迁居瀛台。

五、袁世凯的逼宫丑剧

光绪三十四年(1908年)十月，光绪帝与慈禧相继死去，养心殿迎来了一位新主人，这就是清朝的末代皇帝溥仪。溥仪上台后，清政府更腐朽不堪，三年后，便爆发了武昌起义。养心殿内气氛变得紧张起来。隆裕皇太后抱着小皇帝整日哭泣，埋怨诸大臣不设法解救。

---

① 中国史学会主编：《中国近代史资料丛刊·戊戌变法》(第1册)，第476页。
② 中国史学会主编：《中国近代史资料丛刊·戊戌变法》(第1册)，第476页。
③ 中国史学会主编：《中国近代史资料丛刊·戊戌变法》(第1册)，第476页。
④ 《光绪朝起居注册》，中国第一历史档案馆藏。

气息奄奄的清王朝处于风雨飘摇的关键时刻,居心险恶的袁世凯,再次粉墨登场。他利用手中控制的北洋军队,一面在武汉前线向革命军炫耀武力,逼革命派让步;一面向皇室施加压力,要清廷让出政权。为了尽快实现其篡夺革命果实的野心,袁世凯在养心殿里演出了"逼宫"丑剧。

1911年11月16日,袁世凯手捧要清帝退位的奏章,来到了养心殿。他装腔作势地痛哭流涕,绘声绘色地叙述着革命军如何难以对付,民主制如何优越,劝隆裕"俯鉴大势",顺从民心,否则将会出现"九庙震惊""乘舆出狩"①的可怕危局。据溥仪回忆说:"有一天在养心殿的东暖阁里,隆裕太后坐在靠南窗的炕上,用手绢擦眼,面前地上的红毡子垫上跪着一个粗胖的老头子,满脸泪痕。我坐在太后的右边,非常纳闷,不明白两个大人为什么哭。这时殿里除了我们三个,别无他人,安静得很。胖老头很响地一边抽缩着鼻子,一边说话,说的什么我全不懂,后来我才知道,这个胖老头就是袁世凯。"②

袁世凯的一番话,把隆裕太后完全吓昏了。她连忙下令在养心殿里召开御前会议,把宗室亲贵们请来拿主意。这时,庆亲王奕劻已被袁氏重贿买通,力主自行退位,隆裕一听,便抱着小皇帝哭泣。载泽和溥伟则坚决反对。他们甚至写信给袁世凯,称"欲将我朝天下断送汉人,我辈决不容忍,愿与阁下同归澌灭"③云云。然而,为逼迫清帝退位,袁世凯挖空心思想尽一切办法。他甚至通过总管太监小德张对隆裕进行恫吓,又唆使北洋心腹段祺瑞通电警

---

① 张国淦编著:《辛亥革命史料》,上海:龙门联合书局,1958年,第300页。
② 爱新觉罗·溥仪:《我的前半生》,北京:中华书局,1977年,第38~39页。
③ 杨玉如编:《辛亥革命先著记》,北京:科学出版社,1958年,第273页。

告清廷,声称,如不顺从民志,尽快退位,他将"率全军将士入京,与王公剖陈利害",①寥寥数语,杀气逼人。袁世凯更从旁威胁,如不赶快退位,优待条件亦难保证。一时间,养心殿里乱作一团,既有太后和小皇帝的啜泣声,又夹杂着亲贵们的咒骂声,喧闹嘈杂,声彻殿陛。

对于大权独享的统治者说来,没有比让出政权更为痛苦的事情了。在袁世凯的威逼利诱之下,隆裕太后终于屈服了。1912年2月12日,隆裕皇太后在养心殿内召见大臣,以皇帝的名义颁布了退位诏书。统治中国二百六十多年的清王朝覆亡。对于在养心殿里演出的这最后一幕,恽毓鼎在日记中记载得十分生动:

> 皇太后今日召见阁臣及国务大臣,谕云:予三年中深居宫中,不预外事,一般亲贵,无一事不卖,无一缺不卖,卖来卖去,以致卖却祖宗江山。言至此,失声大哭。少停又言,亲贵至今日,不出一谋,事后却说现成话,甚至纷纷躲避。只知性命财产,置我寡妇孤儿于不顾。即朝臣亦纷纷告退。卿等独在此勉力支持,予甚愧对卿等。又云,予当率皇帝退居颐和园,让出宫殿。②

专制统治者痛哭之日,正是人民大众开心之时。养心殿里这最后一幕,宣告了中国封建专制制度的彻底垮台。在宣告退位后,年幼的溥仪仍然居住在养心殿里,直到1924年才被国民军撵走。

此后,养心殿里灯火熄灭了,长时间无人居住,院子里长满了野草,一片荒凉景象。昔日大臣们晋谒圣上匆忙的脚步声,太监们传呼皇帝旨意的吆喝声,统统消失得无影无踪。历史在这里掀开了新的一页。

---

① 中国史学会主编:《中国近代史资料丛刊·辛亥革命》(第8册),上海:上海人民出版社,1957年,第179页。
② (清)恽毓鼎著,史晓风整理:《恽毓鼎澄斋日记》(第2册)"宣统三年十二月二十五日"条,第576页。

什刹后海醇王府

出了地安门沿着西北方向行走,没有多远,便到了柳浪莺啼、波翻涛涌的什刹海了。这里虽然没有昔日的"浅碧湖波雪涨,淡黄宫柳烟蒙"景象,[①]然而,近年来随着首都建设的飞速发展,北京市政府拨出相当数量的资金,清挖了湖底的淤泥,岸边新建了不少亭榭回廊,面貌焕然一新,可谓"风景依稀胜昔年"。

一、明珠是醇王府建筑的奠基人

沿着什刹海岸边新修的环湖马路,过了银锭桥,水面便更加开阔。以此桥为界,南面称前什刹海,北面称后什刹海,元人统称之为"海子"。过了银锭桥再有一箭之地,便来到一座镶着绿琉璃瓦的大门前,此处便是名闻遐迩的醇王府。它是清代第二代醇亲王——载沣的府邸。时间虽然已经过了半个多世纪,这座王府仍旧是楼阁巍然,气宇轩昂,颇为壮观。

据史料记载,这里在清朝初年,是鼎鼎有名的大学士明珠的旧居。明珠能在这里建立宅邸,与康熙帝对他的宠信有直接关系。

明珠(1635—1708年),字端范,那拉氏,正黄旗人。他从一个地位低下的侍卫,迁内务府郎中,康熙三年(1664年)即当上了总管。过了几年又担任了弘文院学士、刑部尚书、兵部尚书。康熙十

---

① (清)震钧:《天咫偶闻》卷4,北京:北京古籍出版社,1982年,第85页。

二年(1673年),康熙皇帝要在南苑的晾鹰台检阅八旗甲兵,明珠闻讯之后,立即提前"布教条使练习之"。康熙帝检阅时发现军营整肃,步伐整齐,高度赞扬明珠的治军有方,精明强干。但是,明珠之所以取得康熙帝的宠信,最重要的原因恐怕还是由于他在三藩之乱时,表现出了超人的胆识。

康熙初年,经历了数十年战乱之祸的中国南半部,总算是安定下来。当时,南方有吴三桂、尚可喜、耿精忠三藩镇守。经过十余年后,吴三桂兵力雄厚,尤为骄纵。尚可喜甚忧之,于是借口年老请求撤藩,归老海城。吴三桂为了刺探朝廷对他的态度,也疏请同时撤藩。康熙帝把要不要撤掉三藩的问题提出来,广泛征求朝臣意见。满朝文武都怕激起吴三桂造反,不敢赞同撤藩。唯独明珠和户部尚书米思翰、刑部尚书莫洛等少数几个人主张撤藩。康熙帝对明珠等的答案深感满意。他说,吴三桂谋反已久,"不及早除之,使其养痈成患。撤亦反,不撤亦反,不若先发制之"。① 于是,这位年轻的帝王毅然决然地下达了撤藩命令。

事态的发展果然不出康熙帝所料。吴三桂接到撤藩之命,立即发兵造反,开始时,声势颇盛,大半个中国为之震动。烽火频传,人心惶惶。原来反对撤藩的索额图等人,把责任推到明珠身上,要求皇帝杀掉明珠,以平息吴三桂等人的怒气。康熙帝十分生气地说:"此出自朕意,伊等何罪?"②不但不责怪明珠,反而更加信任他,不久授武英殿大学士,加太子太师。三藩之乱平息之后,康熙对他说,当时有人请求杀你,"朕若从之,皆含冤泉壤矣"。③

---

① (清)昭梿:《啸亭杂录》卷1,北京:中华书局,1980年,第5页。
② (清)昭梿:《啸亭杂录》卷1,第5~6页。
③ (清)赵尔巽等撰:《清史稿》卷269《列传五十六·明珠》,北京:中华书局,1977年,第9992页。

明珠正是凭借着康熙帝的信任,加快了什刹海北岸的宅邸建设。他之所以把宅子选在这里,恐怕与什刹海地理环境之优越有很大关系。

清朝年间,什刹海一带是京师最热闹的地区之一。由于这里"去市最近",故裙屐争趋之,而且,湖边的自然风光尤为宜人。震钧在《天咫偶闻》中描述说:

> 长夏夕阴,火伞初敛。柳阴水曲,团扇风前。几席纵横,茶瓜狼藉。玻璃十顷,卷浪溶溶。菡萏一枝,飘香冉冉。想唐代曲江,不过如是。昔有好事(者)于北岸开望苏楼酒肆,肴馔皆仿南烹,点心尤精。小楼二楹,面对湖水。新荷当户,高柳摇窗……大有西湖楼外楼风致。①

像这样迷人的江南风光,在北京城是首屈一指的。如果说什刹海的东岸还有些车马喧嚣,那么,过了银锭桥,再到后海,则"人迹罕至,水亦宽,树木丛杂,坡陀蜿蜒,两岸多古寺名园、骚人遗迹",②比起前什刹海来,无疑是更上一层楼了。

正是这里幽美的自然景致,吸引了许许多多的王公贵族,都想到后海周围建立府邸。深受康熙帝恩宠的明珠在这里占据一席之地,也就成了顺理成章的事了。

然而,由于明珠专擅朝政,"簠簋不饬,货贿山积",很快成了众矢之的。当时,前往后海北岸明珠家送礼的络绎不绝,明珠则貌益加谦和,"轻财好施,以招来新进,异己者以阴谋陷之"。③

康熙二十七年(1688年),御史郭琇上书严劾明珠。指责他

---

① (清)震钧:《天咫偶闻》卷4,第86页。
② (清)徐珂编撰:《清稗类钞》(第1册),北京:中华书局,2010年,第132页。
③ (清)赵尔巽等撰:《清史稿》卷269《列传五十六·明珠》,第9993页。

"背公营私,阁中票拟皆出明珠指麾,轻重任意……市恩立威,因而要结群心,挟取货贿。日奏事毕,出中左门,满、汉部院诸臣拱立以待,密语移时,上意罔不宣露。部院事稍有关系者,必请命而行……督抚藩臬员缺……展转征贿,必满欲而后止。康熙二十三年学道报满应升者,率往论价,缺皆预定……明珠自知罪戾,对人柔颜甘语,百计款曲,而阴行鸷害,意恶谋险。最忌者言官,惟恐发其奸状,考选科道,辄与订约,章奏必使先闻"。①

这封措辞严厉的奏章递上之后,康熙帝当即下令罢免了明珠的大学士职务,"交侍卫内大臣酌用",后来,授为内大臣,不再柄政。

此后,二十多年的时间里,明珠在后海岸边的宅第中,过着清闲的晚年。每日清晨倚窗而望,只见在阳光的照耀下,红荷盛开,丹楼碧山,矗出水际,几若神仙中人。

明珠于康熙四十七年(1708年)去世后,他的后世子孙并未能长期在后海岸边的宅第居住下去。因为这里精巧的画栋雕栏,迷人的湖光山色,使许多王公贵族都为之倾倒。到了乾隆朝后期,这套华丽的住宅即被权相和珅巧取豪夺,随后又转到成亲王永瑆手里。据陈宗蕃的《燕都丛考》记载:

> 明珠孙成安,家世富厚,以迄和珅籍没其产,珍物重器有大内所无者。成邸(按,即成亲王永瑆)之封,恰在此时,或即因以赐之。然净业北畔,实无余地,可供卜筑。②

陈宗蕃这些记载,出自揣测,有与史实不符者。根据《清史稿·诸王传》所载,永瑆为乾隆帝第十一子,聪颖过人,读书用功,

---

① (清)赵尔巽等撰:《清史稿》卷269《列传五十六·明珠》,第9993～9994页。
② (清)陈宗蕃编著:《燕都丛考》(第2编),北京:北京古籍出版社,1991年,第404页。

乾隆五十四年(1789年)即已封为亲王,皇帝且经常"幸其府第"。嘉庆四年(1799年)正月,永瑆开始在军机处行走,并且总理户部三库事务。按照清朝惯例,"亲王无领军机者,领军机自永瑆始"。① 由此可见,永瑆的才能相当出众。

二、成亲王永瑆为王府引来活水

永瑆得到明珠的宅第是嘉庆四年(1799年)三月以后的事。《清史稿》的永瑆传记曰:是年"三月,和珅以罪诛,没其园第,赐永瑆",②"没其宅赐(庆亲王)永璘"。③ 据此可知,明珠的宅第后来变成了和珅的园子,直到和珅败倒,此园方为成亲王所得。永瑆能得到这所园子,与其地位有直接关系。此时,他既是军机大臣,又是嘉庆皇帝的兄长,京城还有谁能与之匹敌。

永瑆得到园子之后,按照王府的规制,大兴土木进行改建,不但修筑了正门五间,缭以崇垣,还建成了银安殿、神殿、佛堂、祠堂等建筑,并且花大气力整修了西边的花园。永瑆还得到皇帝特许,引来了活水,装点园林,使整个园子面目一新。按照清朝的制度,没有皇帝的允诺,无论是哪个王府,概不许引河水入园,而没有水源,既无法开挖较大的湖池,也得不到足够的土方堆积假山。永瑆为了感激皇上特许引水之恩,在园内湖边的游廊中间,特修恩波亭。整个花园有绿水环绕,一派生机,彻底改变了昔日那种"鸡头池涸谁能记,渌水亭荒不可寻"④的景象。

---

① (清)赵尔巽等撰:《清史稿》卷221《列传八·诸王七》,第9094～9095页。
② (清)赵尔巽等撰:《清史稿》卷221《列传八·诸王七》,第9095页。
③ (清)赵尔巽等撰:《清史稿》卷221《列传八·诸王七》,第9096页。
④ (清)陈宗蕃编著:《燕都丛考》(第2编),第404页。

然而，世间之事很难有十全十美的。成亲王永瑆的府邸花园虽然称心如意，但在仕途上却遇到挫折。由于其才能出众，声威显赫，又出任军机首辅，很快构成了对他的弟弟嘉庆皇帝权力的威胁。于是，他在嘉庆四年（1799年）七月，即主动提出辞去管理户部三库的职务。十月，嘉庆帝进而免去其军机大臣的职务。谕曰：

  自设军机处，无诸王行走。因军务较紧，暂令永瑆入直，究与国家定制未符，罢军机处行走。①

然而，以笔者观之，永瑆被免去军机大臣，很可能与洪亮吉事件有关。

洪亮吉，字稚存，江苏阳湖人，少家贫而学业不辍，"孝事寡母"。乾隆五十五年（1790年），洪亮吉中一甲二名进士，授编修。史书上说他"长身火色，性豪迈"，喜评议世事。② 他于嘉庆四年八月上书给成亲王，痛言风俗日下，赏罚不严，并暗指嘉庆帝重用和珅等私人，朝政日坏，酿成了南方白莲教起义。亮吉在上书中，列举了当时京师风气极坏，有人昏夜乞怜，以求署缺；有"人前长跪，以求讲官"；更有"先走军机章京之门，求认师生"，以探刺考试题目。洪亮吉在其书中大声疾呼："士大夫之行如此，何以责小民之夸诈夤缘？辇毂之下如此，何以责四海九州之营私舞弊？"③ 而最严重的是，洪吉亮将这种弊风陋俗，归咎于刚上台不久的嘉庆皇帝。他说："自三四月以来，视朝稍晏，窃恐退朝之后，俳优近习之人，荧惑圣听者不少，此亲臣大臣启沃君心者之过也。"④

洪亮吉此次上书写得很长，洋洋五六千言。他把此书递到永

---

① （清）赵尔巽等撰：《清史稿》卷221《列传八·诸王七》，第9095页。
② （清）赵尔巽等撰：《清史稿》卷356《列传一百四十三·洪亮吉》，第11307页。
③ （清）赵尔巽等撰：《清史稿》卷356《列传一百四十三·洪亮吉》，第11311页。
④ （清）赵尔巽等撰：《清史稿》卷356《列传一百四十三·洪亮吉》，第11308页。

珇手里,很能说明他们之间关系不同寻常。至少两人在政治观点上,许多地方是相通的。永珇将洪亮吉上书转呈其弟,不料,嘉庆皇帝龙颜大怒,下令将亮吉"落职下廷臣会鞫",而后又"拟大辟,免死遣戍伊犁"。① 此事发生后不出两月,永珇即出军机处矣。

此后,永珇常常待在府中,"闭门修省"。嘉庆帝不"假以事权",永珇也"遇事模棱,不竭力以报效,上待之如旧"。② 永珇在府里,把很多精力,都用在练习书法上。据载,他曾听康熙朝某内监说,"其师少时犹及见董文敏握笔,惟以前三指握管悬腕书之"。于是,永珇"推广其语作拨灯法,谈论书法具备,名重一时,士大夫得片纸只字,重若珍宝。上特命刊其贴,序行诸海内,以为荣云"。③

永珇在府内闲居期间,政治上十分消沉。他整日流连于花木山水之间,所应酬接待者,"皆卑官逸老,公卿反无一人"。④ 他写过大量的诗篇,学问渊雅,风度豪迈,"置之士大夫中,亦当居第一流"。⑤ 他的诗文大都收在《花间堂诗集》中,不少篇章吟咏园中景物。其中一首为《新范邑宰板桥郑燮》云:

　　一匹缠头一曲新,

　　风流不省自家贫。

　　无端腰系银鱼珮,

　　闲却雷塘花柳春。

此诗写得婉转曲折,颇能抒发永珇的内心感慨。关于永珇晚年在府中生活情况,正史中殊鲜记载,然而在昭梿的《啸亭续录》中

---

① (清)赵尔巽等撰:《清史稿》卷356《列传一百四十三·洪亮吉》,第11314页。
② (清)昭梿:《啸亭杂录》卷1,第29页。
③ (清)昭梿:《啸亭杂录》卷2,第46页。
④ (清)震钧:《天咫偶闻》卷4,第86页。
⑤ (清)震钧:《天咫偶闻》卷4,第86页。

有云：

成哲王诗文精洁，书法遒劲，为海内所共推。然天性阴忮，好以权术驭人。持家苛虐，护卫多以非罪斥革。日用菲薄，库积银八十万，莫肯挥霍，一任其子孙盗窃。一日乘马毙，王命烹以代膳，是日即不举爨，其啬吝也若是。其妃乃傅文忠公女，奁资颇丰，而王皆索入封桩库中，妃惟日瞰薄粥而已。夙好置古玩书画，多受人欺诈，亦不敢与较也。①

出身于帝王之家的永瑆，如此爱财吝啬，而他的子孙，多以行为不检，挥霍无度，最后因暴病而亡。这对成亲王刺激很大，以致患了狂病症，经常胡言乱语。临死前数月，这位亲王“体不沐浴，发不枇栉”，卒以狂疾致死，而他所积蓄的万贯家财，亦皆为仆从掠去，府藏为之一空，其结局可谓浩叹。

三、奕𫍽的得宠与醇王府的兴建

“平泉花木翠回环，相国楼台占此间”。这是边袖石《什刹海诗》里的两句，大意是咏叹明珠故居里的亭台花木之盛，绿水环绕之幽。也许正是因为园子里的风水为人羡慕的缘故，才导致了它的主人频繁更迭。在清朝，这座宅第的最后一代主人是醇亲王，故今人称之为醇王府。又因为老醇王奕𫍽行七，人称七爷，因而把他所居住的王府称作“七爷府”。为了区别于宣武门内太平湖畔的醇王府，旧日北京人常把太平湖畔的醇王府称作“南府”，而把后海岸边的叫作“北府”。

奕𫍽为何要将其王府由太平湖迁往什刹海？依笔者揣测，其

① （清）昭梿：《啸亭续录》卷5，《啸亭杂录》，第516～517页。

原因有二：其一，格于祖制；其二，成王府风景别致，具有很大的吸引力。清制，皇帝的出生地，称之"龙潜邸"，因此，皇帝即位后，其家人即不得长住下去。这在醇王奕譞于光绪十四年九月初一日（1888年10月5日）的奏章中，说得格外分明。奕譞奏称：

> 恭查雍正二年礼部奏，请将世宗宪皇帝潜邸升为宫殿，当蒙谕允。乾隆五十九年两次钦奉圣训……将来我子孙内有由藩邸绍承大统者，并应永远钦承，用昭法守等因。钦此。臣奕譞现居赐邸，为皇帝发祥之所，仰稽成宪，敬绎纶音，应否恭缴之处，伏候皇太后训示遵行。①

当时，正是光绪皇帝大婚、亲政前夕，朝局颇有些动荡。因为光绪帝的亲政，就意味着慈禧手中的权柄，将下移到皇帝手里。从最高的权位上退下来，对慈禧来说，比割去身上的一块肉还要难受。善于揣测迎合的奕譞，深知其中奥妙，于是，他指使军机处，按照他的意愿，酝酿写成了《酌拟归政事宜折》，表示即使是皇上亲政了，"在京各衙门每日具奏折件……皇上披阅传旨后"，仍由军机大臣"另缮清单，恭呈皇太后慈览"；②对各级官吏的任命，由军机大臣裁定后，"皇上奏明皇太后，次日再降谕旨"。③ 这无异于向慈禧立下保证，即使皇上亲了政，实权仍操在皇太后手里。慈禧对奕譞此举，甚为高兴。因此，她见到奕譞"恭缴"太平湖畔的旧王府奏折后，欣然允诺。当即发布谕旨，将旧府"升为宫殿，著准其恭缴。贝子毓橚府第，著赏给醇亲王居住，并赏银十万两，由王自行修理，俟修竣后再行移居"。④

---

① 《恭缴府邸折》，《奕譞专题档》，中国第一历史档案馆藏。
② 《酌拟归政事宜折》，中国第一历史档案馆藏。
③ 《酌拟归政事宜折》，中国第一历史档案馆藏。
④ 《上谕档》，光绪十四年，中国第一历史档案馆藏。

于是,堂堂的成王府就这样轻而易举地换了主人。明眼人很容易看出,在王府更迭的背后,还隐藏着一桩十分肮脏的政治交易。上面说到的毓橚,是成亲王永瑆的曾孙,他对于慈禧来说当然是无足轻重的。于是,只好移居到"西直门内半壁街空闲府第一所"居住,还得到慈禧赏给的搬迁费一万两。

奕譞得到这所新府之后,花了很大气力进行修整。资金吃紧是个很大的问题。当时,奕譞正奉慈禧之命筹办海军衙门事宜,前来"报效"者络绎于途。尽管有这些额外的来源,修建王府的开支,仍然是入不敷出。于是,光绪十五年(1889 年)正月,慈禧又颁布了两道懿旨,一是赏给他"金桃皮鞘戎服刀一柄,王所用弓刀,均准饰用金桃皮",[1]二是给他增添"头等、二等护卫各一员,三等护卫二员,加赏修葺府第银六万两,由户部发给"。其子载沣、载洵分别晋封为入八分镇国公、辅国公,载涛也得到头品顶戴并赏戴花翎的优厚待遇。[2]

奕譞的这次重修,重点是花园和东跨院,他还花了不少银两疏通了花园的水道,重整了戏台及其北面的乐寿堂、畅襟斋等建筑。在听雨坞、笼亭等小巧玲珑的建筑物装点下,整个花园显得格调清新,雍容华贵。再加上游廊曲栏的随意穿插,山石花木的巧妙点缀,整个花园显得妙趣盎然。

奕譞花了很大气力修葺王府,但他在这个王府并没有住多久。《道咸以来朝野杂记》云,他是"光绪十五年迁于今府"。据此推算,奕譞在此只住了一年多的时间就病故了。[3]

---

[1] (清)朱寿朋:《光绪朝东华录》,北京:中华书局,1958 年,第 2570 页。
[2] (清)朱寿朋:《光绪朝东华录》,第 2577 页。
[3] 据溥任先生面告笔者称,"奕譞在生前并未来得及搬进新府,他去世后王府还继续进行修建"。是说确否,尚待进一步考证。

奕谟死后，载沣即成了这里的最高主宰。他为人"谦抑退让"，"好逸畏事"，这一点和老醇王很相似。然而，若论起办事能力、政治手腕，载沣恐怕比其父还稍逊一筹。

据载沣之幼子溥任先生回忆：在奕谟去世后，王府还继续进行整修。什刹海北岸的醇王府，有大门二重，但平时都由东西阿思门出入。在中路轴线上，二门内为银安殿，东西各有配殿，再过一道门，就是神殿，其后为楼阁。像其他王府一样，中路轴线上建筑物都用绿琉璃瓦，脊吻兽，显得威严庄重。东路建筑物较少，设有祠堂和佛堂。中路和东路一般都不住人，只用于举行各种仪式和供奉神佛。

醇王府的活动中心主要在西路，由高大的院墙与中路隔开，中间是狭窄的更道。西路有两重并列的院落，在西路轴线上，前进院正厅为宝翰堂，这里是载沣白天"办事和休息的所在"。① 宝翰堂后边是钟灵所。再往后的正厅为九思堂，与其相对的是思谦堂。九思堂也是奕谟的室号，他自称"九思堂主人"（太平湖畔的南府也有九思堂）。思谦堂则是载沣夫妇的卧室。正厅的两侧都配有房屋，形成一座座四合院的格局。每进院落中，点缀着垂花门、屏门、角门、穿廊，使整个院落，显得十分雅致。

四、载沣在醇王府窝心的日子

载沣为人，胆小怕事，能力又极平庸。然而，历史仿佛专门喜欢跟人开玩笑似的，竟把这样一个缩手缩脚，才能低下的人，推到了权力的最高层，赋予他支撑风雨飘摇的清王朝的使命，而这一切

---

① 溥杰：《回忆醇亲王府的生活》，中国人民政治协商会议全国委员会文史资料研究委员会编：《晚清宫廷生活见闻》，北京：文史资料出版社，1982年，第232页。

都是在慈禧导演下进行的。

慈禧的亲妹妹,是奕䜣的福晋,她同醇王府有着很"特殊"的关系。光绪二十七年(1901年),慈禧"硬把她的心腹重臣大学士荣禄的女儿"瓜尔佳氏,"指婚"给载沣。① 这在某种程度上已经预示着,载沣要在不久的将来担当重任。

在慈禧身边还有另外的亲信,即荣禄去世后掌握军机处和外务部大权的奕劻及其长子农工商部尚书载振。奕劻在慈禧心目中,也占有相当重要的位置,何去何从,慈禧颇费斟酌。然而,正是光绪三十三年(1907年)爆发的"丁未政潮",使慈禧最后拿定主意:她死之后,执政者应在什刹海北岸的醇王府里去物色。

所谓"丁未政潮",是晚清历史上极关重要的一件事。把它称作"政潮",亦可见其影响之大,几乎波及全国。这是以奕劻和袁世凯为一方,岑春煊(时任邮传部尚书)和瞿鸿禨(军机大臣)为另一方的一次公开冲突。此事以御史赵启霖弹劾奕劻父子为导火线。三月二十五日(5月7日)赵折送到慈禧手里。赵启霖奏折略谓:

> 臣闻段芝贵人本猥贱……徒以善于迎合,袁世凯亦不能不为所蒙。上年贝子载振往东三省道过天津,段芝贵复夤缘充当随员,所以逢迎载振者更无微不至,以一万二千金于天津大观园戏馆,买歌妓杨翠喜,献之载振,其事为路人所知;复从天津商会王竹林措十万金,以为庆亲王奕劻寿礼,人言藉藉,道路喧传。奕劻、载振等因之蒙蔽朝廷,遂得署理黑龙江巡抚。②

赵启霖最后得出的结论是:段芝贵无功可记,无才可录,专恃

---

① 溥杰:《回忆醇亲王府的生活》,中国人民政治协商会议全国委员会文史资料研究委员会编:《晚清宫廷生活见闻》,第216页。
② 《参段芝贵折》,中国第一历史档案馆藏。

贪缘，骤跻巡抚，诚可谓无廉耻；而奕劻、载振父子"以亲贵之位，蒙倚畀之专"，却只知"广收贿赂，尤可谓无心肝"。这封奏折有理有据，义正词严，整个朝廷为之轰动。它的矛头所向，不仅指向奕劻父子，而且也包括用重金买通奕劻的直隶总督袁世凯。最后，慈禧尽管再三为之开脱，也无济于事，因为奕劻父子的声名，实在太臭了。

在舆论的压力下，农工商部尚书载振于四月初六日（5月17日）递上《请准开去各项差使折》，声称："思维再四，展转傍徨，不可为臣，不可为子"，"愿此后闭门思过"。"倘他时晚盖前愆，或尚有坠露轻尘之报称"。① 书上之后，当即被免职。时过一月，奕劻再次递上请开去军机大臣的奏折，声称他已"积劳成疾"，任事竭蹶，"左支则右绌，顾此则失彼，若再因循恋栈，必至诸务废弛"，②故请开去军机要差。慈禧虽没有同意奕劻的请求，但是，老谋深算的慈禧深知，奕劻父子在政治上已人心失尽，无论如何不能再委以"大任"。于是，她果断地做出决定，醇亲王载沣"在军机处学习行走"。不言而喻，载沣进入军机处，是"丁未政潮"的重要后果之一。

载沣到军机处之后，再不能像往日那样，在醇王府花园里清闲地消磨日子，他开始过问国家的"枢机要政"了。这时的载沣，才是一个年仅25岁的青年人。③

一年多之后，清廷发生了重大的人事更动，光绪帝和慈禧相继死去。慈禧在面临"交班"的紧要关头，将奕劻支走，以防止其同袁世凯有不轨行为。恽毓鼎于光绪三十四年十月日记中的几段记

---

① 《请准开去各项差使折》，中国第一历史档案馆藏。
② 《请开去军机处要差折》，中国第一历史档案馆藏。
③ 《光绪三十三年王大臣生辰单》，中国第一历史档案馆藏。

载,也许比官文书更能透露出一些蛛丝马迹:

初十日(1908年11月3日) 皇太后万寿,升仪銮殿。辰正,皇上率王公百官在来薰风门外行礼,臣毓鼎侍班,入宝光门后始知圣躬不豫,唯在内廷行礼。

十四日 圣宫不豫辍朝,唯庆亲王见慈圣于榻前。既退,即兼程赴菩陀峪地宫(引者按,慈禧此举即有意使奕劻远离宫禁)。朝士惊惶,虑有非常之变。且闻枢臣讨论道光庚戌、咸丰辛酉故事。一夜北风怒号。

二十日 午刻两点钟,忽传车驾还宫,枢臣再召,人心惶惶。毓鼎驰谒振贝子,欲探虚实,未见。幸知还宫之信不确,心稍放宽。……夜半十二点钟官报馆再送上谕条,奉懿旨授醇亲王载沣为摄政王。王长子溥仪入宫教养并在上书房读书。

二十一日 ……昨日午后二点钟圣躬发厥,一时许始苏。皇太后亦濒危险,乃再召枢臣议定国本,命醇亲王立时回邸,抱阿哥入宫,年甫三岁。……访授金于法律学堂久谈。授金竟日在宪政馆,略知禁中事,病势颇危,梓宫均已敬备。皇后往来两宫视疾,两目哭尽肿。今日例行公事,俱由摄政王代行。

二十二日 晨兴惊悉大行皇帝于二十一日酉刻龙驭上宾,今日辰初用吉祥轿还宫,巳时升殁,阿哥即皇帝位于枢前……(闻内监言,上自奉极薄,所御短布衫,屡经补缀,犹不肯弃之)又奉太皇太后懿旨,摄政醇亲王监国……是日阴风凄惨,五点钟即暝。夜半十二点钟,仆人敲门,传入邸抄,复惊悉

> 太皇太后未刻升遐。两日之中再遭巨变,旁皇不复成寐。①

读了恽氏这段绘声绘形的记载,人们很容易看清楚,载沣是如何得到监国摄政王高位的。不管他愿意不愿意,慈禧是把这个"苦果"留给他了。

至于载沣以后的情形,则是比预料的更糟。他优柔寡断,没有及时果断地处置袁世凯,以致铸成"纵虎归山,养痈遗患"的大错。整个宣统朝,他内有隆裕掣肘,外受奕劻等人挟制,名为监国,实则并无实权。加以兄弟之间争权夺势,有时竟闹得他连什刹海北岸的王府门都不敢进。

武昌起义爆发以后,清王朝乱作一团,那桐、徐世昌鼓动奕劻起用袁世凯,载沣虽极力反对,却又没有勇气坚持到底,最后,只能"任听摆布,忍泪屈从",②以至于发展到袁世凯出任内阁总理。十月十五日(1911年12月5日)隆裕皇太后颁布懿旨,监国摄政王以醇亲王归藩,不预政事,发俸五万两。于是,清王朝的天下一步步为袁世凯窃夺。

交出政权后的载沣,在这一天散朝之后,浑身轻松地走进醇王府的大门,仿佛觉得王府里的一切都对他有着特别的吸引力。特别是,恩波亭前的碧水,畅襟斋旁的花丛,似乎都在向载沣致意。最能说明载沣此时心情的,是溥杰的一段回忆:

> 我的母亲曾对我说过:你的老阿玛在辛亥革命后,从宫中回到家来,神情不变地对我说:"从此就好了,我也可以回家抱孩子了。"我听了大哭了一场,你长大了,可不要像你阿玛那样

---

① (清)恽毓鼎著,史晓风整理:《恽毓鼎澄斋日记》(第1册)"光绪三十四年十月初十日至二十二日"条,杭州:浙江古籍出版社,2004年,第404~405页。
② 载润:《隆裕与载沣之矛盾》,中国人民政治协商会议全国委员会文史资料研究委员会编:《晚清宫廷生活见闻》,第78页。

地没有志气!①

这段回忆,如实地反映了载沣当时的真情实感,以及清末王公贵族在大权旁落、大厦将倾时的烦恼苦闷与无可奈何的内心世界。

五、醇王府沧桑巨变

由于醇王府又出了皇帝,载沣当上了监国摄政王,故当时有人称之为"摄政王府"。自然,这里又成了"龙潜邸"。摇摇欲坠的清王朝又打算在中海集灵囿建立一个新的醇王府。但是,新府未建成,清王朝已一命呜呼了。民国十三年(1924年)溥仪被从紫禁城撵出后,"先止于是,嗣乃移居天津"。② 后来,王府及花园也日益破败,建筑倾圮,花木枯萎,山石坍塌。到了1949年前夕,醇王府及其花园已残破得不成样子。溥任先生告诉笔者,"抗战后王府已破烂不堪,只剩下个空架子。由于经济拮据,不得不将古董字画,房产园林,典的典,卖的卖。那时,晚上还怕贼偷兵抢,尽管有更夫按时辰用树枝'敲墙',可是,我们心里还是觉得害怕"。③

"几度沧桑感旧京,街衢宫苑总关情。"随着天安门前的礼炮轰鸣,醇王府也得到了新生。中华人民共和国成立后,人民政府屡次拨出巨款,对这座王府进行维修保护。驻在那里的卫生部机关十分爱护这座古建筑,其中轴线上的建筑几乎原封未动,成了全市保存完好的王府之一。特别值得指出的是,1959年,醇王府花园还成了孙中山先生夫人宋庆龄名誉主席在京的住所。这位德高望重

---

① 溥杰:《回忆醇亲王府的生活》,中国人民政治协商会议全国委员会文史资料研究委员会编:《晚清宫廷生活见闻》,第217页。
② 陈宗蕃编著:《燕都丛考》(第2编),第404页。
③ 溥任先生口述资料。

的国家领导人爱护这里的一草一木,一山一石。她在这里处理政务,接见来自世界各地的朋友,使这所古老的园林焕发了青春的光彩。在宋庆龄主席与世长辞后,这里又成了她的故居纪念馆,吸引着越来越多的海内外友人前来瞻仰。

(本文承蒙溥任先生口述有关情况,杨乃济同志提供王府地图,在此一并致谢。)

清代刑部与刑部监狱

明清之季的西交民巷（旧称西江米巷）是一条相当繁华的大街,距皇城近在咫尺,衙署林立,车马喧嚣。西交民巷的东头,有一条南北通衢,叫刑部街,刑部街的路西,依次排列着大理寺、刑部、都察院,统称三法司。每逢行刑之期,这里兵弁密集,刀戟交横,囚车隆隆而过,气氛尤为恐怖。在有清一代的二百六十多年里,北京的居民,一谈起这条街道便不寒而栗,毛骨悚然。

一、令人望而生畏的刑部街

其实,刑部街令人生畏,并非自清代始。刑部是清季最庞大的行政机构。早在洪武年间,这里就是明朝著名的特务机构——锦衣卫衙署所在地。据（光绪）《顺天府志》记载："刑部在皇城西,即明锦衣卫故址移建。大堂壁间,旧有锦衣卫题名牌,后毁于火。"① 刑部街地势低洼,每遇夏日连阴大雨,这里便是一片汪洋。许多史书上都记载："刑部大门以内,水入车箱,各司皆以木床为甬路,而后可入。"② 与刑部相毗邻的大理寺、都察院,同样如此,故当时人称之为"水淹三法司",并把这种现象当作"吉祥"的象征。③

---

① （光绪）《顺天府志》卷 7《衙署》,光绪十二年刻本。
② （清）震钧:《天咫偶闻》卷 2,北京:北京古籍出版社,1982 年,第 30 页。
③ （清）陈宗蕃编著:《燕都丛考》（第 2 编）,北京:北京古籍出版社,1991 年,第 228 页。

在清季各衙署中，刑部是最庞大的机构之一。从满汉尚书到笔帖式，共有职官达四百零七人之多（尚不包括在额外行走之员），①分为十八个清吏司和一个司务厅。据文献记载，刑部共有两道大门，戒备森严。头道大门前，横着一条铁索。每逢当官的出入，衙役才肯将铁索撤去；一般人只能在铁索下钻进钻出。据说，这是为"戒人勿入，所以止好讼之意"。②

刑部大门与其他衙署不同，大门上无匾额。相传雍正皇帝为考核刑部堂官是否经常入值，派人偷偷取下大门匾额，部臣毫无察觉。"一日御门询及尔部有额否？部臣对以有。上命人舁出示之：'额在此久矣，而若辈未之知，则平日疏于入署可知也。'诸臣叩首引罪。自是额亦不复发出，故至今无额。"③

在二道门外，是主管文簿档案的司务厅。过了二门，迎面就是坐西向东的刑部大堂，这里是刑部堂官平日议事的地方。每逢"秋审"和"朝审"，六部九卿（六部尚书及都察院左都御史、通政使司通政使、大理寺卿统称为"九卿"）、詹事科道都要来大堂议事。大堂左右两侧，分别是直隶司和奉天司，大堂左廊下，有湖广、广东、陕西三司，右廊下有河南、山西、山东、江西四司。刑部大院南侧，有一条横贯东西的夹道，夹道内分布江苏、安徽、福建、浙江、四川、广西、云南、贵州以及督捕等清吏司。督捕司初隶兵部，康熙三十八年（1699年）始于刑部设司，掌管八旗及各省驻防逃人之事。在江西司稍北，还设有督催所，该所无额定职官，只是由尚书临时物色人选，掌督催各司题咨、现审案件，分别规定期限，审理完毕。刑部

---

① （清）赵尔巽等撰：《清史稿》卷114《志八十五·职官一》，北京：中华书局，1977年，第3287～3288页。
② （清）震钧：《天咫偶闻》卷2，第30页。
③ （清）震钧：《天咫偶闻》卷2，第30～34页。

大院的后边，还有提牢厅、赃罚库、饭银处等机构。

刑部福建司有甘露轩，配四川司之白云楼。这是当年在刑部入值的士大夫赋诗唱和之地。戊戌六君子之一杨深秀，光绪乙亥至戊寅（1875—1878 年）曾在刑部任职。他把这段时间所写的诗歌，命名为《白云司稿》，其中的《刑曹初直》诗云：

> 隐囊团扇只身孤，
> 暗祝今朝个事无；
> 但得讼庭长寂寂，
> 不妨秋色满平芜。
> ……
> 食罢公然事不烦，
> 转因落寞怯黄昏；
> 官厨净肉官仓米，
> 权当今朝咬菜根。

杨深秀朴实无华，信手拈来的诗作，表现了作者厌烦讼事，同情社会下层民众的思想感情。杨深秀还以犀利的笔锋，创作了揭露刑部腐朽与罪恶的诗篇，他在一首诗里写道：

> 伍伯持刑面色蓝，
> 三曹抱册目光眈；
> 几回开口翻无语，
> 新妇遑当问拊骖。①

寥寥二十余字，把刑部官吏在审理案件时的种种凶相，活龙活现地勾画了出来。

---

① 以上两诗均见杨深秀：《雪虚声堂诗钞》卷 2，见张元济辑：《戊戌六君子遗集》，台北：文海出版社，1985 年，第 507 页。

刑部作为封建王朝的司法机构,对劳动人民的镇压是非常残酷的。在清王朝执政的二百六十多年里,不知有多少穷苦百姓在这里丧命。据文献记载,清季杀人,将囚犯由刑部西门提出,绕西交民巷,经宣武门,然后到菜市口行刑。《燕京访古录》载:

　　宣武门外箭楼下,吊桥之西,立石碣一,刊"后悔迟"三大字。按此碣为清朝所立。清制:每遇犯人赴菜市口就刑,必经宣武门。使犯人见此石碣,而知后悔已迟。①

刑部刽子手使用的刑具五花八门,无奇不有。杀人之刀,就有五柄,"长阔略相等,端铸鬼头,状极狞恶",即使今人见之,亦会毛发皆竖。除此以外,还有"挖目、剥皮、抽筋、斩腰、摘心诸刀,奇形怪状,制法不一,其上血晕皆遍"。②又据《燕京访古录》记述:"刑部堂上设刀架,排列五刀。第一刀前明杨忠愍临难所用,第二刀前明熊襄愍临难所用,锋刃铦利无比,岁久通灵。开印日,司务厅掌印致祭焉。道光年间,第二刀上忽血泚泚出,知必有大员就刑者,未几,提督余步云以失律诛。"③

据陈宗藩在《燕都丛考》中回忆:民国时,司法总长章宗祥曾将各刀建库保存,"余在旧京曾游历史博物馆,即陈有刑具,或即此也"。④

这些形形色色的杀人工具,在今天的中国国家博物馆依然有所陈列。那寒光闪闪的屠刀,无声地告诉人们,昔日的封建统治者,就是用这些刑具,来维持其统治的。

---

① 张次溪:《燕京访古录》,北平:中华印书局,1934年,第5页。
② 陈宗藩编著:《燕都丛考》(第2编),第230页。
③ 张次溪:《燕京访古录》,第71页。
④ 陈宗藩编著:《燕都丛考》(第2编),第230页。

二、刑部官员的斑斑劣迹

史家们常说,清沿明制。意思是说清王朝在中央机构、地方政权及用人行政等方面,沿袭明朝的典章制度。但是,在许多方面也不尽如此。以刑部为例,变动就大得多。

按照明制,刑部受理天下刑名,都察院职司纠察,大理寺分管驳正。三法司相互监督,相互制约。到了清朝,刑部的权力很快膨胀起来。一般说来,外省的刑事案件,统归刑部核议办理;在京的各种讼狱,无论奏咨,都由刑部审理。因此,一般案件都察院、大理寺无权过问,即使是比较重大的案件必须由三法司会同办理的,也是由刑部主稿。故有清一代,刑部权力特重。晚近以来的一些旧史学家都认为,刑部用人最为慎重,"凡总办秋审,必择司员明慎习故事者为之。或出为监司数年,稍回翔疆圻,入掌邦宪,辄终其身,故多能尽职"。① 其实,这些说法与史实并不相符。对于封建机构来说,人的权与利总是如影随形的。笔者在批阅清代档案过程中,见到不少折片,都是指陈刑部堂官劣迹的。

薛允升父子就是一个比较典型的例子。光绪十八年十一月初四日(1892年12月22日),给事中洪良品上《参薛允升父子片》,弹劾刑部"侍郎薛允升,由刑部司员,洊至卿贰,各堂官以其例案熟悉,故一切派差办案,让其一人主持。乃该侍郎专权自恣,未能正己,率属所用,多趋奉贪滑之人,以致办理刑名渐多紊乱。复闻其子内阁侍读薛浚,性好冶游,专与宵小交通。有杜权者,前为吏部帖写书吏,捐一杂职,绰号'刑部大了'。'大了'者,刑部包揽职名

---

① (清)赵尔巽等撰:《清史稿》卷352《列传一百三十九·韩崶》,第11278页。

也。薛浚引为党羽,在外招摇权势,凡关说案件,钻营差事,皆以此二人为归薮,亦无不立竿见影"。①

薛允升在刑部任职长达数十年,时间可谓长矣,然而他非但自己任用宵小,滥用职权,连他的儿子也利用其父特权,结纳党羽,包揽官司,以图钱财,以致京师"刑政蠹弊","物议沸腾"。因此,光绪皇帝在看到洪良品的弹章后,当天就下令让翁同龢等人"按照所参,确切查明,据实复奏"。翁同龢深知此事十分棘手,于是,他借故推给徐桐和怀塔布去调查处理。

在官官相护的专制社会里,有权有势者总是告不倒的。尤其是像薛允升这样握有刑部"派差办案"大权的人,更非一般官吏所敢惹。因此,徐桐和怀塔布在督饬司坊官"调查"十多天后,上书向皇帝报告处理情况,声称他们于闻命之后,"一面传讯内阁侍读薛浚,并调近三年门簿(按,旧日京师官宦人家,凡来客皆有登记,谓之'门簿'),提传薛浚家人王喜,及杜权家人赵文海,到案分别研讯。如原参薛浚性好冶游,专与宵小交通,据薛浚供称:'自当差以来,已经二十余年,趋公之外,从不敢干预别事,妄行一步。凡所往来者,均系同官、同乡、同年等熟人,何至与宵小交通。兼之(内)阁中公事繁多,值班必早去晚归……不时有起早回堂等事,遑能任意闲游。至于杜权其人,职与伊绝不相识。'家人所供相同"。② 至于那位被称作刑部"大了"的杜权,早已"闻风潜匿"。"旋经缉获归案,提讯供词",亦称与薛浚素不相识,只承认"打听过案件"。于是,得到"杖六十,徒一年,役满后解回原籍,交地方官严加管束"③的处分。

---

① 《录副奏折档》,光绪十八年,中国第一历史档案馆藏。
② 《录副奏折档》,光绪十八年,中国第一历史档案馆藏。
③ 《录副奏折档》,光绪十八年,中国第一历史档案馆藏。

显然,徐桐和怀塔布的复奏,是在千方百计地包庇薛浚,从而开脱其父薛允升的罪责。更为可笑的是,就在徐桐、怀塔布调查处理薛浚被控案件前后,竟然有慈禧太后身边的太监金九,在光天化日之下,"敢于直庐中,众目昭彰之地,向刑部堂官(薛允升)呈递纸条,公然嘱托"。① 由于言官们纷纷上书弹劾,薛允升不得不稍为收敛。由此人们不难看出,刑部官吏的徇私枉法和官官相护的腐朽现象。

这里还应该补充一句,像薛允升这样的官吏在刑部,还不是最糟糕的。许多史家对他不乏好评。如沃丘仲子的《近代名人小传》,说他"为刑部曹郎几三十年,历秋审处、律例馆,娴习例案,为其曹冠,京察优等"。②《清史稿》的作者则称赞他"观政刑曹,以刑名关民命,穷年讨测律例","凡所定谳案法随科,人莫能增损一字。长官信仗之,有大狱辄以相嘱,其鞫囚如与家人语,务使隐情毕达,枉则为之平反"。③ 被誉为"廉洁"的薛允升,尚且如此"专权自恣,未能正己",其余刑部官吏的劣迹,则可想而知了。

三、刑部监狱的严酷刑法

刑部大院的西南、西北两隅,分别设有两座阴森恐怖的监狱,西北角的称作北所,西南角的称作南所。在北所的东边,有大榆树一株,相传系明朝兵部员外郎杨继盛所植。

杨继盛,就是前文提到的杨忠愍,号椒山,河北容城人。明嘉

---

① 《录副奏折档》,光绪十八年,中国第一历史档案馆藏。
② 沃丘仲子:《近代名人小传》,武汉:崇文书局,1918年,第105页。
③ (清)赵尔巽等撰:《清史稿》卷442《列传二百二十九·薛允升》,第12427页。

靖兵部员外郎,为人仗义执言,不畏权贵,曾弹劾奸相严嵩十罪五奸,被严嵩诬陷下狱。据有关史书记载,杨氏入狱后,备遭酷刑,"创甚。夜半而苏,碎瓷碗,手割腐肉……狱卒执灯颤欲坠,继盛意气自如",①在狱中受辱三年,明世宗嘉靖三十四年(1555年)被严嵩杀于西市。临赴刑场之前,有友人送他蚺蛇胆供止痛用,继盛却之曰:"椒山自有胆,何蚺蛇为!"杨氏就义前还从容赋诗曰:

浩气还太虚,

丹心照千古。

生平未报恩,

留作忠魂补。

杨椒山不畏酷刑,视死如归的高风亮节感人至深,因此在刑部留下了许多关于他的传说。《燕京访古录》记曰:

刑部狱中别院,有杨椒山祠,祠侧有槐一株,为椒山手植,上荣下枯,形极古异。相传椒山入狱,归直隶司审判,后人追悼忠愍,恶直司徇枉,因将正门堵塞,别开旁门,以便出入。其所塞门坎下,埋有椒山枷锁云。②

邓守瑕先生的《荃察予斋诗存》亦有"南北双忠道不孤,椒山榆树尚抉疏"之句,专咏此事,唯所记"榆树"与前引《燕京访古录》不同。诗中所谓"双忠",除杨椒山外,另一位是指阿世图。阿世图系满人,康熙、雍正年间曾在刑部监狱任职。有一年除夕值班,"遣死囚三十人回家度岁","元旦囚悉来归,一囚偶后,公惧,竟仰药死。囚踵至,痛公甚,亦触柱死",③故在南所建有阿公祠。其塑像形态

---

① (清)张廷玉等撰:《明史》卷290《列传第九十七·杨继盛》,北京:中华书局,1974年,第5541页。
② 张次溪:《燕京访古录》,第19页。
③ 陈宗蕃编著:《燕都丛考》(第2编),第228页。

生动,在他的旁边尚有"牵马侍公侧者",即是那个迟到的囚犯。

南所和北所作为刑部的直属监狱,平日戒备森严,提牢厅的满汉主事、满汉司狱和经承、督率散役、武弁等,日夜巡逻。狱中规矩极严,"囚屋出入有定时,坐卧有定方,眠食有定候。狡者、悍者、喧笑者、嚚者、斗者、导讼者、商饰狱词者、结死党者,轻长跪重杖,或加桎梏,甚者铁索掣其肘,悬之梁间,仍余其索,俾可坐卧",只要不死于狱中,任何酷刑皆可施用。一般说来,罪轻者,不捆绑,稍重者,则要"曳锁于项;又重,拘手足;至重,乃加桍杻"。①

四、破天荒地关押外国囚犯

咸丰十年(1860年)八月,刑部监狱关押了十多位蓝眼睛、黄头发的特殊囚犯,领头的是英法联军派来的谈判代表巴夏礼。奉咸丰皇帝之命,被关在刑部狱中的巴夏礼等十多人,都用最严酷的"桍杻"。当时的刑部尚书赵光(退庵)在其《自订年谱》中对此事记载颇为翔实,读后使人哭笑不得。赵氏年谱记曰:

> 自(八月)初五日,怡王将英酋巴嘎哩诳拿,奏交刑部,锁铐收禁,并该酋手下十余人亦皆锁禁南北两监。初六日,予偕瑞芝生、灵香生同至南北所查看。盖以外国人收禁,为本朝从来未有之事也。巴酋向予与芝生、香生言:"各位大人,容我一言否?"予曰:"尔何言?"巴酋云:"我本奉我国将令来议和,大局未定,何以遽将我诳拿锁铐收禁?我有何罪,是何道理?"芝生云:"尔罪恶贯盈,天道不容"。香生云:"尔害我中国,其罪甚大,尚复何说。"巴酋怒言:"若论天道,我之生死自有天命,

---

① (清)震钧:《天咫偶闻》卷2,第32~33页。

若天命不该死,恐中国亦不能令我死也。"伊哓哓舌辩,予因向巴囚云:"……我三人乃刑部堂官,前来阅视,并非承审研讯,尔无须多言,但静以俟之,亦决不令官人凌虐汝。惟刑具乃奉旨锁禁,未敢开释。"因……饬提牢司狱各官,令官役禁卒小心防守,不可凌虐为要。"①

刑部狱的伙食"米粝且尘",不堪食用。开饭时囚犯们排成长队,"立受以序,戒竞戒哗。范铜为勺,实容半升","计口一勺,日凡两给"。② 对于这种粗劣的饮食,巴夏礼等人是无论如何也咽不下去的。于是在入狱第二天,巴夏礼等外国囚犯即开始绝食。赵光于《赵文恪公自订年谱》中写道:

初六日提牢满汉司官来禀,"巴酋不食,意欲求死"。予谓:"此人关系甚重,尔等须再三婉言劝慰,待以好饮食,不可以常犯视之。伊若肯食,不妨以鱼肉鸡羊等物待之,若无费,即传予言,令饭银处先提银五十两,交尔开销可也。"③

由刑部尚书出面,安排囚犯伙食,这在刑部监狱里是破天荒的。次日,巴夏礼就"饮食如常"了。由于前方战事不断恶化,咸丰皇帝逃往热河,北京的议和事宜,交付恭亲王奕䜣全权办理。当时京城九门紧闭,"人心涣散",关在南北两监的囚犯共有六百余名,"终日喧闹",要求出狱。英法侵略军已兵临城下,满汉官吏乱作一团。奕䜣在无可奈何之际,忽想出一"绝招",即请巴夏礼出面退兵。八月十二日(9月26日),奕䜣派与洋人关系密切的武备院卿恒祺入监探视巴夏礼,"欲令巴酋作字。止其带兵统目,谓将议和,

---

① (清)赵光:《赵文恪公自订年谱》"咸丰十年八月初五日"条,光绪十六年刻本。
② (清)震钧:《天咫偶闻》卷2,第31页。
③ (清)赵光:《赵文恪公自订年谱》"咸丰十年八月初六日"条。

不可进攻。该酋不应,且云:我现在何所,身披刑具,辱莫大焉,尚能作书止兵耶?子久以此回复恭邸,于是复奉来札,子久再进监,将伊提出大牢,另住一屋,释其刑具,婉言开谕再三,该酋乃亲笔作彼国书,付子久携呈恭邸,令人送僧王大营,遣弁赍投"。①

巴夏礼的信件,延缓了英法联军的攻势,这使奕䜣对侵略者产生了幻想。他于八月十八日(10 月 2 日)"令子久进监,将巴酋及其手下人十余名,皆提禁备车,送至德胜门内高庙安置,日以酒果鱼羊各物款待之。该酋临出监,向提牢摘帽,申谢不已"。②

巴夏礼出狱后,在囚犯中引起了强烈的反响。"十八日,各监犯见巴酋出监,复闻谣言,谓将攻城,先毁刑部以图报复,于是六百余人汹汹肆闹,环跪于提牢司狱各官前,乞求恩禀各堂释放出狱;并直言:'我等坐监,原系守法,但守法……而为外国毙命,情实难甘。如肯施恩释放我等,俟事平之后,再入监守法,否则我等拼此一死,今日必然出狱,不能守法矣。'"开始时,狱官对中国囚犯的呼声,采取强硬措施,"具奏调取正蓝旗兵五百名分置监内署外",严加防范的措施。后来,局势日益紧张,"满汉司员寥寥",到九月初七日(10 月 20 日)后,"绝无人赴署",在万般无奈的情况下,他们才上书清廷,奏请将罪情较轻者三百余人,"分别交旗、交地方州县五城司坊取保释放"。③ 十月兵退事平,又按名传提,再行收禁。

刑部监狱里所发生的扣押巴夏礼等洋人,始而施以"栲杻",严刑关押,继而招待以鱼肉鸡鸭,并酒果各物款待之,简直是一幕活脱脱的丑剧。这充分说明中国封建统治者闭目塞听,与世界脱节,

---

① (清)赵光:《赵文恪公自订年谱》"咸丰十年八月初六日"条、"十二日"条。
② (清)赵光:《赵文恪公自订年谱》"咸丰十年八月十八日"条。
③ (清)赵光:《赵文恪公自订年谱》,咸丰十年八至十月。

而对洋人的武装侵略,色厉内荏,完全不知如何应对。

五、监禁维新派与革命党人

　　法律与监狱,历来都是统治阶级意志的集中体现。自从慈禧垂帘秉政之后,刑部监狱不仅弊端越来越多,而且也成为慈禧摧残异己的重要工具。

　　光绪二十四年(1898年)戊戌政变发生后,慈禧向她的亲信与爪牙下达密令,疯狂逮捕参与变法的有关人员,京师气氛十分恐怖,许多志士身陷囹圄。八月初六日(9月21日)康广仁被捕,初九日(24日)军机四卿谭嗣同、林旭、杨锐、刘光第被捕,御史杨深秀也于同日被捕。谭嗣同深知狱中陋规甚多,故入狱伊始,即写信给家人胡理臣与罗升,要他们"速往源顺镖局王子斌五爷处,告知我在南所头监,请其设法通融招扶",①尤其要大刀王五为他"通融饭食"。②而另一位与新政有牵连的户部左侍郎张荫桓随后也被逮捕,因事先给了狱吏们"好处",故处境比谭嗣同好得多,"狱卒代备酒食,被褥甚丰洁。又次日,狱卒叩喜,谓奉旨出狱看管。须臾司官至,遂带赴看管所。所在狱门西屋三间"。③

　　维新志士在刑部狱拘押期间,并未向守旧势力低头。面对铁窗和镣铐,杨深秀发出了"缧绁到头真不怨,未知谁复请长缨"④的

---

① 蔡尚思等编:《谭嗣同全集》(下册),北京:中华书局,1981年,第533页。
② 蔡尚思等编:《谭嗣同全集》(下册),第533页。
③ 中国史学会主编:《中国近代史资料丛刊·戊戌变法》(第1册),上海:神州国光社,1953年,第489页。
④ (清)杨深秀:《狱中诗》,附于《康南海先生诗集》卷4《明夷阁诗集》,台北:文海出版社,1974年,第20页。

呐喊。谭嗣同则在牢房的墙壁上写下了光辉的诗篇：
> 望门投止思张俭，
> 忍死须臾待杜根。
> 我自横刀向天笑，
> 去留肝胆两昆仑。①

这些惊天地、泣鬼神的诗句，不仅表现了改革者们不畏强暴、不怕坐牢的大无畏气概，也抒发了他们对中国的未来充满信心的思想情怀。

在新党被捕后，刑部以事体重大，请求军机大臣会同审问以昭慎重，慈禧却在亲信重臣的怂恿之下，不加任何审理，即下令将谭嗣同、康广仁等六人处决。临刑之日，六君子逐个被押上囚车，提出西门。刘光第久于刑部，知故事提犯自东门出则宥，出西门则死，故太息曰："吾属死，正气尽。"②谭嗣同更是高声叫骂，尤为壮烈，并且以"有心杀贼，无力回天"③而抱憾终生。

直至庚子回銮以后，慈禧对维新志士恨犹未消，与维新派有千丝万缕联系的沈荩被杖毙于刑部监狱，就是这种仇视新党政策酿成的又一幕悲剧。

据《凌霄一士随笔》云：沈荩之入狱，是由于吴式钊的陷害。吴氏原系翰林院检讨，戊戌新政失败后，掌院学士徐桐恶其尝与新党往来，将吴参革。光绪二十九年（1903年），吴式钊与沈荩同寄宿于崇文门外木厂胡同刘鹗（按，《老残游记》的作者）的家里。吴式钊失职无聊，图谋开复，苦于没有机会，他苦思冥想，最后想出出卖

---

① 蔡尚思等编：《谭嗣同全集》（上册），第287页。
② 中国史学会主编：《中国近代史资料丛刊·戊戌变法》（第4册），第63页。
③ 蔡尚思等编：《谭嗣同全集》（上册），第287页。

沈荩的卑鄙计划。以沈荩为谭嗣同之友,有新党之目,便通过内务府司员庆宽向慈禧告密。慈禧闻之大怒,立命捕沈下狱,并欲将其处死。然而,清廷当时正以推行新政相标榜,不愿以显诛新党招来非议,于是,慈禧乃"夜出片纸,命杖毙,实暗杀耳"。①

沈荩入狱后亦被囚禁南所,其被杖毙之惨状在王照的《方家园杂咏纪事》中记述尤详。王照也是名闻全国的维新志士,政变后亡命日本,辛丑(1901年)秋潜回北京,化名赵世铭,在裱褙胡同设立官话字母义塾。在授课之余,王照常常去木厂胡同刘鹗家看望沈荩,从不避吴式钊。沈案发作后,王照颇不自安,于是亲赴提督衙门投案,请代奏领罪。由于奕劻、那桐从中多方缓颊,慈禧才"免其一死",交刑部永远监禁。王照入狱后,所拘之监恰好即沈荩杖毙之室。王氏云:"余入狱所居即沈之屋,粉墙有黑紫晕迹,高至四五尺,沈血所溅也。狱卒言:夜半有官来,遵太后手谕,就狱中杖毙,令狱卒以病死报。沈体极壮,群杖交下,遍身伤折,久不死,连击至两三点钟气始绝云。"②

读史至此,人们无不为沈荩之惨死表示扼腕痛心,而慈禧之用心狠毒,手段残忍,于此亦可略见一斑。至于王照何以能够很快出狱,据说与奕劻有关。据徐氏云:

> 王既下狱,奕劻仍思为请宽赦,未有间。会西后从颐和园还宫,过万寿寺小驻,闲游寺中各处,命奕劻随侍,随意言谈,颇不拘形迹。奕劻乘后意欣然,从容言:"近日接见各国公使,多谓政府仇视新党,变法恐无诚意。"后之昌言变法维新,本以

---

① 徐凌霄、徐一士:《凌霄一士随笔》,太原:山西人民出版社,1997年,第594页。
② 王照:《方家园杂咏纪事》,荣孟源、章伯锋主编:《近代稗海》(第1辑),成都:四川人民出版社,1985年,第31页。

见好外人为第一义,因询将何以释其疑。奕劻对:"苟宽赦戊戌党人,示欲起用,则外议自息矣。"后以为然,旋降戊戌党人除康、梁外,一律赦免,并开复原衔之谕,王始获出狱。奕劻诚不足道,而此节却尚可取。①

奕劻为人昏庸腐朽、贪图财货,秽声遍传都下,唯其劝说慈禧赦免戊戌党人,鲜为世人所知,故附志于此,以资参酌。

六、刑部监狱所在地旧貌换新颜

清末,随着清王朝中央机构的变更,刑部改成了法部,法部尚书大都由皇族亲贵担任。在司法制度方面,虽然做了些枝枝节节的改革,但大体上仍然沿袭旧日的一套。清王朝垮台之后,刑部街改成了司法部街。民国十七年(1928年),又改为省党部街。关于这条街上一些机构的变迁和更迭,在《燕都丛考》中亦有所记载,略谓:

> 民国以后,刑部改建司法部,今为公用局暨省党部,大理寺曾一度为高等审判厅,嗣高等审判厅迁移于北,其旧址暨刑部旧监地,并售诸中华懋业银行,而旧日衙署俱尽。②

这一带的街巷变化状况一直延续到1949年以后,随着北京市区建设日新月异的发展,1958年兴建人民大会堂时,才将昔日刑部街及其两旁建筑一并拆除。现在,庄严雄伟的人民大会堂西边一片开阔地,就是昔日刑部和刑部监狱的所在地。如今,这里不但有平展的柏油路,还有苍翠的松柏,更映衬出人民大会堂建筑的雄伟壮丽。

---

① 徐凌霄、徐一士:《凌霄一士随笔》,第595页。
② 陈宗蕃编著:《燕都丛考》(第2编),第227页。

妙高峰上七王坟

在挺拔秀丽的西山群峰之中，耸立着一座古树参天，气势雄伟的妙高峰。它与附近的独秀峰、翠薇峰、紫薇峰、紫盖峰连在一起，层峦叠嶂，郁郁葱葱，形成了北京西郊一道特殊的自然景观。大概是由于交通不便的缘故，这个风景胜地，居然很少有人问津，如果不是为了寻找七王坟，我们也不会到这里来的。

一、醇亲王奕𫍽是慈禧的妹夫

说起七王坟，也许有人感到陌生。七王，名奕𫍽，是道光帝的第七个儿子，后来被封为醇亲王，死后谥号曰"贤"，故又称为醇贤亲王。沃丘仲子的《近代名人小传》说他"仪表俊伟，工骑射，负气敢任事"，又说他"聪颖弗逮其兄䜣，而劲爽过之"。① 的确，在道光皇帝的九个儿子中，前三子早丧，四子奕詝，即后来的咸丰皇帝，五子奕誴，被封为惇亲王，六子奕䜣，即恭亲王，八子奕詥、九子奕譓，除咸丰皇帝之外，醇亲王与恭亲王是比较能干的。他们都曾在一段时期内主持朝政，在中国近代的政治舞台上均有过重要表现。

奕𫍽在政治上的发迹，和他的福晋是慈禧的胞妹有着很大关系。他从6岁起在上书房读书，在此度过了16个寒暑。他自称"余自幼迄长，与师相依，如负冬日，不可暂离，又如行悬崖，傍深

---

① 沃丘仲子：《近代名人小传》，武汉：崇文书局，1918年，第56页。

渊,不敢旁移跬步"。① 可见,奕谖在书房生活是循规蹈矩的。直到咸丰末年,奕谖才在政治上崭露头角。当时,正是第二次鸦片战争的烽火笼罩北京上空的时刻。咸丰皇帝仓皇逃奔热河,次年即死于避暑山庄烟波致爽殿内。咸丰帝死后,他6岁的儿子载淳继位,即后来的同治皇帝。此后,清王朝最高统治者之间,展开了激烈的权力角逐。以载垣、端华、肃顺为代表的顾命八大臣,坚决反对太后垂帘听政,双方剑拔弩张,气氛极度紧张。当时,奕谖在热河,他通过自己的福晋,为处于深宫中的慈禧传递信息,并与在京师同洋人交涉的奕䜣联络,终于成功地发动了祺祥政变。关于奕谖的这段经历,清废帝溥仪有生动的回忆:

> 我很小的时候曾听说过这样一个故事:有一天,(醇)王府里演戏,演到《铡美案》最后一场,年幼的六叔载洵看见陈世美被包龙图铡得鲜血淋漓,吓得坐地大哭。我祖父立即声色俱厉地当众喝道:"太不像话!想我二十一岁时就亲手拿过肃顺,像你这样,将来还能担当起国家大事吗?"原来,拿肃顺这件事才是他(按,指奕谖)飞黄腾达的真正起点。②

确实,祺祥政变成了奕谖飞黄腾达的起点。此后不久,他即"迭授都统、御前大臣、领侍卫内大臣,管神机营"。③ 同治三年(1864年)加亲王衔,次年,两宫太后命在弘德殿行走,稽查皇帝课程。这对一个二十多岁的青年人来说,真可谓春风得意了。

---

① (清)奕谖《窗课存稿自序》中谓:"余自六龄蒙恩命,随萧山相国朱文端公师傅(按:指朱凤标)肆文业,青灯绛帐,坐我春风者,十有六年。"见故宫博物院编:《故宫珍本丛刊》(第585册),海口:海南出版社,2000年,第199页。
② 爱新觉罗·溥仪:《我的前半生》,北京:中华书局,1977年,第2~3页。
③ (清)赵尔巽等撰:《清史稿》卷221《列传八·诸王七》,北京:中华书局,1977年,第9107页。

这次政变的另一重要结局,是出现了两宫太后与奕䜣联合主政的局面。慈禧是一个权力欲望极为强烈的女人,她对于奕䜣的势力迅速膨胀,是无论如何也不能容忍的。同治四年(1865年),慈禧便借故免除了奕䜣的议政王的名号,并垂泪谕诸臣说,奕䜣"植党擅政,渐不能堪",①欲重治王罪。随着奕䜣与慈禧争权夺势日趋表面化,奕譞便很自然地成了慈禧的利用对象。于是奕譞屡屡进言,对奕䜣所推行的倚任汉人、兴办洋务的政策进行抨击。尤其是在天津教案期间,奕譞对其六兄奕䜣所推行的媚外政策,极为不满,表示不能与其共事,请求开去一切差使。经太后再三劝谕,奕譞方才销假入朝。奕譞在给两宫太后的密折中声称:"欲尽君臣大义,每伤兄弟私情。""办夷之臣,即秉政之臣(按,时奕䜣为军机首辅),此格不破,甚可畏也。"②奕譞公然扬言,要打破奕䜣柄政的格局。

二、载湉当上了皇帝,奕譞加紧修坟

正是由于奕譞、慈禧、奕䜣之间存在的这种微妙关系,导致了慈禧在同治皇帝驾崩后,公然违背祖制,立奕譞之子载湉为帝。据《近代名人小传》记载:

> 穆宗崩,时譞独值内廷,承旨召诸臣翌日入对,比闻懿旨,则以其子载湉嗣文宗入承大统也,惊惧失措,纵声哭;后令退,弗能起,䜣乃挥奄掖之出。③

慈禧选择载湉作为皇位的继承人,是经过深思熟虑的。按着

---

① (清)金梁:《四朝佚闻》(卷上),沈云龙主编:《近代中国史料丛刊三编》(第61辑),台北:文海出版社,1990年,第197页。
② 《面递皇太后密折》,《弈譞专题档》,中国第一历史档案馆藏。
③ 沃丘仲子:《近代名人小传》,第56页。

清朝祖制,父亲死了,应由儿子继位。载湉是同治帝的堂弟,由他入承大统,难免要遭非议。然而由于利益的驱使,慈禧却悍然不顾,一意孤行。其原因主要有两个:其一,皇帝幼冲,便于她垂帘听政,继续掌权;其二,奕𫍽是自己的妹夫,又比奕䜣驯服得多。因此,慈禧力排众议,一言即定。然而,最使人感到困惑的是奕𫍽在宫廷的表现。如上所述,奕𫍽在政治上是不甘寂寞的,同治末年他已跃跃欲试。现在,听说要立自己的儿子载湉为帝,却"碰头痛哭,昏迷伏地,掖之不能起"。① 可见,奕𫍽当时心情是十分复杂的:一方面,儿子当皇帝,贵为天子,自然是大喜事;另一方面他又深知慈禧的为人忌狠鸷悍,难以对付,故有此反常的表现,并且在第二天,上书请开去他的一切差使。其文略谓:

> 臣侍从大行皇帝十有三年,昊天不吊,龙驭上宾。仰瞻遗容,五内崩裂。忽蒙懿旨下降,择定嗣皇帝,仓猝昏迷,罔知所措;触犯旧有肝疾,委顿成废。惟有哀恳矜全,许乞骸骨,为天地容一虚縻爵位之人,为宣宗成皇帝留一庸钝无才之子。②

疏上,得旨准开去各差使,以亲王世袭罔替。载湉当上皇帝以后,奕𫍽的地位变得十分显赫。为了避免慈禧对他的猜忌,"自是亘年余,闭门不接宾客"。③

与政治上隐退思想相适应,奕𫍽将自己的志趣逐渐转移到园林与陵寝方面,他"自置适园于城西,园本和珅戚产,增设亭榭,池石花木,时称旧都名园之最"。④ 为了表示没有政治野心,他亲题

---

① 陈义杰整理:《翁同龢日记》(第2册),北京:中华书局,1989年,第1087页。
② (清)赵尔巽等撰:《清史稿》卷221《列传八·诸王七》,第9108页。
③ 沃丘仲子:《近代名人小传》,第56页。
④ (清)金梁:《四朝佚闻》(卷上),沈云龙主编:《近代中国史料丛刊三编》(第61辑),第199页。

西园新室之额曰"退省斋",并以诗记之:

    励志唯崇约,修身务退思。己情非力省,物理固周知。爵秩荣叨忝,奢华念易滋。铸颜期寡过,不疚发予私。①

  奕譞的这些诗句,与其说是为了自勉,倒不如说是为了写给慈禧看的。至于营造园寝,早在他儿子当皇帝之前就已开始了。奕譞的《退潜别墅存稿》里,收录了一首诗,题为《九月十九日看定妙高峰风水志并序》。该诗记载了在妙高峰选定园寝的时间,唯未署年份。其后在《遣色克图②同堪舆赴妙高峰兴工定穴志感》一诗下,署有同治己巳正月十五日。由此可知,上面那首诗应写于同治七年(1868年)。

  根据奕譞自己的记载,同治七年(1868年)夏天,他因病后气弱,"弗克趋公",蒙太后赏假,至蔚秀园小住旬余,又往西山响塘庙避暑。明清两代,有的太监头目,在宫廷或王府当差日久,颇有积蓄,常常出资兴修庙宇。奕譞所去的响塘庙,正是由昔日在醇王府中服役的太监王照禄、王正光所建造。当这两名"旧仆"听到主子尚无园寝时,便告诉奕譞,山南有个地方叫九龙口,"九峰环抱,局势颇佳"。

  于是,奕譞请风水先生托某往视,托某看后,竟不置可否。随后,他于此年"秋间,闻有堪舆李唐,字尧民,深通斯术。于是,请假邀与俱往。周视上下,据云,山高地狭,万难适用……王照禄复告以山北最高之峰,名妙高峰,盍往视之? 余(按指奕譞)尚夷犹,护

---

① 转引自溥杰:《回忆醇亲王府的生活》,中国人民政治协商会议全国委员会文史资料研究委员会编:《晚清宫廷生活见闻》,北京:文史资料出版社,1985年,第211页。
② 色克图,妙高峰七王坟的主要承修者,是跟随奕譞八年之久的奴仆。奕譞在这首诗里说"虽主仆,实师弟也"。详见《退潜别墅存稿》卷1,故宫博物院编:《故宫珍本丛刊》(第585册),第254页。

军校色克图、太监曹进寿从旁敦劝,姑为一游。北行二十余里,甫露峰岚,尧民即遥瞩称善。至则层嶂巍峨,丛林秀美,遍山流水潺湲,其源澄彻如镜。山高三里许,凭凌一望,目极百里,洵大观也。尧民深赞不已,指古松西北,为来龙正脉,点穴最佳。余喜极,不复狐疑,一言决断"。①

以上便是奕𫍯在妙高峰选择园寝基址的过程。当他看到这里山清水秀的自然风光时,简直兴奋得忘乎所以。他在高兴之余,又吟长律一首,该诗最后部分说:

爰命轮蹄发,重寻草木灵。螺鬟殊解意,鹤膝俨成形(原注:尧民云,妙高峰势如鹤膝,为金像最佳)。石凑玲珑骨,林开锦绣屏。细流分径曲,斜日印渊渟。鱼漾千头碧,龙磐百尺青(原注:老松高六丈许,银杏树一株,围三丈五尺,清阴盈亩,垂实累累,皆数百年物也。水源出石罅,周砌以石,游鱼千余头,堪舆云是生气)。奇缘钟造化,佳气郁峥嵘。实获偿虚愿,频行趁壮龄。集谋同筑舍,决计异盈庭。……从来多戚戚,一笑付苍冥。②

年方二十余岁的奕𫍯,由于政治上的需要,便急不可待地为自己营造坟墓,其心情可想而知。这种怪异举动,也许只有在儿子当上皇帝,自己要表现得急流勇退之时,才能做得出来。

据考察,奕𫍯在妙高峰选定的坟地,乃是唐代法云寺的旧址。到了金章宗时,此处又是西山八院之一的香水院。《顺天府志》有云:

---

① (清)奕𫍯:《退潜别墅存稿》卷1,故宫博物院编:《故宫珍本丛刊》(第585册),第254页。

② (清)奕𫍯:《退潜别墅存稿》卷1,故宫博物院编:《故宫珍本丛刊》(第585册),第253页。

妙高峰下旧有法云寺，金章宗香水院其址也。……近寺有双泉鸣于左右，寺门内有方池，双泉交会也。至三层殿后，乃得泉源，西泉出石罅间，经茶室两庑，绕溜而下；东泉出后山，经蔬圃入香积厨而下，会于前之方塘，是名香水也，金章宗游览之所。①

由此可见，奕譞将自己的园寝选在妙高峰，的确可算得"风水"最佳处了。坟址选定之后，第二年便开工兴建。当时，负责七王坟修建工作的，是七品首领太监范常喜和前面提到的那位护军校色克图。为了讨得主子的欢心，他们在很短时间内，撵走了附近的山民，霸占了他们的田园。为了支持奕譞修建园寝，慈禧还为此项工程拨银五万两。奕譞感激涕零，赋诗一首：

深公祇解巢由隐，支叟无由谢俗缘。
何幸平生遭际盛，圣明钦赐买山钱。②

慈禧的这种举动，无非是对奕譞在政治上的一种笼络。正由于慈禧的支持，七王坟的修建工程进展神速。奕譞在《蔚秀园晓发赴妙高峰杂咏》诗的序言里说：

去冬来此，山路险仄，今春经范常喜、色克图暨景纹布、何玉福等督催夫役，凿石填壑，未及一月，竟成八里周行矣。③

又经过五六年之后，规模颇大的园寝，便已基本告成。墓地的前方，有一百多级的巨石台阶，上了台阶不远处即有一高大的碑

---

① 周家楣、缪荃孙编纂：《光绪顺天府志》卷17，北京：北京古籍出版社，1987年，第568页。
② （清）奕譞：《题妙高峰图》诗中注云："修理园寝蒙恩赏银五万两"，见《退潜别墅存稿》卷1，故宫博物院编：《故宫珍本丛刊》（第585册），第254页。
③ （清）奕譞：《退潜别墅存稿》卷1，故宫博物院编：《故宫珍本丛刊》（第585册），第254页。

亭。碑亭后面,是月牙河,河上有一弧形的石拱桥,桥后又有一排石阶,再往后走,便是飨堂(现已不存),飨堂之后的开阔地,便是奕譞的墓地。奕譞在一首《查阅工作偶成》的诗文里说道:甲戌九月二十二日(1874年10月31日),"碑亭及正门飨堂等处,均照例油饰,围墙用砖砌成,非但朴雅,且可经久"。①

宝顶之侧,有一棵古老的银杏树,泉水淙淙,绕树而过,故虽经数百年之久,树冠仍葱茏茂密。也许由于这银杏树与园寝的"风水"关系甚大,奕譞对此十分留意。他在工程基本告成时,又因流经银杏树的"西南旧泉,岁久渐淤,爰加疏浚,周以石栏,上叠石为屏为台,以供游憩"。② 然而,正是这棵古老的银杏树,在奕譞死后多年,又为他惹来了很多麻烦。

三、奕譞柄政如坐针毡

奕譞在陵寝修好之后,政治上曾经有过一段飞黄腾达时期。光绪十年(1884年)发生的中法战争,便是奕譞一生中重要的转折点。

当时,法国侵略者气焰嚣张,咄咄逼人,广西云南边境局势紧张。军机首辅恭亲王奕䜣,主张在越南问题上向法人妥协,以图了结边衅。适逢广西巡抚徐延旭玩忽职守,战事连连失利,败讯传来,朝议哗然。右庶子盛昱上书弹劾向朝廷保举徐氏之人,并劾

---

① (清)奕譞:《退潜别墅存稿》卷1,故宫博物院编:《故宫珍本丛刊》(第585册),第265页。
② (清)奕譞:《退潜别墅存稿》卷1,故宫博物院编:《故宫珍本丛刊》(第585册),第264页。

"枢臣怠职"。① 当时，慈禧对奕䜣久领枢府的局面，早已不满，于是，便借此机会将奕䜣为首的军机处来了个"一锅端"。这在有清一代的历史上是绝无仅有的事件，过去，人们通常把这件事称作"甲申易枢"。慈禧在采取这一重大行动之前，曾与奕谭反复密商。关注朝局，忧心时事的文人李慈铭在日记中记曰：

> 始知十三日朝廷有大处分。枢府五公悉从贬黜而易中驷以驽产，代芦菔以柴胡，所不解也。……先是，初八日同年盛庶子疏言法夷事，因劾枢臣之壅蔽讳饰……次日，又闻东朝幸九公主府赐奠，召见醇邸，奏对甚久。是日，恭邸以祭孝贞显皇后三周年在东陵，至十三日甫回京复命，而严旨遂下，萌兆之成其由来者渐乎。②

李慈铭把慈禧的举动，叫作"易中驷以驽产，代芦菔以柴胡"，意思是用几个窝囊废的官员来代替精明强干者，这是很中肯的批评。因为以奕䜣为首辅的军机处被撤换以后，代之而起的是礼亲王世铎和孙毓汶等人。由这样一伙昏庸腐朽、贪鄙无能的人来执掌枢政，造成了晚清政治愈加黑暗的局面。而且，名义上是世铎为军机首辅，实际上则是奕谭遥控。"以奕谭家居，遥总其成。铎日走谭所取进止，不以仆仆为苦，而益务求贿。"金梁在《四朝佚闻》中说："醇初驯谨，自德宗嗣位，左右不免挑拨，久存意见，至是遂借端逐之。"又说："虽以法越和议，实则恭醇兄弟之争也。"③这里把问题的实质说得十分清楚。

---

① （清）赵尔巽等撰：《清史稿》卷444《列传二百三十一·宗室盛昱》，第12454页。
② （清）李慈铭：《越缦堂日记》"光绪十年三月十七日"条，扬州：广陵书社，2004年，第10245~10246页。
③ （清）金梁：《四朝佚闻》（卷上），沈云龙主编：《近代中国史料丛刊三编》（第61辑），第198页。

把奕䜣排挤出军机处后，奕譞的日子并不好过。在他执政的六七年中，办了两件大事。一件是和李鸿章等人一起，办了一支北洋海军；二是为慈禧修好了颐和园。修园子缺乏经费，他不得不昧着良心挪用海军经费，广开"报效"之门，为了掩人耳目，奕譞又在昆明湖办起了水操内外学堂。尽管如此，他仍担心为世人唾骂，故专门要奕劻向翁同龢等人转达他以"昆明易渤海，万寿山换滦阳也"①的苦衷与无奈。奕譞要硬着头皮，迎合慈禧的奢好，为儿子亲政创造条件。

颐和园修好之后，奕譞曾陪慈禧在涵虚堂观看了"神机营洋枪炮步队、火枪马队及新练炮舰，水陆合操"。②奕譞还写诗一首，以志其事。该诗对修建颐和园的原委及波折，颇有流露，兹摘录如下：

灵囿重营帝孝彰，昆池再凿圣谟长（原注：皇帝酌复万寿山旧址，恭备归政后慈躬颐养之资，皇太后则念切训练士卒，规复乾隆间水操，以经武自强之计。以故工作每饬停减，军律特命经营，自顾菲材，适逢多事，惟有经权互用，冀补时艰于万一）。屯云犀甲千军静，蔽日蜺旌八色扬。风化斡旋钦睿智，德威传颂偏遐荒（原注：此举华洋观瞻所系，为中国练兵以来第一盛典）。訇稜谷应山鸣处，尽效嵩呼祝寿康。③

奕譞不遗余力，"经权互用"，赶修颐和园，虽然不无讨好慈禧之心，但是，他的这一举动还有更深一层含意，即为了使慈禧归政之后，能在颐和园悠游岁月，以便让他的儿子光绪帝当一个名副其实的皇帝。然而，严酷的现实打破了奕譞的黄粱美梦。慈禧虽然

---

① 陈义杰整理：《翁同龢日记》（第4册），北京：中华书局，1992年，第2060页。
② 《奕譞诗词原稿》，中国第一历史档案馆藏。
③ 《奕譞诗词原稿》，中国第一历史档案馆藏。

年事已高,却依然紧紧把住政权丝毫不肯放松。这就使奕譞、慈禧、光绪帝之间的关系变得十分微妙。奕譞深知慈禧万万得罪不得,为人处世更加小心翼翼。

光绪十二年(1886年),慈禧"赐王与福晋杏黄轿",①奕譞疏辞,终生不敢乘坐。光绪十四年(1888年),慈禧派奕譞巡阅海军,让太监李莲英同行。御史朱一新上疏弹劾李氏沿途招摇纳贿,朝议哗然。慈禧要奕譞作证。奕譞为了不得罪这位首领太监,便矢口否认李有劣迹。于是,朱一新以"诬奏"而丢官。光绪十五年(1889年),光绪帝大婚后,慈禧即将归政,奕譞仍然坚持"凡重要奏疏,仍应送呈慈览",②这种毫无原则的退让,为日后慈禧干政留下了祸根。

尽管如此,慈禧对奕譞仍是不无猜忌之心。沃丘仲子《近代名人小传》说,一次奕譞"入问孝钦疾,后曰:'尔太上皇矣,何顾我为。'譞悚惧退"。③ 正是由于这种原因,在奕譞的晚年诗作中,充满了哀怨低沉的调子。金梁的《四朝佚闻》亦云:"王晚年忧畏尤甚,虑触太后,不敢面帝,至使问皆不容直达。"④由此可见,奕譞晚年的日子,的确是很不好过的。

尤其是在光绪十六年(1890年)冬天,奕譞病重之时,慈禧对这位危在旦夕的亲王,更是冷酷无情。据说,直隶总督李鸿章曾荐医往视,奕譞不让诊脉,对医生说:

---

① (清)赵尔巽等撰:《清史稿》卷221《列传八·诸王七》,第9108页。
② 《军机大臣酌拟归政事宜折》,中国第一历史档案馆藏,该折云:"臣等悉心商酌,并与醇亲王面商,意见相同。"可知该折实为醇王主使。
③ 沃丘仲子:《近代名人小传》,第57页。
④ 金梁:《四朝佚闻》(卷上),沈云龙主编:《近代中国史料丛刊三编》(第61辑),第199页。

君归言少荃(李鸿章字)予病弗起矣。太后顾念予,日倩御医诊视数次,药饵医单,悉内廷颁出。予无延医权而病日深。①

上述记载虽不无夸张,然而,奕譞与慈禧之间关系紧张却是不可否认的事实。

有记载说,奕譞病重之际,甚至没有单独会见光绪皇帝的机会。"后往视,必携德宗,暮必携德宗偕返。德宗归,必怒杖太监,击宫中什具几罄,人多讥德宗失狂,不知实有以致之"。② 也有记载说,奕譞"病笃时,太后携帝临视,父子相对无言,太后再问有何遗嘱,王强语帝以孝感,几不成声。及临危,帝思再往,终不许"。③

上述记载,虽然出诸野史传闻,但证诸翁同龢日记的记述,亦不无吻合之处。慈禧心毒手狠,于此可见一斑。

四、慈禧下令砍掉七王坟前古银杏树

光绪十六年(1890年)冬,奕譞病死,葬礼格外隆重。慈禧临奠,光绪帝"诣邸成服","缟素辍朝十一日",且"祭以天子,立庙班讳",④可谓盛极一时。光绪十八年(1892年),移葬妙高峰。这时的七王坟已经营二十余年,"所植群木",都已"苍翠成荫"了。

这里的自然环境虽然静谧,地下的奕譞却不得安生。其根源即在于七王坟上的那棵古老的银杏树。在奕譞去世死后不数年,其福晋亦过世。随着光绪皇帝日益年长,与慈禧之间的权力角逐

---

① 小横香室主人编:《清朝野史大观》卷1,上海:中华书局,1926年,第78页。
② 小横香室主人编:《清朝野史大观》卷1,第78页。
③ 金梁:《四朝佚闻》(卷上),沈云龙主编:《近代中国史料丛刊三编》(第61辑),第199页。
④ (清)赵尔巽等撰:《清史稿》卷221《列传八·诸王七》,第9111页。

日趋激烈。尤其是甲午战争之后,帝后两党壁垒分明,鸿沟日深。据王照后来回忆称:

> 醇贤亲王墓道前有白果树一株,其树八九合抱,高数十丈,盖万年之物。英年谄事太后,谓皇家风水全被此支占去,请伐之以利本支。太后大喜,然未敢轻动,因奏闻于德宗。德宗大怒,并严敕曰:"尔等谁敢伐此树者,请先砍我头。"乃又求太后,太后坚执益烈,相持月余。一日上退朝,闻内侍言,太后于黎明带内务府人往贤王园寝矣。上亟命驾出城,奔至红山口,于舆中号咷大哭。因往时到此,即遥见亭亭如盖之白果树,今已无之也。连哭二十里。至园,太后已去,树身倒卧。数百人方斫其根,周环十余丈,挖成大池,以千余袋石灰沃水灌其根,虑其复生芽蘖也。诸臣奏云:"太后亲执斧先砍三下,始令诸人伐之,故不敢违也。"上无语,步行绕墓三匝,顿足拭泪而归。此光绪二十二年事也。①

上述记载,虽得诸传闻,言词亦不无夸张附会,然而却并非子虚乌有。洞悉朝局,出言谨慎的翁同龢在日记中,对此事亦有所记载:

> (光绪二十三年)五月初七日,晴,是日巳正,上诣醇贤亲王园寝行释服礼,卯初启行,未初三回园,寅正见起……电旨询俄路改线有无窒碍。……园寝有银杏一株,金元时物,似前月廿三事,懿旨锯去,使明堂展开,大如庋半,群蛇所窟。②

翁同龢政治上十分精明,为明哲保身计,不敢详述其中原委。然而,寥寥数语,亦能使人明了此中曲折。慈禧惑于风水之说,居

---

① 王照口述,王树枏笔录:《德宗遗事》,章伯锋、顾亚主编:《近代稗海》(第11辑),成都:四川人民出版社,1988年,第249~250页。
② 陈义杰整理:《翁同龢日记》(第6册),北京:中华书局,1998年,第3003页。

然下令锯去七王坟上的古银杏树,这件事情本身,足以说明慈禧同光绪皇帝之间的矛盾,已达到十分尖锐的程度。此事在当时曾引起了不小轰动,朝野上下,议论纷纭。百日维新时因上书而闻名都下的王照,曾为此写诗一首:

　　甘棠余荫犹知爱,
　　柳下遗邱尚禁樵。
　　濮国大王天子父,
　　南上莫保一株槁。①

奕𫍯平生为人处世总是态度谦抑,遇事退让,处处谨慎小心,对慈禧更是唯命是听,百依百顺。然而,其死后竟然连坟上的一株古树都无法保存,这种境况,实在是太可悲了。

---

① 王照:《方家园杂咏纪事》,荣孟源、章伯锋主编:《近代稗海》(第1辑),成都:四川人民出版社,1985年,第1页。

淮系人物与晚清社会变革

淮系人物是近代中国历史上一个很有特色的群体。在晚清社会变革过程中,淮系人物究竟扮演了什么角色,发挥了什么样的作用,特别是对中国政治体制的变革,产生了什么样的影响,是本文想要回答的问题。当然,淮系人物也是五花八门,形形色色,本文仅就几个颇具代表性的重要人物予以论述。

一、淮系人物的两个特点

众所周知,清王朝在镇压了太平天国与捻军起义之后,以李鸿章为代表的一批淮系人物迅速走上政治舞台。他们或长或短地分别担任过直隶总督、湖广总督、两广总督、两江总督以及广西、台湾等省巡抚。同时,在清政府军队以及京师文职官僚中,亦有不少淮系人物十分活跃。这些人物有不少共同的特色,他们对于近代中国社会的发展,起了非常重要的作用。

一般说来,淮系人物大多数都来自经济比较贫困、文化相对落后的地区。即使在安徽省内比较发达的安庆、合肥地区,当时的商品经济发展亦十分缓慢。这种现象在徐郙写给梁星海的一封信件中,可以得到充分反映。该信称:

星海我兄亲家世大人足下:

弟接篆后忙六(碌)非常,十二月初即拟出棚,先试宁国,次徽池安六,回考太平,约在五月初矣。

　　皖省局面颇有直省光景,每棚伙食若干两,听学院自办;不计时日多少,则与直省较异。在州县图省,即学院亦得实际,惟买办须得人耳。各棚所入,较江右稍丰,三年中省俭用之,或可得两万有余(此数幸秘之)。能稍有归田之资,即不作出山想矣。

　　东华门内万顺靴店,祈为定八九靴两双。……又京城中胰子及硷,此间均无之,便中或带数斤亦可。此间之荒僻,殊非意料所及,点心除麻花外,一物无有;日用除鱼米菜蔬外,一物无有;闹市仅三十余步,瓦房绝少,妇女挑肩作生意,仅如京外之长新(辛)店,窦店尚不及也。纸张等物亦无。弟以为皖省产墨,故并未带来,岂知欲买一龙光下墨,亦不可得也,动辄赴金陵、芜湖购物,殊不便也。

　　京中有无新闻,祈示一二。

弟郁顿首
十一月初四日①

　　此信之作者徐郙,字寿蘅,号颂阁,江苏嘉定人,状元出身,久掌文衡,当时在安徽任学政。收信人梁鼎芬,字星海,号节庵,广东番禺人,时在京师翰林院供职,是徐郙的儿女亲家,故信中说了许多真话、实话。如学政的实际收入,一任居然有两万两之多,实在令人吃惊。由徐郙的这封信即不难看出,当时的安徽省城的经济文化是何等的落后,商品经济千百年来,发展竟如此缓慢。

　　正是这种非常贫困的状况,才使淮军在短时间内能迅速招募

---

① 徐郙:《致星海亲家》,未刊稿。

成军,也造成了淮系人物的许多固有的特点。安徽之省城情形尚且如此,其他地区的商品经济发展,就更等而下之了。如此众多的淮系人物,出身于这种经济贫困的地区,穷则思变,就成他们的共同特点。因此,在他们走出家门之后,很多淮系人物都有一种改变自身穷困落后情况的强烈愿望。

此外,还有一种现象应该注意:不少淮系人物,在科举场上并不是幸运儿。因为整个安徽省在有清一代的科举竞争中,远远落后于与其相比邻的江苏、浙江地区。这对安徽来说,本来是一件坏事,但是,在一定条件下,这些受四书五经等传统经典熏陶比较少的淮系人物,框框也比较少,封建思想的约束也比较脆弱。一旦走上了总督、巡抚之位,其思想方法与行政措施,都与那些纯粹依靠科举成名,或者是靠宗族、门第关系出身的官僚颇有异。他们对新生事物比较敏感,也比较容易接受。因此,他们为人处世的风格,也与科举出身的官僚不尽相同。

上述两个重要特点,是我们在讨论淮系人物时,尤其应该注意的。

二、刘铭传保卫建设台湾的历史功绩

自晚清以来,刘铭传就是一个有争议的历史人物。他虽然没有进士头衔,却是一个很有头脑,很有才干的人物。费行简(笔名沃丘仲子)的《近代名人小传》对刘氏颇有微词。[1] 但是,随着历史的变迁,人们越来越清楚地看到,刘铭传对中华民族最主要的贡献,既不在于他的南征北战,也不在于他的诗文辞赋,而在于他保

---

[1] 沃丘仲子:《近代名人小传》,武汉:崇文书局,1918年,第85～86页。

卫台湾,建设台湾的丰功伟绩。试想,如果不是刘铭传这样有头脑,有见识的人,担任首任台湾巡抚,台湾的命运将会是另一番景象,也许它早已变成日本等列强的囊中之物了。

关于刘铭传保卫台湾问题,数年前,我曾利用莱溪居主人翁万戈先生家藏的《朴园越议》稿本,写过一篇《是避敌自保　还是高明战略?——刘铭传撤守基隆新史料辨析》,[①]应该说,此文只是就翁同龢之未刊稿,探讨有关刘铭传在中法战争中表现的一种观点。现在看来,这种认识是具有片面性的。因为当时社会上还流传着许多与此不同的记载。

近日,我在旧日所抄清人存札中又发现了两通信札,与翁氏家藏史料所述有所不同。其一曰:

星海我兄亲家世大人足下:

月余未奉尺书,因湿病纠缠……法事大棘手,疆吏各分畛域,台湾危急,甘于坐视,不知台湾一失,海防江防,永无安枕之日矣。

昨得刘省三急电,危在旦夕,杞忧殆不可言。而各统帅之在上海者,花天酒地,甚堪发指。邵小村更为荒谬,全然膜视,汉奸接济,公然无忌,言之痛心。张佩伦、何如璋偾事情形,万口如一。弟谓张罪,犹可末减。何则其心叵测,非明正刑典,何以振忠义之气?……惜兄尚未补谏垣,否则此举弟必从容;兄为之休,薄海义愤所迫耳。

高阳闻尚阴执朝权,确否?徐荫轩处,乞为送奠分十金,寿伯茀送六金(住魏家胡同),德静山送嘱悼一秩……

明年如兄得差,及朋友出差者,可否为吹嘘,所费物件陆

---

① 拙著《晚清佚闻丛考——以戊戌维新为中心》,成都:巴蜀书社,1998年,第187页。

续扣去最妙也。

京中近事,尚望时惠一二。

弟郁顿首
九月八日①

信中提到的省三,省三者,刘铭传也;其余高阳,指李鸿藻;徐荫轩,即徐桐;寿伯茀则是指寿富。可见,在保卫台湾战争中,刘铭传身先士卒,与那些隔岸观火的官僚迥然有异。在当时激烈的派别斗争中,立场不同,派别不同,对同一个事件往往有几种截然相反的议论。我们在评论刘铭传的是非功过时,尤其应该比较鉴别。

第二封信是主持朝局的醇亲王奕譞写的。其函曰:

仲华金吾阁下:

近安。久未握谈,殊深驰想,此维兴居纳祜为颂。

法人志在台湾,省三以空炮台诱之登岸,十七夜五路伏起,歼彼盈千,并得大炮八,枪二千余。淡水、沪尾,连获大捷,彼已逃回船上矣。

入越之师,以苏元春为最……自十八至廿二,战无不胜。彼以象驮炮冲我,亦被打毙。惟岑军、刘团尚无接仗佳音耳。

吾历碌如常,凤疾未作,可纾锦系。

醇亲王②

荣禄,字仲华,时任京师步军统领,故有仲华金吾之称。岑军,系指岑毓英所率领的广西军队;刘团,则指刘永福黑旗军。可见,

---

① 徐郁:《致星海亲家函》,未刊稿。
② 《荣禄函稿》(第4函),中国社会科学院近代史研究所资料室藏。

在保卫台湾战中,刘铭传身先士卒,智勇兼施。正是刘铭传率领淮军浴血拼搏,赢得了台湾后来的生机。

这两通信函均出自时人之手。他们对刘铭传在中法战争身先士卒,奋勇抗法的行为,异口同声地予以赞扬肯定。可见,我们在评论刘氏在中法战争中的表现时,应从客观上予以考察,把握整个中法战争的局势,而不应该局限于某项决策、某次战役的是非得失。事实上,正是刘铭传所领导的淮军将士,奋不顾身,痛击入侵之法军,才赢得了台湾后来的生机。

三、淮系人物对改革政治体制的诉求

开设议院对于任何专制政体来说,都是至为艰难的一件事情。对于历尽艰难困苦,封建专制传统根深蒂固的中华民族来说,更是一件难于措手之事。回首近百年历史,在经受欧风美雨的吹打之后,先进的中国人,一次又一次地呼喊在中枢开设议院,废除个人专制,但一次又一次地遭到否决和压制;而提出开设议院的人士,几乎都被视为大逆不道,为当局所不容。

那么,在晚清官场中,究竟是谁最早提出开设议院呢?其结局又是如何?对于这些问题,笔者在披阅清廷档案过程中,颇有所获。据清代军机处档册记载,正式向朝廷上书,建议在中央设立上、下议院的官员,是翰林院编修崔国因。

崔国因,字惠人,安徽太平人。同治十年(1871年)辛未科考中进士后,被选为庶吉士。三年后散馆授职编修,稍后迁侍读,曾担任过光绪二年(1876年)丙子恩科会试与光绪九年(1883年)的会试考官。他久居京师,刻苦攻读中外书籍,堪称是满腹经纶的文学侍从之官。与他关系密切的李鸿章称赞曰:"惠人究心时事,朴健耐劳,洋务西学,尤所熟悉,洵为翰林中不可多得之才。"①宗人府府丞吴廷芬,则于光绪十年闰五月十七日(1884年7月9日)上书保荐称:"詹事府左中允,今升翰林院侍讲崔国因,朴简耐劳,淡于荣利,考究夷务本末,尤能得其要领,可备出使之选。"②

  崔国因具有深邃的洞察力和敏锐的嗅觉,见识过人,故比一般的翰林院文人眼光长远。他看到先进的西方民主政体与封建专制的主要区别,因此,建议清廷仿效英、美诸国,在中央设立上、下议院。他的这一重大建议是光绪十年五月十二日(1884年6月5日)呈递的。

  当时,法国因侵吞越南与蚕食中国西南边陲,与清廷处于交战状态。由于清廷主政者和字当头,步步退让,前方败讯不断传到京师。朝廷上下,怨谤沸腾。宗室盛昱上书,请求振作精神,革新政治;不料此书递上后,恰恰成为慈禧排斥异己的把柄。慈禧立即下令,将奕䜣为首辅的军机处人员全班撤换,而成立了以礼亲王世铎、孙毓汶等人为首的新的军机班子。

  礼亲王世铎为人昏庸无能,一无所长,而孙毓汶则以朋谋纳贿,阿谀奉承闻名遐迩。"甲申易枢"这件事充分暴露了封建王朝独裁专断的弊端。

  新的军机处班子组成之后,表面上,颇欲有所振作。清廷屡次颁诏,敦促大小臣工奋发自强,直言政事。于是,出现了清流派更加放言高论,指斥时政得失。少数具有维新思想的官员亦不甘寂寞,建议稍稍更张旧制。崔国因正是在这种背景下向清廷建议设

---

① 《致皖抚陈六舟函》,于晦若编:《李文忠公尺牍》(第4册),台北:文海出版社,1986年。
② 《内外臣工保举五品以下人员名单》,《保举档》,中国第一历史档案馆藏。

立议院的。

据军机处《早事档》记载,五月十二日崔国因的《后患方深请速筹布置折》和《法国与各国不和请相机利用片》《设议院、讲洋务二条请实力实行片》一起被詹事府代递给清廷。① 在上述一折二片中,崔国因对当时的内政外交提出了许多极有价值的建议。关于政治上的改革最重要的就是设立议院。崔氏认为:"设上、下议院。凡练兵筹饷各举,使斯民身居其中,悉其原委,而后兵可增,而不以为抽丁;饷可增,而不以为重敛","设议院,则财之不足者,可集众议以筹",与成立议院相适应,崔氏还反对由极少数人私下裁决国家大政,建议将政事公开,指出"讲洋务交涉之事,宜明白宣示,使尽人而知之,不宜秘密"。②

对于崔国因所提出的设议院等建议,清廷并未立即予以驳斥,而是让总理衙门大臣逐条认真讨论,再向军机处汇报。当时光绪帝尚未亲政,大凡重要决策,须经过慈禧与醇亲王奕譞商议后方可决定。经过认真讨论后,总理衙门大臣和军机大臣对崔国因的内政外交改革建议逐条做出回答。

关于崔氏要求设立上、下议院的建议,议复折是这样说的:

> 臣等查,外洋以商务为重,上、下均得其利,与中国政体迥殊:若仿其议院之制,无论扰乱政治之大患,即欲增兵增饷,民间有重敛而无分润,蚩蚩之氓,安能尽明大义,其事断不能行,拟毋庸议。

关于公开政事的议复,则谓:"臣等查,所陈洋务宜讲各节,颇为切当。拟请嗣后酌度机宜,凡可以宣布中外者,勿须事事秘密。

---

① 《随手登记档》,《光绪十年夏季档》,中国第一历史档案馆藏。
② 《议复档》,光绪十年,中国第一历史档案馆藏。

至于有关操纵机权,不可令敌人闻之转生枝节之处,仍宜慎重从事,勿稍泄露,是在总署考复讲求,相机办理。"①

在设立议院这样至关重要的问题上,封建统治者是寸步不让的。他们认为设立上、下议院的结果,只会出现"扰乱政治之大患"。他们认为,中国民智未开,"蚩蚩之氓,安能尽明大义,其事断不能行"。这是自晚清以降的当权者的一个共同的认识误区。在他们看来,设立上、下议院,充分让民众了解政事,从而发扬民主政治,只能在西方国家实行;而中国则是万万不可推行此法的,否则就会天下大乱。这实在是一种荒唐的见解。这种错误认识,使中国的政治制度改革,长期止步不前。

其实,在崔国因提出设立上、下议院的建议之前,对于在中国设立议院的好处,已经有不少先知先觉者,都曾经有过精彩论述。

王韬在介绍西方立宪制度的优点时曾谓:"苟得君主于上,而民主于下,则上下之交固,君民之分亲矣。内可以无乱,外可以无侮。而国本犹如苞桑磐石焉。由此而扩充之,富强之效,亦无不基于此矣。"②

郑观应则在他的《盛世危言》中指出:"议院者,公议政事之院也,集众思,广众益,用人行政,一至秉公,法诚良,意诚美矣。无议院,由君民之间多隔阂。……故欲藉公法以维大局,必先设议院以固民心。泰西各国咸设议院,每有举措,询谋佥同。"郑观应认为,正是议院使西洋各国"合众志以成城,致治固有本也"。③

王韬与郑观应的论说,却都是书生议论,停留在书本上。他们

---

① 《议复档》,光绪十年,中国第一历史档案馆藏。
② (清)王韬:《弢园文录外编》卷1,北京:中华书局,1959年,第24页。
③ 夏东元编:《郑观应集》(上册),上海:上海人民出版社,1982年,第311页。

没有条件,也没有机会向朝廷直接上书请求。因此,崔国因要求开议院在近代史是有划时代意义的。因为敢向封建统治者要求开设议院,不但要有高瞻远瞩的思想认识,还需要勇于更张陈规陋习的勇气。

在崔国因提出设议院建议之后十年,即在甲午战争结束之后,陈炽在自己的新政建议中,还小心翼翼地声称:

> 泰西议院之制,以英为最优:有上议院,国家爵命之官也;有下议院,民间公举之绅也。每举一事,下院议之,上院酌之,而君主行之。国用偶亏,只须询谋佥同,亿万金钱,一呼可集;政归公论,人有定评;上下相准,永永不敝,所谓合亿万人为一心也。惟兹事体大,须俟十年之后,学校大成,然后开院仿行,以立万世无疆之业。[①]

时间过了十年,陈炽还认为"惟兹事体大,须俟十年之后,学校大成,然后开院仿行,以立万世无疆之业"。显然,陈炽知道,封建统治者最不喜欢设立议院,提出这样的要求,无疑会招致他们的反感。因此,陈炽提出上述建议时,顾虑重重,他尚缺乏崔国因那样的勇气。

无独有偶,除了崔国因之外,还有一个淮系人物张树声也有类似的认识。张树声,字振轩,安徽合肥人,是以办团练起家的,以军功官至两广总督。他在辞世之前所上的遗折中声称:

> 夫西人立国自有本末,虽礼乐教化,远逊中华,然驯致富强,具有体用。育才于学堂,论政于议院,君民一体,上下一心,务实而戒虚,谋定而后动,此其体也。轮船、大炮、洋枪、水

---

① (清)陈炽:《上清帝万言书》,见拙著《晚清史探微》,成都:巴蜀书社,2001年,第152页。

雷、铁路、电线,此其用也。中国遗其体而求其用,无论竭蹶步趋常不相及,就令铁舰成行,铁路四达,果足恃欤?①

人之将死,其言也哀,其心也诚。张树声在临终之前,已明确认识到只有经济上改革,没有政治上更张,是不会有出息的。特别应指出的是:不要认为张树声把政体改革放在遗折上提出,只是心血来潮的偶然之作。事实绝非如此。近日我在整理旧日抄录的旧档时,见到张树声写给福建船政大臣黎兆棠的信中已明确指出:

召民仁兄大人阁下:

日前接奉四月十六日赐书,备荷明诲,指示至详。……驾驶之材,虽始于学堂,而必成于练船。且学堂功课,又自分途,此学问之所以不可不知流别也。中国言西法,往往袭其皮毛,不求实用,诚不独诗赋策论为然矣。②

黎兆棠也有一通致张树声之复函。其文曰:

振帅大公祖大人阁下:

接奉赐函,具领西学矣。度地建馆于军书旁午之中,为树人百年之计,钦佩何似。汤教谕金铭,如命咨送回粤,该教谕在闽月支薪水洋银二十四两……

其洋文教习,俟开馆有期,再行咨送。闽省初开西学时,馆未建成,先在城内白塔寺设馆教之数月。粤东如欲先选教,一面建馆,一面借洋行会馆,暂住亦可。是否,伏候卓裁。

治小弟黎兆棠顿首③

---

① 何嗣焜编:《张靖达公(树声)奏议》卷8,沈云龙主编:《近代中国史料丛刊》(第23辑),台北:文海出版社,1966年,第559页。
② 《张树声存札》(第2函),中国社会科学院近代史研究所资料室藏。
③ 《张树声存札》(第2函),中国社会科学院近代史研究所资料室藏。

读了这些信件之后,可知张树声在临死之前,讲的那些"育才于学堂,论政于议院,君民一体,上下一心"临终之言,绝非心血来潮。他的这些大胆的建议,与他生前迫不及待地"度地建馆",推广西学,显然是有因果关系的。

四、淮军将领聂士成在军事变革中的突出表现

随着太平天国、捻军起义的烽火被扑灭,淮军的历史作用也逐渐发生了转变。这支军队的主要功能,已经逐渐从对内镇压农民起义,转变为抵御帝国主义列强的入侵。在中法战争、中日战争,以及反抗八国联军侵略的斗争中,不少淮军男儿,血洒疆场,以身殉国。特别是那位合肥出身,在天津城外与八国联军顽强拼搏,最后肠肚洞穿,血流满地的聂士成,更是值得后人敬仰。

聂士成所部淮军,能有这样出色的表现,是有其历史根源的。早在中日甲午战争后,聂士成身先士卒,引进西法,严格训练,对传统的封建军队进行变革。当时,在中国北方,除了袁世凯所训练的小站新军之外,还有一支按照"洋法阵式"进行训练较精良的部队,就是聂士成所部武毅军。在聂士成身上,我们不但可以看到,淮军在近代抵御外侮的历史功绩,也可以看到聂士成本人和他统帅的淮军,是怎样由旧式军队向近代军队转化的。清宫档案中不乏这方面的记载。

荣禄在光绪二十二年(1896年)五月的天津之行,除了查核袁世凯的小站新军之外,还检阅了聂士成所部武卫前军。其奏章云:

> 再,四月十八日军机大臣传知,面奉谕旨,聂士成所练各军,著荣禄到津时一并认真简阅。钦此。
>
> 奴才到津后,遵将饬查事件,逐一查办完竣,即于五月初

八日,率同随带司员,乘坐轮车,驰往芦台。适德商包尔禀称,该国武弁克驰马欲随往看操,一睹军容为幸等语,并据该武弁克驰马禀候祗遵前来。奴才查各国员弁观操睹战,事所常有,未便拦阻,当允其自行前往,随同阅看。

奴才抵芦台后,经提督聂士成将马队五营,由开平调至芦台,与在芦驻扎之步队二十五营备齐候阅。奴才当与该提督会商,操演大队,迎面阅看。仅能见其旗帜鲜明,听其声音联络,不若演练行军,遇敌攻守之势较为真切。该提督深以为是。当传知马步各队,皆按行军之法演练。见其发号施令,甚为迅速,调度布置,咸合机宜。

查该军三十营,枪队二十营,炮队五营,计一万五千余人,均属一律强壮,演练步伐整齐,均按洋法阵式,分合方圆,隐伏包抄,临敌应变之法,亦属便捷,统领将备,均各管辖娴熟,洵为节制之师,尚堪适用。查阅营哨员弁,演打枪炮,多能中靶;试放水雷、旱雷,极为灵便;夜间试验号火,亦可备军行之用。

查该提督志勇诚朴,论及时事,激激奋发,深以上年东省之战,未能克敌为耻。此次教练该军不辞劳苦,加意讲求,即洋弁克驰马随看,亦颇称许。适督臣王文韶送到代备赏需衣料、洋药等物,奴才发交该提督,当堂分赏各营官弁勇丁领讫。复与该提督讨论熟商,练习洋队,固属自强之计,各路防营,无不争先恐后,然即使悉心学步,与其无法临阵,对胜负尚不可恃,何况稍逊者乎?

更于众法之中,别求破敌之策。步队则宜兼练奔走跳跃,使一气能飞驰廿余里。随地挖沟,顷刻隐藏;多设奇伏,阵布撤换。或于夜间出队,不设灯火,练习耳目,务使其能越垒逾沟,冲突趣捷。如遇短兵相接,则洋人虽持火器之精,亦将有措手不及之势。该提督极为称是。

嗣后除演练现操洋阵式外,并可加意练习制敌之法,以期仰副圣主整饬戎行之至意。谨具片据实奏闻。伏乞圣鉴。谨奏。

光绪二十二年五月十三日,奉朱批知道了。钦此。①

由荣禄奏章可以看出,聂士成在天津附近所训练的淮军"练习洋队",力图自强之计,确实取得不小的成果。非但如此,聂士成所率领的淮军也以纪律严明,而载于史册。我有幸在日本外交史料馆见到聂士成在甲午战争初起,被派往朝鲜执行任务时,发布的两通布告。这两件珍贵文献反映了聂氏所部军纪,的确与众不同。

其第一通布告曰:

统领芦北台防军记名提督山西太原镇聂示:

大兵入境,谕示商民,各安其业,毋得恐惊。兵勇购物,昭给钱文,秋毫无犯,体恤下情;如有骚扰,喊禀来营,从重究治,决不稍轻。高抬市价,亦送重罚。特此晓谕,各宜凛遵。②

其第二通布告曰:

统领芦北台防军记名提督山西太原镇聂示:

奉宪檄饬,防营远征,保护藩属,弁卫商民,自行军旅,纪律严明。今入朝鲜,军令重申,购买物件,照给钱文;如有骚扰,或犯别情,军法从严,决不稍轻,谕示兵费,各宜凛遵。③

聂士成所部,纪律严明,公买公卖,秋毫无犯,于此可见一斑。而同一时期进入朝鲜的日本侵略军烧杀抢掠,无恶不作,④与聂士

---

① 《录副奏折档》,军务类,光绪二十二年,中国第一历史档案馆藏。
② 《日清战争中各地战斗报告》,编号5-2-2,日本外务省外交史料馆藏。
③ 《日清战争中各地战斗报告》,编号5-2-2,日本外务省外交史料馆藏。
④ 《朝鲜新报》明治二十七年七月,日本外务省外交史料馆藏。

成所部形成了鲜明的对照。

  聂士成真可谓是淮军将领中之佼佼者。正是由于他有这样的素质与训练,因此在国难当头之际,最能经受考验。当八国联军兵临天津城下,时局危在旦夕时,聂士成发誓说:"士成在一日,天津有一日",[①]表现了与天津共存亡的决心。光绪二十六年六月十三日(1900年7月9日)在天津抗击八国联军的殊死战斗中,聂士成于八里台与联军对峙毫无惧色,受伤七处,"腹破肠出,犹挥军前进",以终至血肉糜烂而以身殉国。[②] 而他率领的武毅军,也几乎丧失殆尽,"惟见尸身扑于血泊中"。聂士成和他所率领的淮军将士,用自己的一腔热血谱写了一曲近代反抗外国侵略的光辉篇章。

[①] 中国史学会主编:《中国近代史资料丛刊·义和团》(第4册),上海:神州国光社,1953年,第361页。

[②] 中国史学会主编:《中国近代史资料丛刊·义和团》(第2册),第155页。

不问苍生问鬼神
——清季北京的占卜风气

前段时间,笔者在《中国新闻周刊》等刊物上,看到一则内容雷同的消息:在北京的国子监街上,充满了形形色色的卦摊,且有明码标价。短短一条街上,算卦先生居然有三百之多。展读之下,不胜骇异。

占卜,说通俗点,就是算卦,在我国历朝历代几乎都很盛行。据《辞海》等书介绍:占,是指古时测算时所用的蓍草茎;卜则是指龟甲。因此,占卜又称"蓍龟"。《易·系辞上》云:"探赜索隐,钩深致远,以定天下之凶吉……莫大乎蓍龟。"①《左传·桓公十一年》中,亦有"卜以决疑,不疑何卜"的记载。

数千年来,无论在官场,还是在民间,大者到皇亲国戚争权夺位,小者到莘莘学子进京赶考,大多都希望经过占卜来求得预先知晓。因此,占卜又是一种普世文化现象。无论古今中外,虽然宗教与文化可以有差异,但是,毫无例外地都有关于占卜的文字记载。

占卜业在清代的北京非常发达,花样翻新,高手云集,可谓称盛一时。官场与民间流传的占卜形式多种多样,除了算卦、相面、求签外,还有拆字、星象、填诗,更复杂文雅一些,还有扶乩、扶鸾,等等,五花八门,无所不有。本文拟据清宫档案、私人函札、日记、

---

① 辞海编辑委员会编:《辞海》(上册),上海:上海辞书出版社,1979年,第408页。

笔记等可靠史料,对清季北京的占卜现象略予述评,也许可以对当前热衷占卜者,有些许参考价值。

一、前门关帝庙神签酿成惊天命案

在清代北京,只要提起占卜,人们便会想到前门关帝庙。这是一座很有特色的道教庙宇,位于正阳门与箭楼之间的瓮城之内,紧挨着正阳门城门洞的西侧。辛亥革命后的第二个年头,内务总长朱启钤改造旧城,为方便交通,将瓮城拆除,于是位于正阳门西侧的关帝庙,与东侧的观音庙的门前,一下子变成了开阔明亮的通衢大道。直到1963年此庙才被拆除。

前门关帝庙很有来头,北京人俗称"老爷庙",始建于明洪武二十年(1387年)。而民间的说法是明成祖朱棣在征伐漠北时,突然遇到黄沙漫天,方向莫辨。茫茫之中,朱棣隐约看到,前方有立马横刀的赤面关公为他指点迷津,保驾护航。于是,他奋勇出击,大获全胜,回京伊始,便于建立了这座关帝庙。此后每有大事,历代帝王都会来此庙焚香祷告。直至清末,这里一直是香火鼎盛,久久不衰。敬神求签者,更是络绎不绝,以至于京城流传一个顺口溜:"灵签第一推关庙,速往前门庙里求。"这里的算卦业十分兴旺。逢年过节,庙里庙外摆满了道士的算卦摊。清人崇彝在《道咸以来朝野杂记》中记载:"正月初一日,正阳门前关帝庙香火最盛,自五更即有香客前往烧香求福者,抵暮不绝。"①

崇彝又称:"李若农侍郎文田当咸丰己未科,来京会试,祷于正阳门关帝庙。签语有'名在孙山外',自以为此次必落第耳。及发

---

① (清)崇彝:《道咸以来朝野杂记》,北京:北京古籍出版社,1982年,第87页。

榜,中进士高第,此签实不灵验。至殿试,状元为孙家鼐,榜眼名孙念祖,李氏得探花,实列二孙之后,与签语真巧合也。"①

前门的神签灵验,不但百姓知道,就连深居后宫的慈禧太后也相信得五体投地。熟悉清朝掌故的胡思敬在"荣相谲谏"一文中写道:

> 正阳门外关帝庙,屋甚卑隘,相传神像为明熹宗手塑。车驾出城,必入庙拈香,祈签者甚众,孝钦亦笃信之。又,地安门内有一瞽者,姓赵,失其名,世呼为"赵瞎子",善梅花易数,孝钦尝遣宫人就之问吉凶,凡八旗巨宅无不尊信其术。荣禄既得坤一复电,不敢遽奏,迟回者累日。因察知孝钦素信阴阳小数,潜遣人诣关庙祈一签,诣赵瞎子占一卦,怀之入朝。孝钦询曰:"外省复电何如?"荣禄曰:"外电久不至,奴才亦时念之。昨诣关庙求签不吉,诣赵瞎子问卜又不吉,颇以为忧。"孝钦曰:"其词何如?"荣禄探怀献之,大意皆云不可妄动,动则有悔,孝钦默然。既越二日,始以坤一复电进,废立之意遂解。②

上文中的废立,指的是戊戌政变后,慈禧恨光绪帝重用康有为推行新政,于是想废掉这位年轻的帝王,另立端王载漪之子溥儁,并致电各省督抚,征询意见。对于此事,朝廷上下,噤若寒蝉,外人啧有烦言。两江总督刘坤一,在江南有维新思想的臣僚影响下,致电清廷,谓"君臣之分已定,天下之口难防"。③ 荣禄为了让慈禧回心转意,预先到前门关帝庙求签,假托神意,然后再将刘坤一之电报内容呈上,终于使慈禧收回废立主张,改立端王之子溥儁为大阿

---

① (清)崇彝:《道咸以来朝野杂记》,第87页。
② (清)胡思敬:《国闻备乘》卷3,上海:上海书店,1997年,第58~59页。
③ (清)赵尔巽等撰:《清史稿》卷473《列传二百六十·康有为》,北京:中华书局,1977年,第12831页。

哥。荣禄所利用的正是慈禧对前门关帝庙神签的深信不疑。

在清季京城,无论身处高位的官绅,还是一般的平头百姓,几乎无不相信前门关帝庙的神签灵验。然而,这些前门关帝庙神签灵验的传说是否正确,很少有人进行严格的验证。相反,笔者倒是看到了有关记载,证明这里的神签非但不灵,而且还酿成了横祸。

嘉庆八年闰二月二十日(1803年4月11日),春寒料峭,天气晴朗。北京城像往常一样,车水马龙,一片繁忙。紫禁城内一片寂静,只是神武门内外,站了许多内廷侍卫,比平日多了些喧嚣。快到正午时分,嘉庆皇帝的龙辇按照预定计划,进了神武门,朝着御花园方向前行。突然从西厢房南山墙之后,窜出一中年汉子,手中挥舞短刀,飞快地向皇帝的轿子扑去。这突如其来的事件,把御道两旁站班的侍卫吓呆了,一时都六神出窍,竟然不知如何应对。然而,内廷侍卫毕竟人多势众,有几个胆大力壮的,很快冲向前去,把已经冲到皇上轿边的莽汉,扑倒在地,夺去他手中的尖刀。由于事发仓促,嘉庆皇帝也被吓得魂飞魄散,慌忙从轿中逃出,避入顺贞门。稍后,他便斥责领侍卫内大臣警跸不周,并令刑部将刺客审讯严惩。这就是清季在紫禁城内仅有的一次刺杀皇帝案件。

为什么在光天化日之下,这位莽汉敢于冒着森严的戒备,前去刺杀皇帝?难道是吃了豹子胆?

过去的解释是,这位汉子代表着劳动人民,因衣食无着,走投无路,于是奋起向最高封建统治者奋力抗争,体现了他们不畏强暴的勇敢精神。

这种用阶级斗争理论解释历史的观点,显然有些牵强附会,不能完全使人信服。因为在京城比他穷困饥寒的人有的是,为何没有人敢像他这样以卵击石?后来我看到了老友张书才研究员在清宫档案中找到的刑部官员审讯此案的笔录,才明白此事的真相。

原来，这位杀手名叫陈德，北京人，虽属镶黄旗，却贫困不堪，长期给同旗官员当仆人，曾在紫禁城内当过差役，故对宫内情形熟悉。后来，他被主人辞退，饥寒交迫，衣食无着，他和儿子甚至连个住处也没有，只能四处流浪。至于他为什么敢于在光天化日之下，冒着杀身之祸刺杀皇帝。清朝的满汉大学士、六部尚书，以及九卿科道会同刑部官员，经过四天四夜的"熬讯"，真相终于水落石出。陈德的供词称：

> 我于嘉庆二年曾做过一梦，梦见一个人领路，好像是我朋友王福，领我到个地方，有些房屋，我梦里说是东宫。我瞧了一会，又到厨房，那王福就不见了。又记得嘉庆三年上，梦见我在无水桥下躺着，忽象（像）有人拉我上桥，我在桥上一看，象（像）在一知府大堂后头，我身上穿着程乡茧蟒袍，我就醒了。后来我又看见文昌书钞，觉得心里开悟，想这两梦，东宫是守阙的意思，桥底睡得是个虬龙，知府堂是个黄堂，程乡茧蟒袍是个黄龙袍，我将来必有朝廷福分。又记得乾隆五十七年到嘉庆二年上，共求过正阳门内签五枝，都有好话。我近因穷苦不过，想我自己的本事，又有梦兆签语，必有好处，就动了不安本分的心。这几年来，时常胡思乱想。本月十六日，知道皇上于二十日进宫，我就定了主意。①

陈德的供词非常清楚地表明，他于数年间，连续五次在正阳门关帝庙抽到上签，"梦兆签语，必有好处"。于是，他便走火入魔，来到紫禁城里，妄想杀了皇帝，身穿"黄龙袍"，享受"朝廷福分"。刑部审讯的结果，是可靠的，原来是正阳门关帝庙的"签语梦幻"，直

---

① 张书才：《陈德行刺嘉庆帝》，《紫禁城》杂志社编：《故宫轶事》，上海：上海文化出版社，1984年，第234~235页。

接导致了这场悲剧。最后,陈德和他的两个未成年的儿子,被押解到菜市口。刽子手一刀一刀地将陈德凌迟处死,鲜血淋漓,最后只是剩下了骨架。而他的两个儿子则因年幼,奉了皇上的"恩典",被处于绞刑。

当时,陈德因刺杀皇帝被凌迟处死的消息传遍了北京的大街小巷,可谓妇孺皆知。但是,很少有人知道,陈德的悲剧,与那五次神签有因果关系。事后朝廷没有追究庙里掣签道士的责任,前门关帝庙的神签依然红火。

二、皇上要重臣问卜决疑,南京高僧慌称"不懂数学"

清季的占卜现象非常普遍,不只是陈德那样的穷苦百姓相信,即使是贵为天子的皇帝,也迷信此术之威力。可以说清季的占卜热,与皇帝的笃信、提倡有直接关系。

作为紫禁城的最高主宰,皇帝的一举一动,都要事先占卜。他们通过钦天监等衙署,确定吉日良辰、行为方式等,然后才决定皇帝如何动作。最可笑的还是那位嘉庆皇帝,竟然颁布诏令,要亲信重臣,直接向高僧问卜,以决定朝廷的重大难题。此事是由于信奉天理教的农民,在紫禁城与清朝统治者进行了一场真刀真枪的拼杀引起的。

嘉庆十八年九月十五日(1813年10月8日),北京城秋风萧瑟,落叶满地。下午时分,一百多位腰缠白布,挑担叫卖的天理教教徒,从京城郊外的宋家庄来到菜市口等地聚集,然后,向紫禁城进发。在太监的导引下,大约有六七十位天理教教徒分别从西华门与东华门潜入皇宫。然后,他们放下箩筐,拿出短刀与利器,与宫廷守卫激烈格斗,并逐渐向隆宗门一带集中。隆宗门之内,便是军机值房,再往里是皇帝起居地与召见臣工的养心殿,可谓故宫的心脏地区。因此,这里的侍卫闻讯后,迅速将隆宗门关闭,并且用火器射击那些试图翻墙而入的起义者。金梁在《林清党犯阙》一文曾有简短的记述:

> 嘉庆十八年八月,教匪林清党陈爽等潜入内城,分犯东华门、西华门。太监刘金等引其东,高广福等引其西。皇次子即宣宗,见贼逾养心门,遂发鸟枪殪之,再发再殪,贼乃不敢逾垣。将火隆宗门而禁兵入卫,败诸中正殿门外。①

这里提到的皇次子,名旻宁,即后来即位的道光皇帝。起义者在与皇宫卫队交锋中,互有伤亡。最后,由于大队侍卫迅速增援,起义者寡不敌众,被清军击溃,许多民众血洒紫禁城。

当天理教徒杀进皇宫时,嘉庆皇帝正在热河,闻讯之后迅速返回,将这次起义的领导人林清及大内做内应的太监通通杀害,还有数百无辜的市民、农民,均遭横祸。但是,嘉庆帝却发现京城起义重要领导人物祝现等,在高人之掩护下,竟然神不知鬼不觉地逃之夭夭。于是,他命令从京师到直隶、山东、河南等地的官员,高度戒备,从严搜捕,一刻也不能松懈。由于祝现等天理教骨干人物,均来自民间,与民众的关系水乳交融。因此尽管嘉庆帝严令催促,却久无音讯。嘉庆帝在给那彦成的关于"上紧查拿祝现等匪徒情形"的奏报后用朱笔写道:

> 时刻留心,勿稍大意。应思不共戴天,何忍膜视乎?汝系世臣,非泛常可比也。勉之。②

朱批的字数不多,却透露出这位帝王对祝现等起义者,恨得咬

---

① (清)金梁:《清宫史略》,自刊铅印线装本,1933年,第200页。
② 《嘉庆朝朱批奏折档》,中国第一历史档案馆藏。

牙切齿,不共戴天,必欲杀之而后快。然而,清廷兴师动众,在北边半个中国,拉网式的搜剿进行了很长时间,最后的结局却是一无所成。满朝的文臣武将束手无策。最后,嘉庆帝思前想后,决定求助神灵。他于嘉庆二十二年(1817年)十一月初颁布上谕,命令两江总督孙玉庭向南京的高僧求卜。上谕云:

> 江宁正觉寺僧人镜澄,前因知逆犯方荣升踪迹,密首到官,迅就弋获,施恩嘉奖。闻该僧人通晓数学,现在逆犯祝现等,久未捕获,著孙玉庭便中赴庙中拈香,向该僧人讯问。如能晓知各逆潜匿方向,即派委妥干员弁,就所指处访拿。倘能获犯,必再加恩奖也,等因。钦此。①

上文中的"数学",指的就是占卜;正觉寺,原名水月庵,位于南京城里长乐路与江宁路的交会处,原本是一处名不见经传的小寺院。嘉庆二十年(1815年),安徽天理教领导人方荣升及同伙在南京散布经卷与揭帖时,曾在此庙中投宿,行踪泄露。于是,这位高僧便向清廷告密,安徽、江苏的天理教组织随即被查获。镜澄提供的线索准确及时,两江总督百龄迅速破案,并且将"方荣升所造伪书图画,从其家墙内取出"。② 嘉庆二十年九月十一日(1815年10月13日),百龄上书称:拿获造意谋逆,散帖惑众逆首方荣升,及伙犯一百五十余名,并称赞正觉寺主持僧镜澄"通晓数学"。

镜澄的告密使方荣升及大量天理教徒人头落地,嘉庆皇帝下令扩建正觉寺,重奖僧人镜澄。于是,南京城里这位高僧深通法术,能掐会算,也给嘉庆皇帝留下深刻印象。

然而,朝廷的千军万马仔细搜捕祝现等逃犯,数年毫无进展。

---

① 《嘉庆朝朱批奏折档》,中国第一历史档案馆藏。
② 《嘉庆朝朱批奏折档》,宗教类,中国第一历史档案馆藏。

这位高僧能否通过掣签占卜等法术创造奇迹呢？两江总督孙玉庭满腹狐疑。他于嘉庆二十二年十一月初五日（1817年12月12日），身着素服，轻装简从，来到了正觉寺，开门见山地宣布了皇帝的谕旨。不料，这位南京城里的高僧镜澄，闻讯后竟然脸色发白，双手颤抖。他虽然捧出了签筒，却愁眉紧锁，不知如何动作。这位高僧万万想不到，告发方荣升会带来这样的难题。

抓捕祝现是当时全国头等要事，也是对占卜术的严峻考验。此事与平时"糊弄"百姓抽签全然不同，搞不好会身败名裂，身首异处。于是，镜澄将孙玉庭从摇签处请到密室，献上寺庙里的金银财宝及稀有物件，共同商讨了对策。四天之后，孙玉庭向皇帝奏称：

两江总督孙玉庭跪奏，为遵旨询问僧人镜澄，据称不谙数学，实未知逆犯潜匿方向，恭折复奏事。

兹臣于十一月初五日旋省，随赴正觉寺拈香。当经恭传谕旨，密向僧人镜澄询问。据该僧人回称：幼小出家，从未习数学，实不知祝现潜匿处所。臣以该僧人既能知方荣升踪迹，何以不能知祝现等去向，复又再四向问。

据称，前年因方荣升伙党来往江宁，就近访有端倪，密行呈首，并非由数学测知。僧人前荷皇上逾格恩施，虽涓糜顶踵，不足仰酬万一。今奉圣谕垂询，如有一知半解，万不敢隐默不言。上年二月内，曾蒙百总督传旨询问，业经据实上复，只求详察等语。

臣细加体访，该僧向未代人占卜，查看情词，委非虚饰。伏察逆犯祝现等日久稽诛，率土臣民，同深愤恨。臣每于接见文武各官，见有才具勤干者，辄谕令留心购（构）捕，不得以相距犯籍较远，稍存漠视。现尚杳无弋获，实切悚惶。唯有谆嘱地方官弁，时刻加意访拿，不敢稍任纵漏。

所有僧人镜澄,不能占卜匿犯踪迹缘由,理合据呈复奏。伏乞皇上睿鉴。谨奏。嘉庆二十二年十一月初九日。

朱笔,览。①

上文中的"百总督",指的正是抓获方荣升的两江总督百龄。百龄,字子颐,号菊溪,汉军正黄旗人,乾隆三十七年(1772年)进士,选庶吉士,授编修,后屡任封疆,官拜协办大学士,后因故被贬官。然而,破获方荣升案,成了百龄生平最大的政绩,在全国引起空前的轰动。清廷不但恢复了他以前的太子少保衔,还封为三等男爵,奖给吉祥如意玉牌、大小荷包,赏给其子五品荫生。② 是年冬,百龄病甚,嘉庆帝命松筠往代,不久病卒江宁。

嘉庆帝闻讯,甚为悼惜,立即颁布谕旨,恢复其协办大学士,并遣侍卫赐奠,特许灵柩入城治丧。这一切殊荣,都是江宁正觉寺给他带来的风光。而百龄所奏称的镜澄深通数学,能掐会算,也使皇帝牢记在心。不料,两年之后,该僧居然又称"从未习数学"。真可谓出尔反尔,欺世盗名。

嘉庆帝明知受骗,却又无可奈何。他只好在孙玉庭的奏章上,用朱笔重重地写下了一个"览"字。因为占卜的形式多种多样,但是,从本质上说,就是一种猜测,很多情况下是一种自欺欺人的游戏。皇上自己要相信,怎么能怪罪于高僧。

三、职位愈高,愈热衷占卜

清季的北京城占卜之风非常普遍,不但穷困潦倒的百姓相信,

---

① 《嘉庆朝朱批奏折档》,中国第一历史档案馆藏。
② 《嘉庆朝朱批奏折档》,宗教类,中国第一历史档案馆藏。

满腹经纶的文化人也对占卜之术情有独钟。而且,学问愈渊博,地位愈崇高,就愈加对此术深信不疑。几乎可以说是无人不信,无人不占卜。

熟悉清代掌故的冒鹤亭先生在《孽海花闲话》有一段很有趣的文字称:

> 京门自乾隆时,嵇拙修当国,士夫多喜谈相法。嵇尝于虎坊桥见一士人,停舆询之,曰杨某,以会试来。携之归寓,语之曰:子不独今科不能中,即终身亦不中也,然官可三品。子双眼异常人,盍从我,当授子相法。杨后官顺天府尹,值乡试录科,见许乃普奇之,谂知为治中学范子,因嘱治中使往见。坐定,问其字,曰滇生。曰子杭人,何以滇生?以生长云南对。及晤治中,开口便云,世兄好相貌,可惜鼎甲而不状元,尚书而不宰相。后许以榜眼官吏部尚书。众咸以为神。李(文田)亦精相法,梁启超初入京,于沈曾桐座上见李。梁退,沈问其相若何,李顿足曰:此扰乱天下耗子精也。然李相文廷式可致巨富,言亦不验。①

上文中嵇拙修,即嵇璜(1711—1794年),字尚佐,晚号拙修,江苏无锡人,嵇曾筠之子。嵇璜幼读《禹贡》,留意治水。雍正八年(1730年)中进士,后任日讲起居注官,经筵讲官,翰林院掌院学士。嵇璜满腹经纶,文武全才,早年继承父业,治河有功,曾任河道总督,著有《治河年谱》。又曾任工部、兵部、吏部尚书,《四库全书》正总裁、文渊阁大学士兼国史馆正总裁等职,可谓位极人臣。

受嵇璜影响,京师士夫"多喜谈相法"。稽璜不但自己热衷于相法,而且还传宗接代,将其相法传给素不相识之杨姓。至于杨氏

---

① 魏绍昌编:《孽海花资料》,上海:上海古籍出版社,1982年,第232～233页。

所相中的乃是许学范之子乃普。许学范有七子，乃济、乃普、乃钊三子为进士，另四子为举人，故有"七子登科"美称。这些有关占卜与科举结合的佳话，流传了百余年，世世代代，口耳相传，很难辨别有几多事实，几多虚构。但是，清季文人喜好占验，则是无可争辩的事实。

晚清的另一位饱学之士恽毓鼎也热衷此道。恽氏长期在翰林院任职，"侍螭头，领兰台"，充当皇帝身边的起居注官，可谓天子近臣。此君也号称上通天文，下知地理，除了在紫禁城舞文弄墨之外，还通达医理，有时还悬壶行医，为人把脉开方。每到年节，总想到前门关帝庙等处焚香抽签。恽毓鼎在光绪八年八月二十七日（1882年10月8日）的日记中记曰：

> 晴，热甚。早起偕玉雨、仰高至前门关帝庙求签。顺访熙臣，少坐即归。饭后，在藜师处长谈。晚间藜师、玉雨召饮广和，散甚早。①

除去赴庙抽签外，他有时还将占卜高手请到家里。恽氏日记有云：

> 宣统二年正月初八日，晴。孙仲山、程伯茹来久谈。天津卜者石姓，目双瞽，以飞星推命极灵。又有蜀僧了明，住京师金顶关帝庙，谈人休咎多奇验。去年十二月，虞莱侄以余八字就石卜，甫排算，即决定今春必擢藩司。而仲山卜诸了明，亦谓今春驷马已动，必有二等封疆之喜。两人皆不知吾为何等人，其言皆如此，意者当外擢乎？闻之，名心顿炽，不无意外之望。姑志于此以观之，如其言不验，亦志吾痴心想望之过焉。

---

① 恽毓鼎著，史晓风整理：《恽毓鼎澄斋日记》（第1册）"光绪八年八月二十七日"条，杭州：浙江古籍出版社，2004年，第10～11页。

未刻赴讲习馆。①

恽氏在晚清官场中，是有名的热衷攀附，求官心切的人物。在丁未政潮中，他贿卖封章，诬陷好人，帮助奕劻、袁世凯扳倒了瞿鸿禨、岑春煊为代表的政治势力。因此，他梦寐以求地希图外任封疆，升官发财。② 于是，将来京师巡游的占卜高手请到自己家里，又是相面，又是批八字，结果到头来还是竹篮打水一场空。

占卜的结果经常不足凭信，恽毓鼎是知道的。但是，这并不能使他不相信此术，也不能使他停止瞻拜的脚步。果然，在将占卜高手请到家里失灵后的第二年，他又一次来到前门关帝庙。其日记曰：

> 宣统三年十月初五日，一夜大风，势欲掀屋拔树，震撼不能安眠。晨起，冰雪满地，寒冻已似腊月天气。世父忌辰拜供。饭后恭诣关帝庙、菩萨庙（俱在正阳门瓮城中）、火德星君殿（在江南都城隍庙中）焚香叩谢。至通记候朗轩未至，乃遇诸途，风冷路滑，遂归。③

不仅像恽毓鼎这样的传统文人喜好占验，就连一些很有头脑的维新派人士，也对此术深信不疑。光绪朝的军机章京户部主事陈炽，是京师强学会的发起人之一，被帝师翁同龢尊为"通才""国士"，并且在上书中强烈要求十数年后在中国成立议会，否则"必有四分五裂之祸"。④ 陈炽真可谓有先见之明。然而，此君对占卜之

---

① 恽毓鼎著，史晓风整理：《恽毓鼎澄斋日记》（第 2 册）"宣统二年正月初八日"条，第 473 页。
② 孔祥吉：《清人日记研究》，广州：广东人民出版社，2008 年，第 195 页。
③ 恽毓鼎著，史晓风整理：《恽毓鼎澄斋日记》（第 2 册）"宣统三年十月初五日"条，第 561~562 页。
④ 孔祥吉：《晚清史探微》，成都：巴蜀书社，2001 年，第 122、133 页。

术,却是如痴如醉。甲午战争之后,陈炽写信给另一位江西老乡,即流露出对占卜的强烈好感,其函称:

云阁仁弟同年左右:

味如之局,未及奉陪。次日归来倦极,亦未走送,至歉。我辈交知,亦不在形迹也。是日黄沙茫茫,日在云中,黯淡昏黑,无光无色。

弟去岁入都之日,狂风猛雨,天黑如磐。安徽馆之局,与长素等三人,促膝深谈,几以长歌当哭。我曹进退,断关家国安危。夫未欲平治天下也则已,如欲平治天下,当今之世,舍我其谁?海内人豪,于今有几?惟吾弟与木斋等数人,可以莫逆于心,相视而笑耳。

兄生平颇解测量,而酷信占验,于同治十三年金星过日,毅皇帝宾天,而益信立竿见景,悉数难终。西人谓无关休咎者,虑自不能应天象哉耳。太和门、祈年殿、户部三灾,而中国之民穷财尽也决矣。中国之事,一涉官场,即不阻挠,亦多迟误,决意与民为仇,与天为仇。衮衮诸公,吾不知葬身何地矣。……拳拳此志,上合天心,弟与木斋当能默证此意也。未尽之言,统俟续陈。

手泐,顺颂,旅安。

木斋弟均此。

兄炽顿首
廿七灯下①

上文中的云阁,系指文廷式(1856—1904 年),字道希,号云

---

① 陈炽:《致云阁仁弟》(未刊稿)。信笺印有"甲午孟夏月瑶华仙馆制笺"。

阁,江西萍乡人,近代著名学者,维新派思想家,帝党中骨干人物;木斋者,李盛铎也,字椒微,号木斋,江西省德化人。陈炽是一位以改革天下自命的维新派官员,却对占验深信不疑,几乎将自己的一切举动,都与天象相联系在一起。这些号称要"平治天下"的先进人物,其见识若此,着实令人费解。

从吴三桂引清兵入关,到辛亥革命爆发,清王朝存在了二百六十七年。这期间占卜之风,历久弥新,长盛不衰。不仅汉族官绅及庶民相信此术,满人亦同样如此。崇彝的笔记还叙述了一个非常典型的事例。其文曰:

> 瑞璥,字蕴山,官礼部郎。尤有神经病,凤笃信星相等术,每日睡卧,夜夜迁移;及出门拜客入署,皆须研究方向,宜向何方吉;或不宜出行,虽遇公事亦告病假。盖其兄弟皆一种怪物,非但不近乎人情,且不祥也。①

崇彝所记,应为事实。像瑞璥这样笃信星相的满族官僚,在京城不计其数,只不过他们表现形式不尽相同而已。

---

① (清)崇彝:《道咸以来朝野杂记》,第109页。

莫把赝品当珍宝
——以北京大学善本部所藏翁同龢戊戌密札为例

随着史学研究的日益深入,不少学者在所撰论著中,引用所论人物的信札作为史料,颇能揭示当事人内心世界,从而看到历史之真迹。尤其是在中国近代史研究中,此种现象更是普遍。盖因晚近以来,所存留的名人函札甚夥,无论是在文物市场,还是在各大图书馆中,清人书札比比皆是。然而,模仿清人笔迹,伪造先贤书札的现象亦层出不穷,稍不留意,便有可能真假混淆,出现差错,以致将赝品当作史料而不自知。

一、密札争论的来龙去脉

1955年7月21日的《光明日报》史学专栏刊登了张子扬《关于翁同龢与康梁关系的一件史料》,披露了戊戌政变后翁同龢的一封密函。此密函原文如下:

> 今日太后临朝,问康、梁事,甚急,面有怒容。弟之荐康、梁也,衷心无一毫不能告人处。足下所知,而世人作共见也。康、梁有经世之才,救国之方,此弟所以冒万死而不辞,必欲其才能为所用而后已也。今遭时忌,必欲抑之,使不得行其素志,究何为哉?是何心耶!太后且有不得康、梁,翁某亦有罪

咎之语。呜呼,翁某岂畏罪之人哉?徒以有鲠在喉,不吐不快耳!足下知我最深,将何以救之耶?方寸已乱,书不成句,惟知我者谅之耳!

敬颂尊安

弟同龢上言
阅后乞付丙丁

《光明日报》在刊登此函的同时,还刊登了编者按:

> 这件翁同龢的密信,原件经张子扬同志借给我们看过。信上的笔迹与影印的翁同龢手书、日记相同,可以肯定是翁的手笔。原件是绛色的便笺五张,笺上印有朱红格,笺边并印有"十二灵鹊馆笺启"字样。这也是翁所自用的笺纸,因此,这封密信是可靠的。①

非但如此,"史学"专栏的编者,还对翁氏此密函写作时间进行初步考订,认为"可能在戊戌八月初六日政变发生,康、梁逃出的数日内,翁可能在常熟原籍接到北京友人电告:'今日太后临朝,问康、梁事,甚急……且有不得康、梁,翁某亦有罪咎之语',因而'方寸已乱'书不成句,(翁氏遂)向其友密请教办法"。

此函刊布之后,颇受学人重视。1961年,汤志钧先生在《戊戌变法人物传稿》康有为传后,即附有此函。20世纪80年代,此书再版,汤先生又将《光明日报》的编辑按语全文收录,可见他对此信札十分相信。

然而,台湾学者黄彰健先生却对此函持怀疑态度。黄先生主要凭据是:其一,此函用纸可疑,"十二灵鹊馆笺启"不见于坊间流

---

① 张子扬:《关于翁同龢与康梁关系的一件史料》,《光明日报》1955年7月21日。

传的翁氏手迹;其二,戊戌变法期间,翁同龢未曾保举过梁启超。其三,《康南海自编年谱》记曰,戊戌三四月间"翁欲康归"。

笔者在考察戊戌政变前后的清档记载时,认同黄说,并进一步确认《光明日报》所刊布翁氏函札,系好事人之伪作,殊不可信。拙作发表于《学术研究》2000 年第 3 期,随后,收录于拙著《晚清史探微》。①

然而,这场关于戊戌政变后翁氏致友人密札的真伪之争,并未结束。坊间颇有人以为此密札为可信者。最典型的观点,反映在常熟翁同龢研究会赵平先生《关于戊戌政变后翁同龢一封密信的辨正》一文。②

赵先生认为:戊戌政变后,翁同龢收到北京友人电报及写密信给此友人,其时他并不在家乡,而是在南昌藩司衙门;北京友人是军机大臣、嘉定人廖寿恒;张子扬,嘉定人,20 世纪 50 年代中期任常熟市中学高中俄语老师,而那时"绝不是生产假冒伪劣产品和学术造假的年代"。赵先生还提出,《光明日报》是权威报纸,因此在没有见到密信的手迹之前,应尊重《光明日报》编者鉴定的结论。近人质疑此密信真实性的论据不是预期理由,就是犯"推不出"的逻辑错误。翁同龢有推荐梁启超的可能;且翁"被逐归田,依然心系天下,为君分忧",能够写出这一密函。

赵先生此文,揭出了 20 世纪 50 年代,将此翁氏密札送到《光明日报》编辑部的张子扬,系常熟市中学高中俄语老师;并指出戊戌政变时,翁氏不在家乡常熟,而在江西南昌的藩台衙门。然而,赵氏对于翁同龢在变法过程中的真实态度,并未真正了解。

---

① 孔祥吉:《晚清史探微》,成都:巴蜀书社,2001 年,第 95~101 页。
② 赵平:《关于戊戌政变后翁同龢一封密信的辨正》,《常熟理工学院学报》(哲学社会科学版)2013 年第 1 期。

笔者认为,对历史人物的评价,一定要持审慎态度,严格坚持一切以历史事实为准绳,一丝一毫也不能从地域、亲疏,或个人喜恶出发。

二、伴君如伴虎,翁同龢从政如履薄冰

笔者之所以认为此函为赝品,一个重要理由是,伪造者不了解翁同龢之性格特点,及其不同历史时期的政治主张,只能凭空想象,闭门造车。

在旧日中国的封建官场,流行着一句格言:伴君如伴虎。这句话的含意是,封建帝王喜怒无常,每每使臣下左右为难,手足无措。翁同龢出身于常熟的官宦世家,其父翁心存曾充上书房总师傅,官至体仁阁大学士,其兄弟辈如翁同书亦为封疆大吏。翁同龢出身状元,学问渊博,而且为人端正,两袖清风。他曾两度担任军机大臣,又担任掌管全国财政的户部尚书多年。可是,翁氏被开缺返回常熟数年后,居然还要靠卖字画来添补生计,其在任时清廉可见一斑。但是,居官清廉,并不能说明翁氏在政治改革方面能采取正确立场。翁氏早年受传统思想影响,开始时对变法持抵制态度,对外洋事物嗤之以鼻,以为是奇技淫巧。他对于西学的认识,经历了漫长曲折过程。其思想转变,在日记中有明显的轨迹可寻。

翁氏于同治八年三月十一日(1869年4月22日)记曰:"斌椿者,总理衙门当差者也,前数年尝乘海舶游历西洋各国,归而著书一册,盛称彼中繁华奇巧,称其酋曰君主,称其官为某公、某侯、某大臣,甘为鬼奴者耳。"①

---

① 《翁同龢日记》,同治八年稿本,翁万戈藏。

翁氏上述日记所云"归而著书一册",系指《乘槎笔记》。翁氏将在总理衙门当差,并游历西方的斌椿称作"鬼奴",反映了他本人对西学的鄙视。

尤其是在光绪帝大婚前后,围绕是否要修筑天津至通州的铁路,朝野上下争论激烈。北洋大臣直隶总督李鸿章等力主修铁路,翁氏则站在反对立场。他不但自己反对,还劝说光绪帝生父醇亲王奕譞,也不要支持办津通铁路。翁氏光绪十四年十二月二十九日(1889年1月30日)的日记写道:

> 火轮驰骛于昆湖,铁轨纵横于西苑,电灯照耀于禁林,而津通开路之议廷论哗然。朱邸(指奕譞)之意渐回,北洋(指李鸿章)之议未改。历观时局,忧心忡忡,忝为大臣,能无愧恨![1]

翁氏把中国出现了轮船、铁路、电灯等新鲜事物,都认为是朝廷重臣的失职,而感到忧心如焚,不可终日。不难看出翁氏当时对铁路、电灯等西方先进的事物还很不理解。

甲午战争中,翁氏极力辅佐光绪皇帝对日作战。结果,东瀛小国日本,居然将清王朝这个庞然大物打得落花流水。翁同龢受到很大刺激,从此,认真考虑中国失败之原因,对倡导改革者开始刮目相看。

一个重要的例子是翁氏对康有为的态度转变。光绪十四年(1888年)康氏游历京师,上书请变法,希望得到翁氏支持,却被拒之门外。[2] 光绪二十一年闰五月初九日(1895年7月1日),翁同

---

[1] 陈义杰整理:《翁同龢日记》(第4册),北京:中华书局,1992年,第2249页。
[2] 陈义杰整理:《翁同龢日记》(第4册),第2232、2234页。光绪十四年十月十三日记曰:"南海布衣康祖诒上书于我,意欲一见,拒之。"同年十月二十六日又记:"盛伯羲以康祖诒封事一件来,欲成均代递,然语太讦直,无益,只生衅耳,决计复谢之。"

龢却一反常态,与康有为首次正式见面。康有为于其自编年谱中写道:

> 时翁常熟以师傅当国,憾于割台事,有变法之心,来访不遇,乃就而谒之。常熟谢戊子不代上书之事,谓当时实未知日本之情。此事甚惭云。乃与论变法之事,反复讲求,自未至酉,大洽,索吾论治之书。①

同康有为面谈是翁氏立场转变的重要标志。翁氏开始"深以旧法不足恃"。梁启超说,此后翁同龢"议论专主变法,比前判若两人"。非但亲近康有为,翁氏还曾将一些有关提倡西学的著作,向年轻的光绪皇帝进呈。翁同龢于光绪二十一年三月二十三日(1895年4月17日)的日记中记曰:

> 见起一刻余,仍至书房,以陈炽《庸书》、汤震《危言》进呈御览。……晚饭后柳门来长谈,激于时议,颇有深谈,抵暮去。②

日记中所述柳门,系指汪鸣銮,江苏苏州人,时为帝党成员,与翁氏颇志同道合。陈炽《庸书》与汤震《危言》都是力主变法,为西学张目。翁同龢显然是希望这些书籍,能为年轻的光绪皇帝提供推行新法的参考。

自甲午战争爆发后,慈禧与光绪皇帝之间的矛盾日趋尖锐。谨小慎微的翁同龢对官场险恶,了若指掌。面对慈禧太后阴险狡诈、无所不用其极的拙劣手法,作为光绪皇帝的师傅,翁氏深知地位难处,故处处小心翼翼,如履薄冰。尤其是对那些政治变革的诉

---

① 中国史学会主编:《中国近代史资料丛刊·戊戌变法》(第4册),上海:神州国光社,1953年,第132页。
② 陈义杰整理:《翁同龢日记》(第5册),北京:中华书局,1997年,第2795页。

求,更是患得患失,颇多斟酌。

譬如,《马关条约》签署后,一些力主改革的京官们,强烈要求改变现状,向西方看齐,成立京师强学书院。翁氏对此事开始是支持的,并且还向强学书院捐款。可是,光绪二十一年十二月初七日(1896年1月21日),御史杨崇伊向朝廷呈递奏章,弹劾强学书院,声称:"近来台馆诸臣,自命留心时事,竟敢呼朋引类,于后孙公园赁屋,创立强学书院,专门贩卖西学书籍,并抄录各馆新闻报刊,印《中外纪闻》,按户销售……口谈忠义,心薰利欲。"杨崇伊要求"请旨严禁,并查明创立之人,分别示惩"。① 翁氏当时是帝师兼军机大臣,大权在握,而在此关键时刻,却默不作声,动摇退缩。据汪大燮致汪康年密函称:

> 当初七事起,高阳(李鸿藻)赴陵差未回,常熟嘿不一言,至有此事。次日,常熟见人推之两邸,而为诸人抱屈。阅数日,寿州(孙家鼐)言事无妨,上已询彼,力言其诬,且谓事实有益,上悔行之不当,而常熟亦欲挽回矣。望日高阳归,常熟往见,属合力扶持,连日(初八九等日)陈其璋请天下普开学堂,文芸阁请编洋务书,陈事发译署议。②

尽管翁氏在内心是支持变法的,但是,慈禧却对甲午战争中的主和派首领李鸿章格外关照,假以颜色,而杨崇伊又是李氏的儿女亲家。杨氏弹劾强学书院的背后支持者,正是李鸿章。考虑到这层关系,翁氏忧心忡忡,"嘿不一言"。

然而,总体说来,翁氏在甲午战争后,是积极支持光绪皇帝改

---

① 《录副奏折档》,中国第一历史档案馆藏。
② 上海图书馆编:《汪康年书友书札》(第1册),上海:上海古籍出版社,1986年,第721~722页。

革的。胶州湾事变之后,面对空前严重的政治危机,翁氏甚至于光绪二十三年十一月十八日(1897年12月11日)到宣南的南海会馆,劝说将离京的康有为留下来,帮助皇帝变法。康有为于自编年谱中称:

> 既谒常熟,投以书告归。与李合肥言巴西事,许办之。惟须巴西使来求乃可行。是时将冰河,于十八日决归,行李已上车矣,常熟来留行。翌日,给事中高燮曾奏荐,请召见并加卿衔出洋。常熟在上前力称之,奉旨交总理衙门议。许应骙阻之于恭邸,常熟再持之。恭邸乃谓:"待臣等见之乃奏闻。"奉旨令王大臣问话。①

身居军机大臣兼帝师高位的翁同龢,居然能屈尊敬贤,亲自来到宣武门外的南海会馆,劝说没有一官半职的康有为留在京师,筹措变法。这样做需要多大的谋略和勇气!翁氏此举对中国近代史发展至为关键。倘若没有这一举动,康有为或早已束装南归,执教于万木草堂。这样就不会有次日高燮曾上书举荐康有为,②也不会有光绪帝破格召见。那么,戊戌维新历史肯定会改写。守旧派刚毅等指责翁氏"招引奸邪",并非空穴来风。

然而,翁氏在新旧两派针锋相对地争斗之时,往往又表现出畏惧退缩。戊戌春三月,新旧两派围绕京师保国会激烈争论,守旧派猖獗一时,他们把矛头直接指向变法的带头人康有为,指责他"保中国不保大清"。翁氏在此紧要关头,又出现了动摇。光绪二十四年四月初七日(1898年5月26日),翁氏于日记中写道:

> 上命索康有为所进书,令再写一分递进。臣对:与康不往

---

① 中国史学会主编:《中国近代史资料丛刊·戊戌变法》(第4册),第137~138页。
② 孔祥吉:《康有为变法奏章辑考》,北京:北京图书馆出版社,2008年,第142页。

来。上问：何也？对以：此人居心叵测。曰：前此何以不说？对：臣近见其《孔子改制考》知之。次日，上又问康书，臣对如昨。上发怒诘责。臣对：传总署令进。上不允，必欲臣诣张荫桓传知。臣曰：张某日日进见，何不面谕？上仍不允。退乃传知张君，张正在园寓也。①

光绪皇帝发怒诘责，谓"前此何以不说？"说明翁同龢以前曾向皇帝举荐康有为，而且说了不少好话，故才有如此诘责。光绪帝坚持要翁氏传知康氏进书，说明翁氏曾与康氏颇有交往，否则，光绪帝不会让翁氏转传康有为进呈新书。翁同龢这种出尔反尔顶撞皇上的做法，引起了他的学生的反感，终于导致了戊戌四月二十七日（1898年6月15日）将翁氏开缺的朱谕发表。朱谕称：

> 协办大学士户部尚书翁同龢，近来办事多未允协，以致众论不服，屡经有人参奏。且每于召对时，咨询事件，任意可否，喜怒见于词色，渐露揽权狂悖情状，断难胜枢机之任。本应查明究办，予以重惩，姑念其在毓庆宫行走有年，不忍遽加严谴。翁同龢著即开缺回籍，以示保全。特谕。②

光绪皇帝朱谕中提到，"每于召对时，咨询事件，任意可否，喜怒见于词色，渐露揽权狂悖情状"，指的正是翁同龢戊戌四月初七日、初八日召对时的表现。对光绪帝让他转告进呈康书的要求，翁氏居然敢在庙堂之上，公然拒绝。最后，康氏进书事仍由张荫桓承担。张时任总理衙门大臣，与康氏为同乡，关系密切，是向皇帝推荐康有为的重要人物。综合翁氏当政时，尤其是在危难时的各种

---

① 陈义杰整理：《翁同龢日记》（第6册），北京：中华书局，1998年，第3128页。
② 中国第一历史档案馆编：《光绪宣统两朝上谕档》（第24册），桂林：广西师范大学出版社，1996年，第181~182页。

表现,便可知戊戌政变后公然与慈禧作对,写出推荐康有为、梁启超的密札,根本不可能出自翁同龢之手。

三、政变后翁同龢改删日记,可证密札是赝品

戊戌五月,翁氏离开京师,回到常熟老家;而此时的北京,正是百日维新的高潮时期。翁同龢虽不在其位,却心忧社稷。他对光绪帝的一举一动都极为关注。他曾像萧何月下追韩信一样,挽留在京师的康有为,不断向皇帝进言,在这场史无前例的改革中发挥着重要作用。① 翁氏对康有为等维新派人士的政见,虽不完全赞同,却鞭长莫及,康氏的许多建议被光绪皇帝采纳,变法上谕联翩而下。正因为如此,守旧党人追根溯源,十分痛恨翁同龢在胶州湾事件后,向光绪帝引荐康有为的做法,他们对此耿耿于怀。戊戌政变爆发后,慈禧及徐桐等守旧派人士仍然不放过远在江苏的翁同龢。远在千里之外的翁同龢如同惊弓之鸟。他的当务之急,是千方百计地摆脱与康有为的瓜葛,而不是引火烧身,写出张子扬向《光明日报》提供的推荐康、梁的密札。

对于张子扬所提供翁氏密札的真伪,还有一个十分简单可靠的鉴别方法,即仔细厘清戊戌政变之后,翁同龢对其亲笔书写日记的改动,便可以得到令人信服的证据。

对于考证翁氏日记,笔者有一个十分有利的条件,即在翁万戈先生的私人图书馆中,可以看到《翁文恭公日记》的原稿本,从而更加明了在戊戌政变发生后,朝廷上下一片白色恐怖,慈禧先是囚禁了光绪皇帝于瀛台,又杀了杨深秀、谭嗣同、康广仁等六君子。平

---

① 康有为:《杰士上书汇录》,故宫博物院藏。

日为人处世谨小慎微,如履薄冰的翁同龢,虽然已被革职,且远离京师,却仍然担心会牵连自己。因为翁氏深知推荐康有为一事,对当时朝局影响深远,守旧派对此十分痛恨。

果然,戊戌政变刚发生,守旧派官僚便要求追究翁同龢荐康有为之责任。军机大臣刚毅首先奏言曰:"翁同龢曾经面保康有为,谓其才胜臣百倍。此而不严惩,何以服牵连获咎诸臣。"①在慈禧和徐桐、刚毅等守旧朝臣重重压力之下,身居瀛台的光绪皇帝,亦颁布朱谕,揭出翁氏举荐康有为的更多细节。该朱谕称:

> 翁同龢授读以来,辅导无方,从未将经史大义,恺切敷陈。但以怡情适性之书画古玩等物,不时陈说,往往巧借事端,刺探朕意。至甲午年中东之役,主战主和,甚至议及迁避,信口侈陈,任意恣意,办理诸务,种种乖谬,以致不可收拾。今春力陈变法,密保康有为。谓其才胜伊百倍,意在举国以听。朕以时局艰难,亟图自强,于变法一事,不惮屈己以从。乃康有为乘变法之际,阴行其悖逆之谋,是翁同龢滥保匪人,已属罪无可逭。其余陈奏重大事件,朕间有驳诘。翁同龢辄怫然不悦,恫喝要挟,无所不至。词色甚为狂悖,其任性跋扈情形,事后追维,殊堪痛恨。前令其开缺回籍,实不足以蔽辜。翁同龢著即行革职,永不叙用。交地方官严加管束,不准滋生事端,以为大臣居心险诈者戒。钦此。②

与此朱谕内容颇有关联之处的朱谕,于光绪二十五年十月二十一日(1899年11月23日)再度向世人公布。其文曰:

> 世道人心之患,莫患于是非顺逆之不明,是以古圣贤有伪

---

① (清)陈夔龙:《梦蕉亭杂记》卷2,上海:上海古籍书店,1983年,第1页。
② 中国第一历史档案馆编:《光绪宣统两朝上谕档》(第24册),第539页。

辩之诛，有横议之戒，为其惑世诬民也。

朕自冲龄入承大统，笃荷皇太后恩勤教育，垂三十年。自甲午以来，时事艰难，益纷益弱，宵旰焦思，恐负慈闱付托之重，思缵列圣神武之谟，每冀得人以资振作。而翁同龢极荐康有为，并有其才胜臣百倍之语。孰意康有为密纠邪党，阴构逆谋，几陷朕躬于不孝；并倡为保中国不保大清之谋，遂有改君主为民主之计。经朕觉察，亟请圣慈训政，乃得转危为安。而康逆及其死党梁启超，先已逋逃，稽诛海外，犹复肆为簧鼓，刊布流言，其意在荧惑视听，离间宫庭。

迨谭钟麟查抄康逆等往来信函，有谭嗣同堪备伯里玺之选，是其种种逆谋，殊堪发指。凡我中外臣民，愤其狂悖者固多，而受其欺愚者千百中不无一二，不但不识是非，兼亦不明顺逆，所当切戒而明示之也。

自去秋训政以来，上下一心，宫府一体，勤求治理，绝无异同。而康逆等犹持维新守旧之论，煽惑狂躁喜事之徒，殊不知我朝圣圣相承，祖法昭垂，永宜遵守。且朕躬图治之意，但孜孜于强兵富国为急，今慈圣垂训之言，仍谆谆于保境交邻为念。

兹特明申诰谕，坦示朕心。凡我臣民，勿得轻听流言，妄生揣测。倘再构煽邪说，群相附和，去顺效逆，邦有常刑。至康有为、梁启超大逆不道，网漏吞舟，果尔稽诛，是无天理。近闻该逆等狼心未改。仍在沿海一带，倏往倏来。著海疆各督抚懔遵前旨，悬赏购弋。无论绅商士民，有能将康有为、梁启超，严密缉挐到案者，定必加以破格之赏。务使逆徒明正典刑，以申国宪。即使实难生获，但能设法致死，确有证据，亦必一体从优给赏。总之邪说虽煽，而忠臣孝子，必不忍闻；宪典虽宽，而乱臣贼子，决不能贷。将此通谕知之，实不足以蔽辜，翁同龢着即行革职，永不叙用；交地方官严加管束，不准滋生事端，以为大臣居心险诈者戒。①

光绪帝两次颁布的朱谕，都强调翁同龢于胶州湾事件后，极力推荐康有为，且均有"其才胜伊百倍"之语。光绪皇帝颁布朱谕，虽然是在守旧势力猖獗之时发表，但是，朱谕所述事实，不能说是凭空捏造。不少细节，见之于翁氏日记。因此，光绪皇帝朱谕的颁布，给远在常熟的翁同龢造成很大的压力。翁氏日记记曰：

《新闻报》纪十八日谕旨：严拿康梁二逆，并及康逆为翁同龢极荐，有其才百倍于臣之语，伏读悚惕。窃念康逆进身之日，已微臣去国之后，且屡陈此人居心叵测，不敢与往来。上索其书至再至三，卒传旨由张荫桓转索，送至军机处，同僚公封递上，不知书中所言何如也。厥后臣若在列，必不任此逆猖狂至此，而转因此获罪，惟有自艾而已。②

为了躲避灾难，翁氏开始将昔日在京师的日记仔细检阅，把涉及康有为的地方仔细进行了挖补改删。其中有两处改删至关重要：

其一，对于《马关条约》签署后，翁同龢变法心切，亲自与康有为面谈变法事。康氏《自编年谱》称，光绪二十一年闰五月初九日（1895年7月1日），前往翁府求见，记载颇详。而翁氏当天日记却云：

饭后，李莼客先生来长谈，此君举世目为狂生，自余观之，

---

① 《德宗景皇帝实录》卷455 "光绪二十五年十一月壬戌"条，北京：中华书局，1987年影印本。
② 陈义杰整理：《翁同龢日记》（第6册），第3241页。

盖策士也。①

　　这是一则经不起推敲的日记。文中的李莼客，即是李慈铭。李氏与翁同龢关系密切，二人之交往，在翁氏日记有较为翔实的记述。李慈铭本人已于光绪二十年（1894年）去世，不可能于第二年闰五月初九日"来长谈"。民国年间，金梁在编《近世人物志》翁同龢传时，已经发现翁氏是日所记李慈铭三个字，由康有为三个字改删而成的。2000年，笔者同村田雄二郎教授，专程由哈佛大学驱车前往莱溪居，去查对翁同龢日记手稿本，发现翁氏确实对李莼客三字进行精心贴补，手工之巧妙几乎可以乱真，不在强烈光线照耀下，根本无法看出改删之痕迹。而翁氏改删正发生在戊戌政变之后。李莼客已是年过花甲的老人，称"狂生"显然不妥，如换成康有为，就好解释了。

　　其二，笔者在阅读翁万戈先生提供的翁氏日记原稿本时，还发现翁同龢对他光绪二十三年十一月十八日（1897年12月11日）的日记有重要改动。此日日记有半页被剪去，而另外补贴了半页，手稿本有明显的贴补痕迹。

　　坊间流行的翁氏日记刊本曰：

　　　　早入，外折一，见起三刻……论胶事，上述慈谕看照会稿甚屈，以责诸臣不能整饬，坐致此侮。臣愧悔无地，因陈各国合谋图我，德今日所允，后日即翻，此非口舌所能了也。词多愤激，同列讶之。余实不敢不倾吐也。②

　　此页日记系翁氏后来重新改写。它隐瞒了一个重大的史实，即翁氏屈尊往访康有为，劝康氏留在京师，筹措变法。同样是这一

---

① 陈义杰整理：《翁同龢日记》（第5册），第2815页。
② 陈义杰整理：《翁同龢日记》（第6册），第3067页。

天的事情，在康有为自编年谱中亦有记载（前文已引，此处省略）。

此外，在《南海先生诗集》中，有《怀翁常熟去国》一首，与翁氏此日所记，亦极有关系。康氏诗云：

> 胶州警近圣人居，伏阙忧危数上书，已格九关空痛苦，但思吾党赋归欤？早携书剑将行马，忽枉轩裳特执裙，深惜追亡萧相国，天心存汉果何如？

康氏又对其诗加有附注云："胶变上书不达，思万木草堂学者，于十一月十九日束装将归。先是常熟已力荐于上，至是闻吾决行，凌晨来南海馆，吾卧未起，排闼入汗漫舫，留行，遂不获归。"[①]

康氏这里的注解，揭示了翁同龢屈尊往访的细节，只是把时间错误地推后了一天，应为十一月十八日。据清档记载，光绪二十三年十一月十九日（1897年12月12日），即有给事中高燮曾上书荐康。

将《翁同龢日记》与康有为自编年谱、《南海先生诗集》进行对照，可以发现翁氏重新缮写了光绪二十三年十一月十八日（1897年12月11日）的日记，将其探访康有为一事全部删除。因为修改之处太多，翁氏索性把半页日记剪掉，重新编写了这一天的日记。

翁同龢之所以动刀动剪，对日记进行剪贴改写，就是因为在慈禧等守旧派疯狂镇压维新派人士的恐怖环境下，他战战兢兢，日夜忧惧，生怕自己被牵连。对康有为这样的变法带头人，翁氏躲之犹恐不及，怎么能写出为康梁鸣不平的密札？密札的伪造者，对翁氏在戊戌政变后的真实处境，全然不知，对于戊戌变法的历史，实在谈不上真正的了解。

---

① 中国史学会主编：《中国近代史资料丛刊·戊戌变法》（第4册），第342页。

四、翁氏之密札藏于北京大学图书馆善本部

笔者在读赵平先生文章时还注意到,赵先生似乎不知道,张子扬送到《光明日报》发表的翁氏密札,在他的文章发表之前,已经有明确下落。长期以来,笔者比较关注此札之研究动向,又同翁万戈先生交往密切,故对此略知一二。

2010年10月间,承翁万戈先生告知,他回国向北京大学捐赠名画一事。此后,笔者又看到了2010年12月10日,《人民日报》(海外版)刊载何雁先生所写的文章——《翁同龢后代翁万戈:六世家藏传奇》。

该文叙述翁万戈先生,于2010年9月向北京大学捐赠明代画家吴斌所作的《勺园祓禊图》,并在北京大学访问的动人事迹。吴斌《勺园祓禊图》是描写其友人,明朝著名书法家米万钟在其私家园林,即现在的北京大学勺园,举行祓禊的情景。所谓祓禊,是古人在每年春三月,于水边举行的一种酌酒赋诗,除恶求福活动。如孔子于《论语·先进》中称:"暮春者,春服既成,冠者五六人,童子六七人,浴乎沂,风乎舞雩,咏而归。"这种活动在我国古代延续了很久,一直延续到清末。

吴斌的《勺园祓禊图》原为翁同龢收藏。翁万戈先生将这幅祖传名画,赠送给北京大学,可谓大公无私,终使名画得其所在。捐画仪式后,校方专门安排翁万戈先生到北京大学图书馆善本部参观,场面动人。何雁先生的文章笔触感人,图文并茂,故该文发表后,不胫而走,不少网站报刊竞相转载。有的转载者将题目改为《翁同龢后代翁万戈:高祖荐康梁得罪慈禧》。

何雁先生在描写翁万戈先生参观北京大学善本部时写道,翁

万戈被一封密信吸引住了：

> 今日太后临朝问康、梁事，甚急，面有怒容。弟之荐康、梁也，衷心无一毫不能告人处。足下所知，而世人作共见也。康、梁有经世之才，救国之方，此弟所以冒万死而不辞，必欲其才能为所用而后已也。今遭时忌，必欲抑之，使不得行其素志，究何为哉？是何心耶！太后且有不得康、梁，翁某亦有罪咎之语。呜呼，翁某岂畏罪之人哉？徒以有鲠在喉，不吐不快耳！足下知我最深，将何以救之耶？方寸已乱，书不成句，惟知我者谅之耳！
>
> 敬颂尊安
>
> 弟同龢上言
> 阅后乞付丙丁

密函无抬头，据推测，是写给总理衙门大臣廖寿恒的。①

何雁先生文章所引翁氏此通密札，与坊间流传的版本相比较，内容完全相同。而且，何文的重要性还在于，它释放了一个重要信息：1955年7月21日的《光明日报》刊布张子扬提供的翁同龢戊戌政变后密札原件，就收藏在北京大学的善本库内。

笔者曾在20世纪80年代初，多方寻找此函下落，均无结果。笔者还向当时主持《光明日报》理论部史学专栏的肖黎先生询问此事，肖兄答复，该报并未保存有此函。同时，他还告诉我，当时《光明日报》的史学专栏，曾由北京大学历史系教授翦伯赞等先生主持。这似乎也可以说明，为什么翁氏密札，现在还会收藏在北京大

---

① 何雁：《翁同龢后代翁万戈：六世家藏传奇》，《人民日报》（海外版）2010年12月10日，第007版。

学图书馆善本部。

虽然,笔者没有机会见到此札,却有一个强烈的愿望:倘若北京大学图书馆,或者是历史系的同仁,能请稍通书法鉴别者,对翁同龢此函从字体上予以鉴别,则争论了半个多世纪的问题,大约会很快水落石出。希望这一天能早日到来。

在长期阅读清人书札的过程中,笔者以为有以下几项是应该注意的。

其一,首先要搞清所论书札的来源。如果真是来自官方或者是清代官员及其后代所保存的档案,一般说来是可靠的,可以大胆使用。如中国第一历史档案馆中端方藏札、赵尔巽藏札,以及翁万戈先生所保存的《要函张帖》等。此类信函可以放心采用。如果是来自市场,或是私人间的转手交易,则必须仔细斟酌其真伪。

其二,对清人书札使用纸张,及其墨迹,要通过各种方法予以鉴别。

其三,书札作者的政治态度、生活习惯、文字风格及其书札写作时的行踪等,尽可能作详细了解。只有这样方可能对清人书札之真伪作出正确的判断。

晚清一次向高官送礼事件剖析
——以翁同龢《己丑年寿礼名册》为线索

中国是一个文明古国,礼仪之邦,送礼风俗可谓源远流长。《礼记·曲礼上》记曰:"圣人作,为礼以教人,使人以有礼,知自别于禽兽。太上贵德,其次务施报。礼尚往来,往而不来,非礼也;来而不往,亦非礼也。人有礼则安,无礼则危。"①上文中的礼含意,颇为广泛,其中即包括了送礼。无论是高官贵族,还是平民百姓,都讲究送礼。送礼风俗至今仍盛行不衰。但是,古人如何送礼,送多少,何人应该送,如何送法,这些在当时都很有讲究,也是今人不易知晓的。

最近,在整理多年前积累的史料时,发现一件翁同龢光绪十五年(1889年)过六十岁生日时,京城内外官员向他送礼的原始记录。②翁氏将这份记录命名为《己丑年寿礼名册》。应该说明的是,翁同龢并没有将这些一页一页的送礼清单,装订成册,而是单页保存。在这些单页中,笔者所见到的,只有李姓的京内外官员和五位王公贵族的送礼记录。众所周知,中国姓氏繁多,有百家姓之称。依笔者判断,翁氏肯定还有一些其他姓氏的京内外官员送礼记录,由于没有装订成册,年久散佚,故笔者未曾见到。

---

① (清)阮元校刻:《十三经注疏:清嘉庆刊本》,北京:中华书局,2013年,第2664~2665页。
② 清人普遍以虚岁计算年龄,刚出生即算一岁,以后每遇新年即增加一岁。

《己丑年寿礼名册》，是一件很特殊的社会史史料。盖因中国自古以来，就有送礼的习俗，尤其是向当官的送礼，更是一种长期的、普遍的现象。但是，像翁同龢这样，分门别类地详细记载送礼的人名，及所送礼品名称与数量的清单，实不多见。因为贪官污吏，对收礼纳贿，总是千方百计地掩盖躲藏，生怕外人知晓，而不会像翁同龢这样，记之于册，传诸后世。

这件难得一见的史料，是多年前在翁万戈（翁同龢五世孙）先生保存的零碎册页卷宗里发现的。翁先生并没有专门整理研究这些零散的册页，只是将它们系统地收集存放在一个专门的卷宗内。

一、官员们为何争先恐后地给翁同龢送礼

送礼是颇为复杂的历史现象。礼物送给什么样的人，这是每个送礼者都首先要考虑的。光绪朝中叶，为何京内外官员纷纷给翁同龢送礼？这与翁氏在朝廷的特殊地位紧密相关。

翁同龢自光绪初年即在毓庆宫行走，充当光绪皇帝的启蒙师傅。这是一个很受人尊崇的职位。慈禧之所以选择翁同龢担任此项职务，是与翁同龢学问渊博、人品端正紧密相关的。另一个原因，则是翁同龢的家庭出身好，既是书香门第，又是高官之子。其父翁心存，官至大学士，长期在上书房行走，是同治皇帝的师傅。在慈禧、奕訢等策动的辛酉政变中，翁心存立场鲜明地站在肃顺等人的对立面。这也是光绪初年，慈禧挑选翁同龢在毓庆宫行走的重要原因。到了光绪九年（1883年），由于翁同龢在毓庆宫授读，颇著辛劳，帝后之间关系亦尚融洽。因此，慈禧又任命翁同龢以户部尚书兼任军机大臣。翁同龢的仕途可谓一帆风顺，大权在握。京内外的官员们对翁氏都刮目相看。

在翁同龢担任军机大臣的第二个年头,清廷发生了一次严重危机,史称"甲申易枢"。当时,中法交战,内外矛盾空前激烈。诡计多端的慈禧,担心主持军机事务的恭亲王奕䜣大权在握,尾大不掉,将来会威胁到自己的权势。于是,她利用盛昱上书的机会,将以奕䜣为首的军机大臣全部罢免。翁同龢作为军机大臣,自然也受了牵连,随同奕䜣一起退出了军机处。

　　然而,此次宫廷之争的矛头,针对的是恭亲王奕䜣。因此,慈禧对翁同龢信任依旧,翁氏虽然退出军机处,却仍然担任户部尚书,且继续在毓庆宫行走。正是由于这些原因,光绪十五年(1889年),翁氏六十岁生日之际,正是他春风得意之时。到了翁同龢过生日这一天,前来送礼者络绎不绝。为人正派,办事谨小慎微的翁同龢,担心庆典过后,会将送礼细节遗忘,故而专门亲笔书写了一个《己丑年寿礼名册》,以便留作自己日后参考。

二、李姓官员送礼记录

　　翁万戈先生保存的《己丑年寿礼名册》,是按姓氏分门别类,记载送礼者的姓名、所送礼品名称数量,以及这些礼品如何处置,是收下还是退回,或者部分收下。对于退回的礼品,翁氏仅用一"璧"字,盖略取其完璧归赵之意。笔者所见到的《己丑年寿礼名册》,虽然只有数页,字数不多,但是所包含内容却十分重要。翁万戈先生所保存的这份档案,共有两大部分:其一是京城内外李姓汉族官员,其二是满蒙亲贵送礼者。第一部分是京城内外李姓汉族官员送礼的详细记载。翁氏记曰:

　　　　六十岁赐寿,己丑年寿礼:
　　　　李文田,帐、酒、寿面、烛,受;酒席四桌,璧。

李中堂(鸿藻),羊(洋)酒、蹄腿、帐、如意。
李锡文,子玉芬,侄庆延,帐、酒、烛。
李希莲,子光裕,帐、烛、酒、瓷器四匣,受;如意、璧。
李葆实,二两。
李士瓒,酒、烛、桃、面。
李威,翅席。
李嘉乐,五十两,璧。
李沛深,二两。
李经畲,丝根蟠桃、缎帐、烛、酒,受;玉石酒杯、如意、茶、腿、璧。
李中堂(天津),如意、绣缎帐、蟒袍、花翎二支。
李传治,二两。
李佩铭,二两。
李德炳,二两。
李焕尧,二两。
李坤,二两。
李慈铭,四两。
李桂林,二两。
李绍勋,酒、烛。
李光宇,八两。
李士鉁,二两。
李盛铎,卅二两。
李慈铭,三人合帐。
李培元,上书房九人公帐。
李元桢,半帐。
李锡彬,四人帐,酒、烛、桃。

李墨林,二两。①

翁同龢《己丑年寿礼名册》所罗列的京内外李姓官员共二十六人,另外还附有官员的子、侄辈三人。翁氏大约是按照送礼的先后次序排列的。中国姓氏繁多,有百家姓之称,而实际上中国的姓氏,比百家姓还要多。因此,按照比较保守的估计,此次参加送礼的官员应有一二百人,或者更多些。这支送礼队伍,有一个显著的特点:由于翁同龢系状元出身,本人又多次主持科举考试,因此,在这些送礼官员中,为数最多的是科举中之佼佼者,即获得进士头衔的送礼者,居然有十人之多,占李姓送礼者的三成还多。按说,能够得到进士,对读书人来说,是一件十分荣耀的事情。可是,这些科举路上的幸运儿,虽然得到了进士头衔,在经济上并不是人人富裕。那些没有大宗经济收入的进士们,只能在京城过着清贫的日子。在遇到与自己命运密切相关的官员生日庆典时,他们只能不约而同地送出区区二两银子。二两银子,这大约是当时京城困窘的进士们,送礼时一个约定俗成的标准。

三、几位特殊的送礼者

翁万戈先生保存的《己丑年寿礼名册》,对研究历史人物,提供了十分重要的线索。它可以从一个侧面,加深对晚清一些重要人物的了解。

譬如,清单中所记载的北洋大臣李鸿章与军机大臣李鸿藻两位中堂,可谓高官显要,他们所送礼品不但珍贵,而且数量也多,翁氏照单全收,也没有璧还。以笔者推测,在他们过寿时,翁氏大约

---

① 《己丑年寿礼名册》(原件),翁万戈藏。

会返还给他们价值相当的礼品。这大约是高官之间达成的默契。寿礼单似乎可以说明,翁同龢与李鸿章在光绪十五年,彼此关系还是比较融洽的。真正的翁李交恶,应始于较晚的甲午战争时期。同时,还应该注意,直隶总督李鸿章不但自己送厚礼,他的侄儿李经畲,所送的礼品亦品种繁多,而且十分珍贵,几乎是整个李姓官员名单中送礼最多者。

李经畲,字伯雄,号新吾,系李鸿章长兄李瀚章之长子,光绪庚寅(1890年)恩科进士,殿试二甲,朝考一等;选翰林院庶吉士,授职编修,历任翰林院侍讲,实录馆提调,兵部武选司员外郎。由李经畲之简历可以看出,他在翁氏六十寿辰时,还只是一个举人,当时正忙于准备考试,显然他是代替其父李瀚章送礼。李瀚章久任封疆,宦囊丰厚,故在翁氏六旬庆典时,送了一份厚礼。

清季京城送礼,还有一种很古怪的现象,自己穷得几乎揭不开锅的小京官,"比日穷困不堪","负债多如牛毛",而在翁同龢过六旬生日之际,却要想方设法地给翁氏送礼。

最典型的代表人物是李慈铭。李氏原名模,字式侯,改名慈铭,字爱伯,号莼客,室号为越缦堂,晚年又自称越缦老人。李氏长期过着十分清贫的京官生活,可是,当翁同龢生日来临,李氏表现格外积极,先是送银四两,而后又与其他两人合伙送生日礼帐。李慈铭的反常举动,表明了他与翁同龢之间非同一般的密切关系,值得予以关注。笔者还曾见到过李慈铭写给翁同龢书信数种,可知李氏与翁同龢之间有着不同寻常的关系。

另一位值得注意的送礼者,是清末政坛活跃人物李盛铎。李盛铎,字嶬樵,又字椒微,号木斋,江西德化县人。在翁同龢过生日之际,李氏送银多达三十二两,远远超出平均水平,实属不同寻常。从李盛铎所送礼品可以断定,李氏非但家庭阔绰,而且深知金钱可以通神的诀窍,并以此博取当政者好感,以换取自己的美好前程。

据此不难想到,李盛铎在新旧两党斗争激烈的戊戌年春季,颇倾向新党,曾代替康有为等上书条陈新政,而且参加发起保国会。可是,在戊戌政变后,李盛铎非但没有受惩处,反而能够担任出使日本大臣,后来又能够飞黄腾达。这与李盛铎用金钱开路,买通荣禄等权臣支持,有直接关系。荣禄、奕劻等权贵爱财如命,对送礼者,可谓来者不拒,李氏正投其所好。

再有,排在送礼册首位的李文田,字畲光、仲约,号若农、芍农,广东顺德人。李文田是广东翰林中的前辈。翁氏于咸丰十年闰三月十二日(1860年5月2日)的日记中记曰:"广东李若农编修,赋甚闳丽,叹为奇才。"①"若农博览能文,丹铅不去手。"②可见,翁同龢对李文田的才华,可谓推崇备至。光绪二十一年(1895年)十月,李文田去世,翁氏又于日记中记曰:"哭若农,为之摧绝。若农身后萧条,差囊尽买书矣,其子渊硕,年十五,号踊如成人,可怜可怜。"③翁氏还送有专门写给李文田的挽联。挽联称:"积感填膺,斯人竟以衡文老;遗书满箧,余事犹堪艺术传"。可见,翁同龢对李文田的人品和学术评价很高,印象极佳。翁氏过六旬庆典时,李氏首当其冲,率先将礼品奉上。正因为如此,翁氏将李文田置于己丑送礼册官员名单的首位。

四、王公亲贵争相送厚礼

翁万戈先生保存的《己丑年寿礼名册》的第二部分,系京城王

---

① 陈义杰整理:《翁同龢日记》(第1册),中华书局,1989年,第51页。
② 陈义杰整理:《翁同龢日记》(第1册),第53页。
③ (清)金梁:《近世人物志》,1934年排印本,第32页。

公贵族送礼的记录。翁氏记曰：

　　恭亲王，如意、帐、猪、酒。

　　庆王，如意、宝烛、莲乐画，收；书两部、佛一轴、猪、酒，璧。

　　伯王，如意、猪、羊、酒。

　　克王，如意。

　　醇亲王，蟒袍、袍褂、补子、燕席、御笔朱拓二轴、酒二坛。①

　　在上述名单中的伯王，系指蒙古亲王僧格林沁之子伯彦讷谟祜，僧格林沁阵亡后，其子伯彦讷谟祜袭爵。

　　克王，则系指爱新觉罗·晋祺。晋祺，生于道光二十年（1840年，存疑），卒于光绪二十六年（1900年），封号为克勤郡王。晋祺与翁家颇有些交往，故亦给翁同龢送了如意。

　　翁万戈所保存的己丑年送礼名单中，仅仅罗列了恭亲王奕䜣、庆亲王奕劻、伯王伯颜纳谟祜、克勤郡王晋祺，以及光绪帝生父醇亲王奕譞。当时京城的王公贵族、亲王、郡王人数甚多，而列入送礼单者，只有此五人，说明他们是京城政坛的重臣，且与翁同龢交往频繁。除了克勤郡王晋祺之外，其余四位，都曾经在晚清政坛独当一面，执掌国家军政大权，与清王朝命运密切相关，且长期与翁同龢共事。

　　此外，还应注意，翁同龢的记录中，只称奕䜣为恭亲王，奕譞为醇亲王，其余三人只称王，而不称亲王。翁氏显然是在区分，这五位送礼者，虽然均为显赫王公贵族，但是，与皇室的关系，亦有远近之别。

　　再有，在这五位送寿礼的王公贵族中，送八件者，只有庆王奕劻与醇亲王奕譞。这种现象展示了这二位掌控军机处实权多年的亲王，与翁同龢之间更有一层特殊的关系。

---

① 《己丑年寿礼名册》（原件），翁万戈藏。

五、翁同龢与恭亲王奕䜣

在阅读《己丑年寿礼名册》时,笔者最感惊奇的是,恭亲王奕䜣在翁同龢六旬生日庆典时,也送了一份厚礼。奕䜣乃道光皇帝第六子,曾在咸丰末年与慈禧配合,促成了热河政变,将怡亲王载垣、郑亲王端华以及肃顺等顾命八大臣打翻在地,故得以在同治朝与光绪前期,主持军机处事务。但是,在光绪十年(1884年),慈禧担心大权旁落,在中法战争期间,将奕䜣彻底打入冷宫,让其闭门思过。从此,奕䜣退出了政坛,待在恭王府中,几乎没有参与任何政务决策。

然而,翁同龢生日寿礼单王公亲贵部分,首先开列了恭亲王奕䜣,说明恭亲王与翁同龢当时的关系相当不错。恭亲王能送出这份厚礼,是很不寻常的。说明翁氏很懂得如何为人处世。因为在光绪十年"甲申易枢"风暴中,慈禧利用盛昱上书的机会,指责军机首辅奕䜣在战争中,措施不当,贻误军机,将整个军机处连锅端掉,重新换上了礼亲王世铎为首辅的军机班子,其中包括张之万、孙毓汶,而醇亲王奕譞,则遥控政局。

奕䜣被罢职后,闲居在家中,愤愤不平,曾发出"猛拍栏杆思往事,一切春梦不分明"的感叹。翁同龢虽然同奕䜣一起退出了军机处,却仍在毓庆宫行走,说明慈禧对翁氏圣眷未衰。而且,翁同龢与光绪帝的生父奕譞关系非常密切。《朴园越议》的发现可以说明,他们虽同居京城,却彼此书信往还,几无虚日,其关系密切,在亲贵与朝臣中无人可比。① 翁同龢六旬庆寿之际,"甲申易枢"已

---

① 孔祥吉:《朴园越议与中法战争时之清廷》,见拙著《晚清史探微》,成都:巴蜀书社,2001年,第336～355页。

经过去五年,闲居府中的恭亲王送礼如此贵重,说明翁氏私下仍保持着与恭王良好的关系,非常不易。笔者相信,遇逢年过节或奕䜣过生日时,翁同龢必定登门拜节,且送的礼品一定更为珍贵,借以维持与恭王之间的友情。

翁同龢与恭亲王关系良好,还有一层更特殊原因,即恭亲王是翁心存在上书房精心调教的学生。对于经国治世之学颇有一番心得的恭亲王,对翁心存心怀感激,故在很长时间内与他保持着良好的关系。这层关系在翁家精心保存的奕䜣写给翁心存的亲笔书信中得到证实。恭亲王在信中写道:

受业恭亲王奕䜣,谨请师傅钧安:

　　敬禀者,适闻得密云所属之白河、潮河,水深约有丈余,波浪翻翻,水石相博,舆马皆不能渡,而渡船甚属寥寥。

　　伏思祭差重大,倘有贻误,厥咎甚重。䜣再四思维,惟有仰恳师傅劄饬该县,令其务备船只,以便渡河,可期祭差无误是幸。其沿途地方,倘有供应,断不收受。现已谆谕随从人员等,概不准稍有骚扰,谅可上慰廑怀。

奕䜣谨禀①

恭亲王此信,写得规规矩矩,非常诚恳。他虽然贵为皇子,且已加封亲王,位高权重,可是,仍然对师傅如此毕恭毕敬。晚清时的师道尊严,于此可略见一斑。此信还专门提道:沿途"供应","概不准"收取,说明当时社会上送礼之风,比较盛行,因此奕䜣才专门谈及概不收礼,请老师放心。中国自古有"一日为师,终身为父"之传统。由于这层师生关系,奕䜣一直与翁家保持着亲近状态。此

---

① (清)奕䜣:《致师傅翁心存函》(未刊原稿),翁万戈先生提供。

外,奕䜣与翁家之关系,还可以在翁万戈先生保存的恭亲王写给翁同龢的另一通信函中,得到充分体现。奕䜣信函称:

六兄大人如晤:

日前蒙惠膏药,甚佳。刻下足敷应用,数月后当须接济是恳。顷见高庙悬挂墨宝楹联:鰕菜亭蠲鱼稻税,文官果熟秀才园(旁注,此净业湖上故实)。未悉二语出处,撰自何人,并载在某书?祈示知为荷。专此。

即候勋祺。

恭亲王启①

上函中所称高庙,乃是京城什刹海的一处景点,位于什刹海西北沿。高庙亦称普济寺,因地势较高,故被俗称为"高庙"。什刹海风景如画,环境清幽,一年四季,游人如织。诚如《燕京岁时记》描绘云:"十刹海……在地安门迤西,荷花最盛。每至六月,士女云集……凡花开时,北岸一带风景最佳:绿柳丝垂,红衣腻粉,花光人面,掩映迷离,直不知人之为人花之为花矣。"②

恭亲王此函,专门向翁同龢请教了一个具体问题:高庙所悬挂的楹联出处,未知翁氏如何解答。恭王在该信开头,称翁同龢为"六兄大人",亦可反映他们之间存在的特殊关系。这两通难得一见的书信,证实了恭亲王同翁心存、翁同龢父子之间的关系,可谓源远流长。但是,这层关系也并非一成不变。随着岁月流逝,政局更迭,尤其是在光绪帝亲政后,私心极重的慈禧,把住权力不愿意

---

① (清)奕䜣:《致翁同龢函》(未刊原稿),翁万戈先生提供。
② (清)富察敦崇:《十刹海》,《帝京岁时纪胜 燕京岁时记》(合订),北京:北京古籍出版社,1981年,第73页。

放弃。于是,帝后之间争权夺势的矛盾,日趋尖锐,以至到两年后,醇亲王病重也不敢自请医生,事事都要听命于慈禧,最后居然战战兢兢地离开人世。

帝后关系发展到甲午战争时,已经十分紧张,以至于光绪帝发出"若不给事权,宁愿退位"的呼唤。而重新出山的恭王奕䜣,此时也变得比先前对慈禧更加恭顺,虽在帝后间极力调和,但是在很多方面,都是看慈禧的脸色行事。尤其在是否采纳改革派的建议,以及如何推行新法等问题上,恭王坚决反对光绪帝引进康有为进行变政的做法。无论是慈禧,还是奕䜣,都将推荐康有为的责任,归咎于翁同龢。百日维新前夕,恭亲王已经是病入膏肓,仍愤懑不平地指责翁氏行为不当,且有谓"聚九州之铁不能铸此大错"的遗言,①说明了恭亲王同翁同龢当时关系非常紧张。这同翁氏六旬庆典时,已经不可同日而语了。

六、对于寿礼单的评述

翁同龢的《己丑年寿礼名册》,是一件不可多得的晚清社会史与政治史的重要史料。读者可以从翁氏送礼记录中,了解晚清高官过寿时所崇尚的礼品,以及送礼者依据自己所处的地位、富裕程度,选择礼品的种类及数量。

首先是所送礼品的种类。从翁同龢的寿礼单可以看出,光绪朝中叶,北京最时兴所送礼品,首先是银两。除此之外,王公贵族及高官们几乎每人都送了如意。如意是中国传统工艺品,是一种

---

① 中国史学会主编:《中国近代史资料丛刊·戊戌变法》(第3册),上海:神州国光社,1953年,第381页。

象征祥瑞的器物,起源于古代的"爪仗",通常以玉石雕琢而成。醇亲王奕譞,虽然未送如意,却送了几件比如意更为珍贵的礼品。这表明了醇亲王与教养他儿子读书老师之间的深情厚谊。

除银两、如意之外,当时过寿所送礼品最多的是帐、烛、酒等数种,这同现在有很大区别,帐、烛已经不再是今日送礼的物品了。

其次,晚清所送礼品数量多少,也颇有些讲究。当送礼者选择只送银两等礼品时,可以不计件数。如果要改送其他物件,则往往会选择四件或八件,以为这样可称吉祥。这种数量上的讲究,可以从五位王公贵族所送礼品中看得十分清楚。在五位王公贵族中,克王的经济实力,或其地位,均无法同其他四位相比,故只选择送如意一种。恭亲王与伯王各送礼物四种。庆王与醇亲王各送礼物八件。

最后,在评论翁氏六旬生日庆典时,还应该厘清送礼与行贿之区别。送礼与行贿是两种既有联系又有区别的复杂的社会现象。送礼是人之常情,行贿则是别有用心;送礼者日后可能得到或多或少的赏还,而行贿者通常是有去无回。话虽如此说,送礼与行贿在现实生活中,经常很难区分,有时很容易将二者均视作贿赂。翁氏能够将送礼者原原本本记录下来,可以推断其本人在六旬庆典中的行为,主要的应该是接受礼品,似乎不应该视作贪赃受贿。此事关系到历史人物的品格问题,尤其应该仔细斟酌,小心评判。

一个有力的证据是,在翁氏的《己丑年寿礼名册》记录中,罗列了李葆实等十名进士,每人奉献二两银子,作为送给老师的寿礼。翁氏不但收下,而且把他们的名字,都登录在名单中。二两银子,对当时的翁同龢来说,实在是微不足道。这十多位弟子的进呈的总和,不过二十两。可是,翁同龢还是原原本本地将十位送礼者一一记录下来,说明翁氏看重的是师生情谊,而不是金钱。

与此形成鲜明对照的是李嘉乐。李氏字德申，河南光州（今河南光山县）人。他一个人独自奉献贺礼五十两，翁氏却分文不取，原封不动地退回。因此，可以明显看出，翁氏看重的是情谊而不是财物。

　　更有趣的是，李嘉乐本人是当时出了名的廉洁官员，世人以"一国俭"称之。这似乎可以说明，尽管有如此众多的官员送礼，也没有损坏翁同龢在当时官场中的清廉名声。翁氏生活于晚清时代，当时的朝廷已经十分腐朽，社会上贿赂盛行，翁氏尽管廉洁，亦不能摆脱人之常情的局限。

晚清北京风水热与皇家风水大师英年

风水,亦称堪舆。《淮南子·天文训》说:"北斗之神有雌雄。……堪舆徐行。"《辞海》引用许慎之注解释称"堪,天道也;舆,地道也"。司马迁《史记·日者列传》中有"孝武帝时聚会占家问之,某日可取妇乎?五行家曰可,堪舆家曰不可"①之记载。可见堪舆之说,在中国流传久矣。风水作为一门学问,"五四"以来在中国一直有争议。近年来,风水之术,在国内颇为盛行。呜呼! 余对堪舆之术,可谓一窍不通也。然对晚清北京之风水热,与皇家风水大师英年,却略知一二,兹略述于下,供方家参酌焉。

一、晚清京师之风水热

风水之说,大约是利用周易八卦等有关知识,于现实生活中勘测园林宅地,官府殿堂,有着广泛的应用。风水先生,不但为人们选择房舍、坟地等建筑物的位置及朝向,甚至还包括兴工动土的具体时间。盖因此种兴建,与其家人及后辈的福祉长寿,官运亨通有密切关系。晚清时节,风水之术在北京有很大市场,从庙堂高官,到平头百姓,几乎个个相信风水。即使是一些很有近代科学知识的有名的先进人物,每遇兴工动土之机,亦无不请风水先生指点。

晚清京师之风水热,首先与朝廷的提倡与带头有很大关系。

---

① 辞海编辑委员会编:《辞海》(上册),上海:上海辞书出版社,1979年,第1241页。

皇家无论是在紫禁城内兴修殿堂,或是在郊外为帝王寻觅"万年吉地",毫无疑问,都是堪舆先行。即使是一些微不足道的小事,也离不开风水先生。在此不妨试举一例。

咸丰皇帝仅有一子,乃慈禧所生。当时慈禧在宫中的地位,尚不引人注目,其名号仅为懿嫔。据《清史稿·后妃传》载:"康熙以后,典制大备。皇后居中宫;皇贵妃一,贵妃二,妃四,嫔六,贵人、常在、答应无定数,分居东、西十二宫。"①不言而喻,懿嫔在宫中之地位,相当低下。可是,自从她生育儿子之后,母以子贵,骤然使"六宫粉黛无颜色"。五年之后,咸丰皇帝命丧热河,慈禧以母后垂帘,与慈安平起平坐。在浩如烟海的清代档案中,居然存有记载懿嫔在皇上宠幸后,怀胎及分娩之专门簿册。咸丰五年(1855年)秋季,当皇上知道懿嫔遇喜之后,欣喜无量,多方体贴。在她分娩之前,风水先生也派上了用场。据清宫簿册记载:

> 咸丰六年正月初九日,未正三刻,钦天监博士张熙来至懿嫔所居住之储秀宫,在其宫殿内外,仔细勘测,反复斟酌,最后才确定:"储秀宫后殿,明间东边门北大吉。"②

清朝之钦天监,本来是执掌观察天象,推算节气,制定历法的。其中设有漏刻博士,其职能是执掌天文历法换算,仅从九品。这位到储秀宫勘测的张先生,职称应为漏刻博士,但是,却深通堪舆之术。张博士将吉祥位置确定之后,"正月二十四日午时,总管太监韩来玉,带领内务府营造司首领太监三名,至储秀宫",于储秀宫后殿明间东边门北,刨喜坑一个。接着,引姥姥二名,至所挖喜坑之

---

① (清)赵尔巽等:《清史稿》卷214《列传一·后妃》,北京:中华书局,1977年,第8879页。
② 《懿嫔遇喜档》,中国第一历史档案馆藏。

前,口中念念有词,谓之唱喜歌。同时将"筷子、红绸、金银、八宝"等均置于喜坑之内,①盖寓快生儿子,长寿发财之意。此乃懿嫔分娩前,最重要的一次风水活动。咸丰六年三月二十三日(1856年4月27日)未时,紫禁城内一个白胖小子呱呱坠地,取名曰载淳,即后来的同治皇帝。风水先生张博士,大概是功不可没的。可是,这位同治皇帝并无作为,而且仅活了19岁。当然,这同张博士的风水预测,应该是没有关系的。

晚清京师之风水热,在满人贵族高官中,尤为盛行。他们大多文化水平低下,却身处高位,享尽荣华富贵,很想把这种特权代代相传,于是乎便经常请风水先生相助。一品大员总管内务府大臣茂林及其兄弟,可谓这方面的代表人物。据清人笔记揭示:

> 堪舆之说,世多信之。尤以葬地为重,能令后世子孙穷通。光绪初,有内务府大臣茂林,与其兄庆林,即因造茔获罪者也。二君皆由织造差归京,本腆仕。庆亦官至三院卿。久慕觉生寺(即大钟寺,每逢祈雨在此)附近地方为吉壤。以明索氏茔地在彼,累代富显,遂夤缘寺主僧,购地若干亩,正在修建,而为御史所参。盖其地为祈雨设坛之地。又值光绪二、三年,晋、豫大饥之时,祈雨屡不应,遂派大臣查办,属实。庆、茂皆革职,发军台,僧亦判罪。当修茔时,其地所出之蛇无算,庆之子文某,为蛇所祟,即成疯癫而死。其犹子文某,后官银库郎中,予曾识之。其后人尚有在仕途者。世居东城东堂子胡同,其宅尚在,屡易主矣。②

此文所述,可谓言之不虚。余于清宫档案中,寻获其相关

---

① 《懿嫔遇喜档》,中国第一历史档案馆藏。
② (清)崇彝:《道咸以来朝野杂记》,北京:北京古籍出版社,1982年,第16页。

记载：

  光绪四年四月初八日(1878年5月9日)，大学士管理吏部事务宝鋆等，呈递有《为遵旨严议总管内务府大臣茂林等员，私行商换觉生寺官地，建茔开濠处分事折》。该折奏称：

> 茂林等所立茔地，系觉生寺随庙官地，有案可稽，又属祈雨设坛之所；辄敢私行商换，建茔开濠，以致坛基逼窄，非寻常占用官地可比。总管内务府大臣茂林、奉宸苑卿庆林，均著交部严加议处。僧录司正印僧人真实，擅令寺僧显澄，换卖官地，并立券具结；僧人显澄，擅收折换官地银两，均著交部照例治罪。……应请将总管内务府大臣茂林革职留任，奉宸苑卿庆林，均照违制私罪律革职例，议以革职，严加议处。①

  大学士宝鋆等人此折递上后，皇帝余怒未消，不但将茂林兄弟革职，并且将其发配至察哈尔充军。② 盖因其行为破坏了皇家风水。此觉生寺离中国人民大学近在咫尺，余经常步行至该寺，却不曾知此地乃是皇家之风水宝地。

  晚清京师之风水热，不仅在满人中盛行，在人数众多的汉族官僚及百姓中也大有市场。几乎可以说，上自天子，下至庶民，无人不信服此说。何以言之？余有一典型材料，可为此说佐证。

  陈炽，字次亮，号瑶林馆主，江西瑞金人，乃近代史上有名的先知先觉人物。他好学深思，忧国忧民，早在19世纪80年代，陈炽即为在中国开设议院奔走呼号。陈氏于《庸书》中，高度评价泰西议院之法，"合君民为一体，同上下为一心"，"英美各邦所以强兵富

---

① 《为遵旨严议总管内务府大臣茂林等员，私行商换觉生寺官地，建茔开濠处分事折》，《录副奏折档》，光绪朝，中国第一历史档案馆藏。

② 《察哈尔都统穆图善等为废员茂林庆林报效军台津贴银两请旨赏收折》，《录副奏折档》，光绪朝，中国第一历史档案馆藏。

国,纵横四海之根源也";①又称赞华盛顿"有国而不私于一身"的民主精神。甲午战争败讯传来,他痛心疾首,带头成立京师强学会,被举为该会之"提调"。他曾经对康有为等强学会骨干称:"如欲平治天下,当今之世,舍我其谁?"②其雄志大略,可见一斑。可惜,由于守旧派百般阻挠,陈炽的救亡愿望无法实现,他"郁郁不得志,酒前灯下,往往高歌痛哭,若病若狂",最后赍志以殁。③ 然而,令人不可思议的是,像陈炽这样的近代史上有名的先知先觉者,居然也是风水之说的虔诚信徒。他于光绪二十二年(1896年)给友人之信称:

木斋仁棣大人执事:

  前承赐唁,铭感无涯,容日再拜⋯⋯炽今岁南旋,营办葬事,向有山地一段,在舍东一里之遥,系一友周某所择,以形势论,似非虑假。惟周君已作古人,炽于峦头,略曾究心于理气,憾无所识,山地关系利害,与平阳(原)大不相同。又祖遗山庄破旧,现须略加修改,一切皆须请高明指授,始可动工。

  兴国地师虽多,能者亦少。闻府上前此所延某君,学问文章,均超我辈,即以堪舆论,亦杨曾之亚也。但不识此君今在何方?能否年里延请,以开茅塞而决群疑。承吾弟执爱逾恒,可否乞费心代作一书商订,如果惠然肯来,一切当以师礼事之,不敢作寻常款待也。再燕生言有某君者,所业尤高,未知确否?三希堂法帖影本,拟乞见赐一部,归里临摹,一切统容图报。

---

① 赵树贵、曾丽雅编:《陈炽集》,北京:中华书局,1997年,第107页。
② (清)陈炽:《致云阁仁弟函》(原件)。
③ 孔祥吉:《晚清史探微》,成都:巴蜀书社,2001年,第136页。

手沏奉恳,敬请开安。

如裳制炽叩首上①

收信人木斋,李盛铎也。不论是陈炽,还是李盛铎,都是晚清很有学问,头脑机敏之人,又均为京师强学会之成员,而对风水之学,如此信服,着实令人惊叹!

二、皇家的风水大师英年

北京城里高官多,信风水的人多,风水先生也多。而且,上有所好,下必有之。清皇室如此看重风水,于是,官场中一些颇有名气的风水先生便应运而生。当时,在北京官场出现了一位很有名的风水先生,此人的名字叫英年,专门为皇家看风水。《清史稿》辑有英年传,文字不长,兹征引如下:

> 英年,字菊侪,姓何氏,隶内务府,为汉军正白旗人。以贡生考取笔帖式,累迁郎中兼护军参领。光绪中,历奉宸苑卿、左翼总兵、正红旗汉军副都统、工部右侍郎,调户部。拳匪乱作,以英年、载澜副载勋、刚毅统之。载勋等出示,招致义民助攻使馆,英年弗能阻,匪益横,任意戕杀官民。联军既陷京师,两宫幸西安,英年充行在查营大臣,旋授左都御史。行次猗氏,知县玉宝供张不备,疏劾之。款成,各使议惩首祸,英年褫职论斩,羁西安狱,寻赐自尽。②

《清史稿》所述,系据官方文书档册之记载撮要而成,虽然所记

---

① (清)陈炽:《致木斋仁棣函》(原件)。
② (清)赵尔巽等撰:《清史稿》卷465《列传二百五十二·英年》,第12754页。

英年履历及官职较确,但对其何以能由笔帖式,迅速升任左翼总兵,正红旗副都统,并任工部堂官、左都御史等高官之内在原因,未能予以揭示。其实,英年升官有一个捷径,即通达堪舆之术。近人崇彝,乃咸丰年间大学士柏俊之孙,出身世家,见多识广,他对英年之升官原因,有妙笔揭示。崇彝云:

> 英年,字菊侪,姓何氏,初为内务府员外郎。本寒士,通风鉴之术,以夤缘李莲英辈,正值光绪十二三年,修三海、颐和园之役,为看苑中风水,盖先得内侍消息,凡宫中所欲作者,皆迎合懿旨,故得进身。数年之间,由三院卿(不记何院)骤升工部侍郎,且兼左右翼总兵,其居在奶子府府墙夹道,屋宇湫隘,为总兵时,至不能备官弁(箭手、技勇兵,例为长官守卫)住所。居数年,始买总捕胡同大宅,迁居不经年,即遇庚子之祸(以纵拳之嫌,赐死在行在)。……铁郎中彦甫,即其长子。①

上文中所谓通风鉴之术,实际上就是会看风水。按照崇彝的说法,英年官运亨通的原因,是因为精通堪舆之术,并且是为皇家看风水,又有李莲英做内应,因此,宦途一帆风顺,节节高升。崇彝的说法,余以为非常可信。因为有清宫档案史料,可为其说提供佐证。据光绪朝中叶,兴修颐和园时所保留下来之原始档案记载,英年的确曾为颐和园之风水师。余所见到的由英年开列的堪舆风水单,凡两件。

其一曰,英年奏,为选择颐和园寿膳房开凿井座方位吉日事:

> 奴才英年,谨看得颐和园寿善房,开凿井座,宜在头层房院内东南巽方,谨择于四月初九乙卯日,宜用明堂,己卯时兴

---

① (清)崇彝:《道咸以来朝野杂记》,第24页。

修吉。光绪十七年。①

其二曰，英年呈，颐和园开钻山门桶等工，择得动土兴修吉日吉时单：

>　　奴才英年，谨看得听鹂馆正殿之西，顺山殿西山前廊，开钻山门桶一座；顺西泊岸，向南添修爬山踏跺一座；钻山门外，添安木影壁一座；系辛方芒种后月德合在辛，宜修造西北维。谨择于五月十六壬辰日，宜用明堂，乙巳时动土兴修吉。②

英年这两件为颐和园寿膳房、听鹂馆等一系列相关建筑物所开的风水单，不但指明了方位及朝向，而且，还确定了兴工动土的具体时间，堪称是颐和园建筑史上之稀见史料，也是研究近代风水史的重要实物。

三海及颐和园完工之后，凡遇与风水有关的事宜，慈禧总让英年亲手办理。如光绪二十二年（1896年），清东陵发现虫灾，本来是自然灾害。但因在皇家陵寝的风水墙内，而且"遍山松柏，不下数百万株，蚀树之虫，生于土中，黑色，状如巨蚕，专啮树根，顷刻此树即倒，所伤者不知几十万株"。③ 于是慈禧便派"看风鉴起家"的英年等人，前往治理。据清宫档案记载，光绪二十二年十二月二十七日（1897年1月29日），长萃、英年递有奏搜捕松虫请添拨款项等折奉旨单云云。

三、七王坟前的风水之争

英年的风水之术是否灵验，余不得而知，史书亦缺乏记载。但

---

① 《颐和园动土兴修吉日吉时单》，《光绪朝朱批奏折档》，中国第一历史档案馆藏。
② 《颐和园动土兴修吉日吉时单》，《光绪朝朱批奏折档》，中国第一历史档案馆藏。
③ （清）崇彝：《道咸以来朝野杂记》，第22页。

是,由于他同李莲英辈广通声气,而李氏又是慈禧身边之红人,经常向慈禧吹耳旁风,故慈禧对英年的堪舆功夫是深信不疑的。英年在发现慈禧与光绪皇帝之间嫌隙日深之后,又为慈禧出谋划策:要使皇帝服服帖帖,还应从风水上着手。盖因风水之说,不仅在民间盛行,皇亲国戚更是对堪舆术深信不疑。光绪皇帝的生父醇亲王奕譞,即非常热衷于风水之说。

奕譞乃道光皇帝之七子,坊间称其为"七王爷"。余于1965年秋,跟随中国人民大学校长郭影秋所带领的工作队,驻在北京西郊。郭校长居官廉洁,文思敏捷,写有一首七言绝句,其中两句谓:"东土人催千里马,西山月下七王坟。"出于好奇,我们几位同窗好友,闻风而动,步行至西山妙高峰。只见那里树木葱郁,山峦起伏,清泉潺潺,空气格外清新。七王坟坐落于群峰巍峨、丛林环抱的妙高峰东麓,真可谓气象万千。二十年后,我又与在清史所进修之教师们再度考察此地,才发现七王坟乃醇亲王奕譞,邀请京师有名的风水先生李唐所选定。奕譞专门为此于同治七年(1868年)撰写了《九月十九日看定妙高峰风水志并序》和《遣色克图同堪舆赴妙高峰兴工定穴志感》。其文略谓:

> 秋间,闻有堪舆李唐,字尧民,深通斯术。于是请假邀与俱往。……北行二十余里,甫露峰峦,尧民即遥瞩称善。至则层嶂巍峨,丛林秀美,遍山流水潺潺,其源澄澈如镜。山高三里许,凭凌一望,目极百里,洵大观也。尧民深赞不已,指古松西北,为来龙正脉,点穴最佳。余喜极,不复狐疑,一言决断。①

---

① (清)奕譞:《退潜别墅存稿》卷1,故宫博物院编:《故宫珍本丛刊》(第585册),海口:海南出版社,2000年,第254页。

以上便是奕𫍽在妙高峰选择陵寝基址的过程。奕𫍽在选定坟址后,兴奋至极,又根据堪舆先生的指点,进一步在生圹培养"生气"。奕𫍽称:"老松高六丈许,银杏树一株,围三丈五尺,清荫盈亩,重实累累,皆数百年物也。水源出石罅,周砌以后,游鱼千余头,堪舆云是'生气'。"①

奕𫍽所选定生圹,果真给他带来了天大的好运。六年之后,同治帝因天花一命呜呼后,慈禧独断专行,违背祖制,将醇王之子载湉立为新皇帝。

然而,"祸兮福之所倚,福兮祸之所伏"。奕𫍽没有想到,他死后刚刚四年,中日甲午战争爆发,帝后党争日趋尖锐。光绪帝在战争中锐意主战,战败后,又在翁同龢之劝导下,颁布朱谕,表示要卧薪尝胆,发奋维新。这一系列举动,都使贪恋权位的慈禧如芒刺在背,坐立不安。作为风水先生的英年,看准时机,向慈禧献风水之策,帮助其制服政敌。据王照揭示:

> 醇贤亲王墓道前有白果树一株,其树八九合抱,高数十丈,盖万年之物。英年谂事太后,谓皇家风水全被此支占去,请伐之以利本支。太后大喜,然未敢轻动,因奏闻于德宗。德宗大怒,并严敕曰:"尔等谁敢伐此树者,请先砍我头。"乃又求太后,太后坚执益烈,相持月余。一日上退朝,闻内侍言,太后于黎明带内务府人往贤王园寝矣。上亟命驾出城,奔至红山口,于舆中号咷大哭,因往时到此,即遥见亭亭如盖之白果树,今却不见。连哭二十里。至园,太后已去,树身倒卧。数百人方斫其根,周环十余丈,挖成大池,以千余袋石灰沃水灌其根,

---

① (清)奕𫍽:《退潜别墅存稿》卷1,故宫博物院编:《故宫珍本丛刊》(第585册),第253页。

虑其复生芽蘖也。诸臣奏云:"太后亲执斧先砍三下,始令诸人伐之,故不敢违也。"上无语,步行绕墓三匝,顿足拭泪而归。此光绪二十三年事也。①

英年此计颇能打动慈禧,盖因堪舆之说的核心内容,"尤以葬地为重,能令后世子孙穷通"。正因为如此,慈禧对七王坟之白果树视作眼中钉,肉中刺,非砍去不可。余以为王照所述大体可靠。王氏原本是一个非常诚实的北方文化人。余曾多次鉴别王氏之论说,大多与清档记载相吻合。此处所述关于英年献策,砍伐白果树以断醇王府风水之说,可于《翁同龢日记》中稍稍得到证实。翁氏日记光绪二十三年五月初七日(1897年6月6日)记曰:

初七日,晴。是日巳正,上诣醇贤亲王园寝行释服礼,卯初启行,未初三回园。寅正见起,余前六刻入,礼邸先在,见面折两件而已。户部封奏,拨卢汉款四百万。见毕退,即传散,天甫明也。……园寝有银杏一株,金元时物,似前月廿三事,懿旨锯去,使明堂开展。大如庋半,群蛇所窟。②

光绪帝是日卯初从颐和园出行,直到未初三刻始返回,整整用了八个多小时。可见,这位皇帝除去往返奔波,还在七王坟逗留了很长的时间。面对生父坟前,金元时遗留的古银杏树,平白无故地被砍去,皇帝胸中该掀起何等狂涛巨澜,是可想而知的。翁氏日记仅用"懿旨锯去"寥寥数语带过,并未透露其中隐情。然帝后之间,势同水火之关系,已跃然纸上矣。

---

① 王照口述,王树枬笔录:《德宗遗事》,章伯锋、顾亚主编:《近代稗海》(第11辑),成都:四川人民出版社,1988年,第249~250页。
② 陈义杰整理:《翁同龢日记》(第6册),北京:中华书局,1998年,第3003页。

四、风水大师的不归路

一般说来，风水先生大都头脑机敏，长于计算。他们能通过勘察，推估别人的生死祸福；对自己的前程，不屑说，更是格外关注，翼翼小心。作为皇家风水大师的英年，由于有李莲英帮助，尽管出身"寒士"，然于修三海、建颐和园诸项工程中，屡显身手，颇为慈禧看重。然而，智者千虑，必有一失。英年的祸福推估，在光绪二十五年（1899年）的己亥建储之后，出了重大偏差，以至于踏上了不归路。

当时，慈禧已把发动百日维新的光绪帝打入冷宫，而驻北京外交官，却对慈禧试图以大阿哥溥儁取代光绪帝的"己亥建储"，表示明确反对，他们还对因变法而遭受杀戮的谭嗣同等维新派人士，深表同情。这使慈禧十分恼火。中外矛盾于是日趋尖锐。而此时由山东境内兴起的义和团运动，方兴未艾，如火如荼。庚子年初夏，山东、河北一带的义和团民众，纷纷高举"扶清灭洋"的旗号，浩浩荡荡开进了北京城。无论是在宣南的炸子桥周围，还是在西城的什刹海岸边，到处都有练功习武，舞刀弄枪的民众。义和团习武者号称，天助神拳，刀枪不入，法力无边，可保江山。

义和团的出现，对风水大师英年，无疑是一个严峻的考验。尽管朝野上下，不少人对义和团法术深表怀疑；可是，英年对于义和团，却采取了坚定支持的态度。余以为，英年支持义和团的主要原因有二。

其一，英年同义和团一样，相信风水之说。

义和团成员大多出身于贫苦农民，对八卦风水之说深信不疑。在义和团运动高潮中，对铁路、电线、轮船等外洋事物颇为仇视。

山东有所谓"凡铁路所经若干里内,禾稼皆死"①的谣传。受风水之说影响,在京津一带,"穷民失车船店脚之利,而受铁路之害者,遂蜂起应之,约四万余人",②可见,如果从思想深处找原因,风水之说与义和团运动之兴起,当不无关系。义和团有一通非常流行的揭帖称:

> 兵法易,助学拳,要摈鬼子不费难。挑铁道,把线砍,旋再毁坏大轮船。大法国,心胆寒,英吉、俄罗势萧然。一概鬼子全杀尽,大清一统庆升平。③

义和团憎恨铁道、电线、大轮船的根源,除去对帝国主义列强疯狂掠夺的仇视之外,还有一个重要原因,就在于根深蒂固的风水之说。他们认为这些西洋的东西,破坏了风水,带来了天灾人祸。而且,义和团的旗帜、名号及头巾上,常有八卦中的"☰"符号,或者"☵"字。各坛供奉的神主或分队,多与"乾字团""坎字团"相关。长期任职于总理衙门的袁昶,曾揭示义和团:"总旗或画乾卦,或画坎卦,而八卦未全,惟坎卦最多,即以前嘉庆间之八卦教也。忽而变换向洋教用力。"④风水与八卦,可谓是一对孪生兄弟。故从理论上看,英年与义和团在信仰方面,应该是一脉相承的。

其二,还有一条非常重要的原因:英年一直是看慈禧老佛爷的脸色行事。当京师义和团运动风起云涌之时,英年已经看到了慈

---

① (清)王照:《行脚山东记》,中国史学会主编:《中国近代史资料丛刊·义和团》(第1册),上海:神州国光社,1953年,第410页。
② (清)袁昶:《乱中日记残稿》,中国史学会主编:《中国近代史资料丛刊·义和团》(第1册),第347页。
③ [日]佐原笃介:《拳乱纪闻》,中国史学会主编:《中国近代史资料丛刊·义和团》(第1册),第112页。
④ (清)袁昶:《乱中日记残稿》,中国史学会主编:《中国近代史资料丛刊·义和团》(第1册),第347页。

禧利用义和团排斥外洋的政治倾向。因为朝廷上下之守旧派均以为"旧党既胜,尚有余恐,乃举新党而殄灭之。又误以为新党皆外人所嗾使,乃并外人而殄灭之"。① 于是,慈禧对义和团的出现欣喜不已;而能掐会算的英年,也毫不犹豫地站在了以端王载漪为首的大阿哥党的一边,②为义和团摇旗呐喊,其官职亦随之升迁。可以说,英年已经把自己的身家性命,同义和团的法术紧密连在了一起。

京津地区的义和团运动,以光绪二十六年(1900年)五月上旬,山东老团进入北京而规模日盛,尤其是军机大臣刚毅与赵舒翘由涿州察看义和团归来,向慈禧汇报"民心可用"之后,慈禧由原来对义和团"剿抚两难",忽而转为利用义和团与列强抗衡。从五月二十一日(1900年6月17日)起,清廷连续召开的御前会议上,以载漪为代表的守旧派骄横跋扈,蛮横无理;英年不但参加了御前会议,而且是招抚义和团排外政策的坚定支持者。

庚子五月二十五日(1900年6月21日),是中国近代史上一个不同寻常的日子,某种程度上可以说,是清王朝走向灭亡的转捩点。慈禧荒唐地颁布了对列强的宣战诏书。该诏书称:

> 朕今涕泣以告先庙,慷慨以誓师徒,与其苟且图存,贻羞万古,孰若大张挞伐,一决雌雄。连日召见大小臣工,询谋佥同。近畿及山东等省义兵,同日不期而集者,不下数十万人,下至五尺童子,亦能执干戈以卫社稷。彼仗诈谋,我恃天理;彼凭悍力,我恃人心。无论我国忠信甲胄,礼义干橹,人人敢

---

① 《中外日报》1900年7月15日,中国史学会主编:《中国近代史资料丛刊·义和团》(第4册),上海:神州国光社,1951年,第180页。
② 大阿哥党之说,见周育民:《己亥建储与义和团运动》,《清史研究》2000年第4期。

死；即土地广有二十余省，人民多至四百余兆，何难翦彼凶焰，张我国威。其有同仇敌忾，陷阵冲锋，抑或尚义捐赀，助益饷项。朝廷不惜破格懋赏，奖励忠勋。苟其自外生成，临阵退缩，甘心从逆，竟作汉奸，朕即刻严诛，决无宽贷。尔普天臣庶，其各怀忠义之心，共泄神人之愤，朕实有厚望焉。钦此。①

这通当时广为传诵的宣战诏书，影响深远。它是向在京的外国使馆及教堂等地，发起攻击的动员令，故列强后来议和时，要追究此诏主要起草者军机章京连文冲的责任。②此诏所谓"近畿及山东等省义兵，同日不期而集者，不下数十万人"，指的正是义和团，而不是清朝正规军八旗和绿营，因为在正规军中是不会有"五尺童子"的。同日，慈禧还对天津城厢之义和团多所褒奖，略谓：

众志成城，民心既固，兵气亦扬。所有助战之义和团民，不用国家一兵，不縻国家一饷，甚且髫龄童子，亦复执干戈以卫社稷。此皆仰托祖宗之昭鉴，神圣之护持，使该团民众万众一心。③

仔细揣摩慈禧之宣战及对天津的褒奖诏书，其中，左一个"五尺童子"，右一个"髫龄童子"，其所依靠力量，居然是来自"近畿及山东等省义兵"。慈禧之所以敢于向列强同时宣战，其中有一个原因，是把义和团当作是一支可以用来抵御洋枪洋炮的军事力量，真可谓利令智昏，愚不可及。就在颁诏向列强宣战的同一天，《上谕档》记载了两件与英年有关之史料。

一件是：

---

① 《上谕档》，《光绪二十六年夏季档》，中国第一历史档案馆藏。
② 《德国外交档案》，编号 V22，第 17 页，德国档案馆藏。
③ 《上谕档》，《光绪二十六年夏季档》，中国第一历史档案馆藏。

军机大臣面奉谕旨,著派左翼总兵英年、署右翼总兵载澜,会同刚毅办理义和团事宜。钦此。①

另一件则是:

交值年旗,军机大臣面奉谕旨,著派左翼总兵英年、署右翼总兵载澜,会同刚毅办理义和团事宜。钦此。相应传知贵总兵、署总兵钦遵可也。此交。五月二十五日。②

《上谕档》以如此突出的位置,记载对英年之任命,很是引人注目,似乎说明慈禧在利用义和团与列强抗衡的决策中,对风水先生英年破格拔擢,寄予的厚望。慈禧实际上是在希望能于冥冥之中,得到风水神灵的佑助。

庚子五月二十七日(1900年6月23日),即宣战诏书颁布之后的第二天,慈禧又宣布任命了京津地区义和团之统领。其任命书称:

义和团民分集京师及天津一带,未便无所统属。著派庄亲王载勋、协办大学士刚毅统率,并派左翼总兵英年、署右翼总兵载澜会同办理,印务参领文瑞,著派为翼长。该团众努力王家,同仇敌忾,总期众志成城,始终毋懈,是为至要。③

英年作为京津地区义和团统领,仅排在庄亲王载勋、协办大学士军机大臣刚毅之后,名列第三,可见其地位已相当显赫。据胡思敬记载:

自载漪倡剿夷之说,庄亲王载勋、辅国公载澜、怡亲王溥静、贝勒载濂、载滢、贝子溥伦,皆起言兵。朝廷既招抚拳匪为

---

① 《上谕档》,《光绪二十六年夏季档》,中国第一历史档案馆藏。
② 《上谕档》,《光绪二十六年夏季档》,中国第一历史档案馆藏。
③ 故宫博物院明清档案部编:《义和团档案史料》(上册),北京:中华书局,1959年,第176页。

团民,恐诸团游散无归,命载勋为统率义和团大臣,载澜、刚毅、英年佐之,于是庄王府设立总坛,聚众至三四千人,倾公帑赡养之。凡五城散团,及新从匪者,皆令赴王府报名注册。①

据此可知,在庚子年夏季京师动乱中,清廷以庄亲王载勋作为义和团的统领,而以大阿哥之父端王载漪为核心,再加上军机大臣刚毅及左翼总兵英年,以上四人构成了满族贵族中,组织统率义和团的骨干人物。他们呼风唤雨,兴风作浪,忽而围攻东交民巷,忽而火烧西什库,装神弄鬼,恣意妄为,把清政府推到了风口浪尖上。

当然,在他们四人中间,态度不尽相同。据《清史稿》记载称:"载勋等出示,招致义民助攻使馆,英年弗能阻,匪益横,任意戕杀官民。"②据此观之,英年对载勋招集团民,攻击使馆之告示,似乎并不甚认可,但既为统领,又不便反其道而行之。

庚子七月,京城陷落。风水大师英年,跟随慈禧西逃,官至左都御史,护卫行营,亦格外出力。可是,好景不长。为响应帝国主义列强"惩凶"之要求,奉旨议和的李鸿章与刘坤一、张之洞联名上书,追究庄亲王及英年等人之昏庸误国之罪。李鸿章于离沪前联合刘坤一、张之洞、袁世凯上奏谓,以各国公使、领事要求,请朝廷"先将统率拳匪之庄亲王载勋、协办大学士刚毅、右翼总兵载澜、左翼总兵英年及庇纵拳匪之端郡王载漪、查办不实之刑部尚书赵舒翘等,先行分别革职撤差,听候惩办"。③

李鸿章等称:列强"必欲先办主持拳党之人",而后才开始议和;且"公愤所在,断难偏护,若迁延不办,恐各国变其宗旨,愈久愈

---

① (清)胡思敬:《驴背集》,中国史学会主编:《中国近代史资料丛刊·义和团》(第2册),上海:神州国光社,1951年,第487页。
② (清)赵尔巽等撰:《清史稿》卷465《列传第二百五十二·英年》,第12754页。
③ 故宫博物院明清档案部编:《义和团档案史料》(上册),第591页。

不可收拾"。① 迫于压力，慈禧始而将英年革职，后又不得不忍痛割爱，将英年关入西安的监狱。为了免其一死，慈禧又向列强哀求。军机处致电盛宣怀称：

> 奉旨：盛宣怀艳电悉。首祸诸臣英年，于载勋擅出违约告示，曾经阻止，会列衔名，系属随同画诺。且载勋为首，业已重惩。英年为从，例应减等，何得一律论死？赵舒翘查办拳匪，亦系兼管顺天府任内，照例派往，两日即回，颇有解散复奏，并无庇纵之词，情实可原。著盛宣怀将此中情节，会商刘坤一、张之洞，与各国外部，切实剖明，务从末减。至启秀、徐承煜，业经革职，如果应得重罪，亦当交回，由朝廷按律惩办，决不宽贷，仍将婉商各国情形，迅速复奏。钦此。

光绪二十六年十二月二十九日②

电文中所谓"载勋擅出违约告示"，其内容应是上揭英年传所称"招致义民助攻使馆"。风水先生英年，对此举虽不认可，却以身在其位，不得不"随同画诺"，故而铸成大错。

光绪二十七年（1901年）春节，作为行在的西安城，锣鼓喧天，鞭炮齐鸣。此乃庚子颠沛流离之后的第一个春节。身陷囹圄的英年，饱受牢狱之苦，求天天不应，求地地不灵，风鉴之术，已经全然无助。正月初六日（1901年2月24日），英年得到了慈禧将"斩监候"改为"赐自尽"的新年礼物；于是悬梁自尽，匆匆结束了自己的生命。京师人叹息称："平生为他人看风水，于己身何不慎处之！妙高峰醇王园寝，亦英侍郎所定。伐树之役，或出于主张，冥冥中

---

① 故宫博物院明清档案部编：《义和团档案史料》（上册），第591页。
② 《电报档》，综合类，中国第一历史档案馆藏。

或亦造因也。"①

五、后记

对于坊间非常关注的风水之说,余乃一门外汉,颇难断其是非。然本文所记述之人与事,则是以多年积累之档案史料为基础,参酌清人信札、日记等史料,汇集而成。倘若此文能对今人正确认识堪舆之说,起到些许鉴古知今之作用,则余愿足矣。

① (清)崇彝:《道咸以来朝野杂记》,第24页。

晚清的北京当铺

近年在北京的街头，不时可以看到十分醒目的当铺广告映入眼帘，无论城里，还是郊区，均可看到当铺的踪影。近期又在网上看到有关当铺的新闻称："北京典当行爆满当金人。"记者从北京市多家典当行了解到，典当行黄金饰品买卖越来越火，现在甚至占到民品典当的三成左右，甚至还有一些金店到典当行里淘低价黄金加工赚钱。又有消息称，在当铺购买电器相当合算云云。据此可知，现今北京的典当行业，已经有了相当的规模。这使我不由自主地想起了清末北京的当铺。

清末北京的当铺很是热闹的。本文拟以《那桐日记》为线索，结合多年以前所抄清人函札、档案等史料，勾画晚清北京当铺的若干特色，以供想了解北京昨天历史的同仁们参酌。

一、京城高官与富人热衷于开当铺

当铺历来是一种非常盈利的行业，在我国有一千数百年的历史。当铺，亦称典铺、质铺，是一种通过收存实物，以押借现金的商铺，有的地方称质库。当铺在我国古代已经相当发达。唐代诗人白居易之《长庆集》"杜陵叟"曰："典桑卖地纳官租，明年衣食将何如。"到了清代，北京的当铺行业大概是全国最发达的。徐珂所编撰的《清稗类钞》，将清代京城和外地的当铺划分为不同的种类。

其文曰：

典质业者，以物质钱之所也。最大者曰典，次曰质，又次曰押。典、质之性质略相等，续期较长，取息较少，押则反是。所收大抵为盗贼之赃物也。①

清代京师当铺之所以发达，其主要原因是京城里朝廷高官多，富商多；而且还有许多得天独厚的机会，为外地所没有。

比如，北京定期举办全国性的科举考试，各地举子云集京师，他们千里迢迢来到京师，所带银两不够，往往将随身所携带的贵重物品送交当铺以换现银。于是，在士子们集中的贡院附近，便出现了开设多家当铺的顶银胡同。

再如，还有许多来北京述职、觐见的封疆大吏，或者等待引见的候补官员，人数甚多。这些为数众多的官员，除本人和随员需要在京消费外，临行之前，还需要到各处应酬打点，有时所带银钱不敷周转，免不了求助于当铺。

北京的当铺，有许多是高官自己开设的。他们往往利用身居高位之机会，或以特殊手段而迅速致富后，便在北京或是自己的家乡，购买当铺，以便从中获取更多的金钱。

薛福成在《庸盦笔记》中，收录了乾隆皇帝的宠臣、军机大臣和珅，在跌倒之后被抄家的情形，其中与当铺殊有关系。其文曰：

查钞和珅住宅花园清单：嘉庆四年正月初八日，江南道监察御史广兴、兵科给事中广泰、吏部给事中王念孙等，参奏和珅弄权舞弊，僭妄不法。本日奉旨，将和绅、福长安拿交刑部严讯，并查钞家产。本日奉旨派八王爷、七额驸、刘中堂、董中堂讯问，随上刑具监禁刑部；派十一王爷、庆桂、盛住同钞和珅

---

① （清）徐珂编撰：《清稗类钞》（第5册），北京：中华书局，1984年，第2289页。

住宅;派绵二爷钞和珅花园。附录清单:当铺七十五座(查本银三千万两)。……外钞刘、冯二家人宅子……当铺四座(本银一百二十万两)。①

和珅作为乾隆皇帝的亲信,朝廷一品大员,居然在京城开设了当铺七十五座,本银三千万两之多;其家人刘、马二人,亦开设当铺四座,本银则有一百二十万两。这个数字实在令人吃惊。不过,由我所看到的清末档案史料来判断,薛福成所记载和珅在北京等处有七十五座当铺,似乎过多。当然,朝代不同,京城当铺数量,自然有很大区别。余读硕士研究生时,曾向韦庆远老师当面请教,他当时正在做清代经济史的研究。他认为清代前期皇室、大吏以及富商竞相开设当铺,京师内外,官私当铺甚多,而"就其东主的身分地位及其资金来源来说,可分为三大类,即皇当、官当和民当"。② 后因满人自身经营不善,皇当、官当逐渐消亡云云。

清后期情况与此大有不同。笔者所接触史料,则均系私人当铺。近期,余于研究《那桐日记》过程中,又发现了不少有关清末北京当铺的具体记载。

那桐,字琴轩,叶赫那拉氏,与慈禧太后同出一族。那桐任职勤勉,办事小心,长期在户部与金钱打交道,前十多年官职升迁特缓慢。但自从光绪二十二年(1896 年),在其顶头上司军机大臣、户部尚书翁同龢的破格拔擢之下,那桐担任了户部掌管银库锁钥的郎中。③ 从此往后,那桐便步步高升,飞黄腾达,仅仅十多年间,

---

① (清)薛福成:《庸盦笔记》,南京:江苏人民出版社,1983 年,第 61~62 页。
② 韦庆远:《明清史辨析》,北京:中国社会科学出版社,1989 年,第 73 页。
③ 陈义杰整理:《翁同龢日记》(第 5 册),北京:中华书局,1997 年,第 2915 页。光绪二十二年六月初五日翁氏记曰:"冒雨入……户部带缺两排,银库送那桐。上询及何员可去。臣翁以那桐对,即圈之。然首座不以为是。"

居然位极人臣,成了军机大臣、文渊阁大学士。那桐升迁迅速的主要原因,就在于他所担任的"银库郎中"职务,是京城满人中少有的肥缺。据清人记载,即使是最守规矩的银库郎中,一任亦可得银一二十万两的额外收入。在清末笔记中,有许多在银库当差的满人,号称"库兵",他们或利用职权敲诈勒索;或趁出入银库之机会,把银子塞入肛门股道,或用其他非法手段,将银两携出归己。而那桐职务,正是具体管理这些"库兵"的官员。其发财机会之多,是不言而喻的。那桐自担任银库郎中之后,财富急剧增加,家庭状况迅速改观。并且,他在担任银库郎中后的第二年,即于京城繁华地段开始经营当铺。《那桐日记》光绪二十三年八月廿四日(1897年9月20日)记载:

> 余托孟丽堂价买北新桥北大街路东增裕当铺作为己产。丽堂为总管;田诗园(名嘉兴,行三)为掌柜,于八月初一日接替,开市大吉。计占项一万二千余金,架本三万金,存项一万金,统计领去五万三千余金。余于今日约孟总管到铺,上香祭神,书立合同,巳刻事毕,同丽堂、诗园同饭。午刻进署办事,申刻归。①

据老北京介绍,在北京东直门内到北新桥一带,有当铺胡同存焉。东直门内大街路北,北通东手帕胡同,原为一小巷,当铺胡同坐落在胡同南口的大街上。乾隆朝京师全图已绘有该胡同,民国间始定名。20世纪60年代并入东手帕胡同,当铺胡同之名遂废。我想,那桐的增裕当铺,应该就在那条胡同附近,而且其规模相当宏大。

时隔一年多,那桐再次在京城购买当铺。光绪二十四年十月

---

① 北京市档案馆编:《那桐日记》(上册),北京:新华出版社,2006年,第252页。

十五日(1898年11月28日)那桐在日记中写道：

> 余托孟丽堂价买灯市口北，东厂胡同口外，路东元丰当作为己产（卖主孙苌卿，嵩犊山家奴也，住后元恩寺），改字号曰："增长"。总管为孟丽堂，掌柜人为金本如（行二，海淀人）。于八月廿六日接替，十月初二日开市换匾。价本市平松江银三万两，占项市松一万七千两，存项京松二万五千两，统计市松七万二千余金（合京松七万二千九百六十两）。余于今日约同孟总管、田诗园到铺内上香祭神，书立合同二纸，各执其一。携回合同、大契、由单、占项单、家具单、津贴单共六件，办法与廿三年八月廿四日所置增裕当相同。巳正事毕，到会典馆。午正进署办事，未正归。晚同崇竹生、熙达甫到启宅回事。晚到德丰堂便饭，竹生作主人，亥正散归。①

据那桐上述记载，大概可以判断，他的第二个当铺，应该是开在美术馆的斜对面，现今华侨大厦所在的位置。此处紧靠隆福寺，在清代商业已经十分发达，生意兴隆。除了以上两处当铺之外，那桐后来还同别人合伙开设有当铺。总之，那桐这位管理户部银库的财神爷，深知当铺是发财的不二法门，因此，当他刚刚攒足了银子后，便立即开始经营当铺，而当铺的开张，又能"以钱生钱"，那桐钱袋迅速鼓起来，其财富迅速膨胀。有了钱，就有了乌纱帽。那桐官运亨通，很快达到位极人臣位置。

其实，在清政府高官中间，开当铺的不仅仅是那桐一人。当时，高官中开当铺的颇有人在。如光绪朝有名的守旧派代表人物刚毅，长期在外地当地方官。尤其是于光绪十八年（1892年）四月至光绪二十年（1894年）六月，在广东当了两年多的巡抚，捞足了

---

① 北京市档案馆编：《那桐日记》（上册），第293页。

银子,于是,刚毅在京城地面开设了三座当铺。① 军机大臣鹿传霖,则在其家乡河北定兴开设有当铺。②

晚清大员之所以热衷于经营典当业,与当时吏治腐败,贪污受贿,巧取豪夺的现象有直接关系。这些身居高位的权臣,手中积累了大量财富后,并不满足,他们还想进一步地"以钱生钱",于是将贪污受贿得来的银两当作"本钱",大量投入典当行业。

余在阅读清人信札中,还看到另一种奇怪现象。有一些权臣,出于种种考虑,他们并不像刚毅、那桐那样赤膊上阵,亲自出面,在京师从事典当行业,而是通过他们的亲戚或至交,把银两交给他们,间接地投入典当、钱庄或其他高利贷行业。

如慈禧之亲信荣禄,在戊戌政变之后,大权独揽,威震朝野,送礼行贿者纷至沓来,即使在义和团动乱期间,荣禄亦受贿不止。义和团风暴过后,荣禄于辛丑年由西安行在返回京师前夕,致奎俊之家书称:

> 京城南院花园各房,均已收回,将来到京后再为斟酌办理。小号本钱,昨汇至山东"一〇二七""四五三七",交蔚廷、佑文,代存听用,以免由此动身赘累。③

上文中所称蔚廷,系指袁世凯,戊戌政变后以告密取得荣禄信任,很快被提拔为山东巡抚;佑文,则是指山东粮道达斌,与袁世凯、荣禄关系至为密切。袁氏曾在《戊戌日记》中记载,八月初五日(1898年9月20日)被光绪皇帝召见后,"退下,即赴车站,候达佑文观察同行。抵津,日已落,即诣院谒荣相(即荣禄),略述内情,并

---

① (清)陈夔龙:《梦蕉亭杂记》,上海:上海古籍书店,1983年,第22~23页。
② 赵凤昌:《惜阴堂笔记·庚子拳祸东南互保之纪实》,《人文》1931年第7期。
③ 北京大学历史系中国近代史教研室编:《义和团运动史料丛编》(第1辑),北京:中华书局,1964年,第142页。

称皇上圣孝,实无他意,但有群小结党煽惑,谋危宗社,罪实在下,必须保全皇上,以安天下"。①

戊戌八月初五日(1898年9月20日)已是政变前夕,京师时局格外紧张,刀光剑影,如箭在弦。袁世凯要到荣禄那里去告密还要"候达佑文观察同行"。据此可知,达佑文与袁世凯关系实在不同寻常,二人均为荣禄之亲信。

荣氏密信中所谓"小号本钱",系指京官和各地官员之行贿银两,均变成了荣禄的"本钱"。现尚存世的《荣禄存札》揭示了许多收受贿赂的具体数字与细节,令人触目惊心。② 荣禄此信使用了两组密码暗语,使人不知所云,但是,有一件事是很清楚的,即荣禄在西安行在时所收的巨额金钱,寄给了由他在戊戌政变后一手提拔起来的袁世凯等,"以钱生钱"去了,而典当业,无疑是一个主要去向。

除荣禄之外,另一位军机大臣李鸿藻,号为清流派魁首,可谓正人君子,他是把银两送给天津的姻亲姚学源,由姚氏在天津投入典当、钱庄或其他行业,以获取最大限度的利润。姚学源则定期向李鸿藻汇报所存款项到期及其所增加的利息。显然,这些军机枢要大员,亦是典当业的间接受益者。

二、千古奇闻,一座当铺每年缴税仅五两银子

清代官员之所以争相开设当铺,自然因为其获利非常丰厚。

---

① 中国史学会主编:《中国近代史资料丛刊·戊戌变法》(第1册),上海:神州国光社,1953年,第553页。
② 《荣禄存札》(未刊稿),中国社会科学院近代史研究所藏。

当铺的利润之高，是今人难以想象的。据夏仁虎的《旧京琐记》记载：

> 质铺，九城凡百余家，取息率在二分以上，巨值者亦得议减。业此有名者，曰白某、娄某，一人恒管多处，曰总管。①

夏仁虎（1873—1963年），江苏江宁人，字蔚如，号啸庵、枝巢子等，十八岁入县学，光绪二十八年（1902年）中举人。后长期在北京生活，清末曾任邮传部郎中。民国时期历任张作霖北京政府国务院秘书长、中山公园董事会会长，1949年后，曾受聘为中央文史馆馆员，故对北京的当铺了若指掌。

对于当铺获利情况，《那桐日记》中亦有记载。那桐于光绪二十五年十二月二十八日（1900年1月28日）记述曰：

> 天佑斋田二送来翠搬（扳）指一个，押京松银一千两，每月六厘行息，四个月归还取赎。如到期不还，银物两冲（后于二月间原价赎回）。在家清理家账，未出门。子言来，因古香事交其三百金了账。②

晚清的当铺像以往朝代一样，有活当与死当之分。如上所记，这个翡翠扳指，就是活当，又称小押，当存仅仅两月，即可收银十二两之多。当铺的收益于此可见一斑。难怪许多官僚巨富纷纷在京师开设当铺。

京城当铺，均持有官府所颁发之"当贴"。所谓当贴者，即今所谓执照也。各当铺每年需向官府交税，尔后获得当贴。京师当铺获利丰厚，按理说应该多缴纳税银才合理。但事实却恰恰相反。

---

① （清）夏仁虎：《旧京琐记》卷9，《旧京遗事 旧京琐记 燕京杂记》，北京：北京古籍出版社，1986年，第100页。
② 北京市档案馆编：《那桐日记》（上册），第332页。

如前所述,许多当铺主人,大多与官府有牵连,或者他们本人就是高官。总之,晚清权臣直接或间接地与当铺有关。可以说,当铺与官府有着千丝万缕的联系。正因为如此,清政府所制定的税收政策,对当铺十分有利。

多年前,余于中国第一历史档案馆的录副奏折档中,曾发现一份重要的档案,即光绪二十四年(1898年)五月兼管顺天府府尹孙家鼐所呈递的《京城当典加税请核减折》,该折透露了许多人所未知的重要信息。孙家鼐奏称:

> 再臣衙门于光绪二十三年五月十七日准户部通行内开,中外典当,获利较厚,税额独轻,拟自本年起,无论何省,每座按年纳税银五十两。去后兹据大兴、宛平两县,详据京师各当商禀称,京师地面,典当共有一百九十余座,家数林立,资本无多,势分力薄,各典货架,均难充满,利息又无定章,遇物典质,往往争揽买卖,暗中让息,获利愈难。

> 近年京城市面,日见清淡,生意更觉减色,而出项则劳金、伙食、房租,无不增贵,较之京外州县典当情形,迥然有别。且有各衙门发商生息,官款银三四十万,终年缴息,已属力有未逮,时虞闲歇,若再每年当税加增至五十两,合计岁增十倍,实在力不能支。今又奉谕,认借昭信股票,商民食毛践土,具有天良,敢不竭力图维。现已认领股票十万两,以应公家之急,恳请将加税核减一半等情,具详请奏前来。

> 臣等查,京城内外当铺,资本微薄,本与各省情形不同,而且座数既多,未免拥挤,所称小本利微,生意清减,尚属可信。

> 定例,顺天当商与江苏等省同征税额五两,已属向隅,今骤增至十倍之多,商力艰难,亦属实情,奉饬劝借昭信股票,该商等已共同认领十万两之钜,诚属不遗余力,拟请将税额加至

五倍,每年纳银二十五两,臣等亦恐事关大局,未敢贸然上陈。惟念辇毂之下,无事不仰沐皇恩,格外体恤,即使将该商等加税,略示区别,各省亦不能借口。合无仰恳天恩俯准,敕部查照,将京城典当加税,核减一半,以恤商艰而纾无力。①

政策是统治者制定的,当然要顾他们本身的利益。然而,不可思议的是,这样获利丰厚的行业,清政府所征税银数额,却是非常之少,所征税额实在太不合理。因此,孙家鼐之折片递上后,很快遭到户部否决。光绪皇帝戊戌四月二十三日(1898年6月1日)的谕旨称:

军机大臣面奉谕旨,户部议奏折云:中外典当各商,每年每座令纳税银五十两,系属通行之案,京城未便独异,且首善之区,万方幅辏,典质货物,既较外省为多,利息盈余,亦视外省稍厚,每年加增当税五十两,尚不及架本百分之三,亟宜踊跃输将,为各省之倡,碍难先行核减,令外省当商得以纷纷借口。请旨饬下顺天府仍遵臣部前奏,晓谕京城典当各商,赶紧按年按座纳税五十两,不得稍有迟延。光绪二十四年四月二十三日奉旨:依议。钦此。②

孙家鼐的此件奏章,是关于清末北京当铺的重要历史文件,它不但准确提供了京城当铺的数字是一百九十余座,而且记载了每座当铺所缴纳的税银是五两,戊戌四月之后,增加至五十两。这种变化也是今人无法想象的。

---

① 《京城当典加税请核减折》,《录副奏折档》,财政类,光绪二十一年,中国第一历史档案馆藏。
② 《录副奏折档》,财政类,光绪二十一年,中国第一历史档案馆藏。

三、宁损官银，勿亏当铺，对京师高官的额外关照

清朝的执政者与当铺关系密切，不少高官与当铺有千丝万缕的联系，甚至有的军机大臣本人就是当铺的大股东。因此，每当出现社会动荡，危及当铺利益时，他们便会出面对当铺多方呵护。光绪二十六年（1900 年）春夏之交，义和团运动在京师如火如荼，社会动荡，当铺的生存也颇受影响。尤其是庚子六月，对京师金融市场有着举足轻重之影响的"四恒"银号开始歇业，市面为之震动。消息传到紫禁城之后，慈禧要北京地方官陈夔龙设法挽救。陈氏称：

> 当载漪恣睢用事时，余适署顺天府尹，有安抚地方之责。五月十八日，拳匪火烧前门外大栅栏某洋货铺，延烧广德楼茶园，竟召燎原之祸。大栅栏以东珠宝市为京师精华荟萃之地，化为灰烬。火焰飞入正阳门城楼，百雉亦遭焚毁。此诚我朝二百年未有之变。炉房二十余家均设珠宝市，为金融机关。市既被毁，炉房失业，京城内外大小钱庄、银号汇划不灵，大受影响。越日，东四牌楼著名钱铺四恒，首先歇业。四恒者，恒兴、恒利、恒和、恒源，均系甬商经纪，开设京都已二百余年，信用最著，流通亦最广。一旦停业，关系京师数十万人财产生计，举国皇皇。余适入内奏事，忽奉旨，令于召见军机后入见。向例臣工叫起，均在军机之前，此次忽命留后，不知上意所在，心切惴惴。……内监已传旨命余入见。两宫问地方安靖否？后问所管近畿各州县有无民教相仇之案续行发生？末谓昨日四恒因炉房被毁，周转不灵，呈请歇业。四恒为京师金融机关，岂可一日闭门？我命步军统领崇礼设法维持。他与四恒

颇有往来,又系地面衙门,容易为力。讵彼只有叩头,诿为顺天府之事。尔是地方官,本难卸责。此事究应如何办理,我想四恒本非无钱,不过为炉房所累,一时不能周转。如以银根见紧,官家可先借银给他,从速开市,免得穷民受苦。尔可回署,传谕该商等妥筹办法,以三日内办好为妥。承旨出,刚相候于门外,对余曰:"四恒事太后曾向我谈过,我谓非君不办。但奉托一言,勿论如何,切勿牵累当铺。至嘱至嘱。"余奉命已觉毫无办法,聆刚相言更不知其意何在。①

上文作者陈夔龙称,他"适署顺天府尹",是不准确的。他当时的职务只是顺天府府丞。据清档记载,是年闰八月初十日(1900年10月3日),顺天府府丞陈夔龙曾上奏为闰八月初三日"奉旨补授顺天府府尹谢恩事"谢恩。②

陈夔龙(1857—1948年),字筱石、小石,号庸庵,贵州贵阳人。自幼聪颖过人,读书刻苦,于光绪元年(1875年)中举,光绪十二年(1886年)会试中三甲进士。随后历任兵部主事、郎中、总理各国事务衙门章京。八国联军攻陷北京后,陈被任命为留京办事八大臣之一,次年十二月后,调河南布政使,升河南巡抚、直隶总督等。陈夔龙后来之所以能飞黄腾达,同他于甲午战争之后在兵部任职殊有关系。当时满族亲贵荣禄刚刚由西安将军回京,奉慈禧之命执掌兵部大权,并督办军务。陈氏年轻能干,思维敏捷,又千方百计讨好上司,因此很快被荣禄看中,成了荣禄在兵部的得力助手与亲信。戊戌政变后,即奉特旨"交荣禄差遣委用",京师地方事务,由他一手主持。

---

① (清)陈夔龙:《梦焦亭杂记》,第22页。
② 《录副奏折档》,吏治类,光绪二十五年,中国第一历史档案馆藏。

按照通常处理四恒歇业办法，陈夔龙认为，"京师城厢内外，当铺约一百十余家，均系殷实股东，若命两县传谕每家暂借银一万，共有一百十余万，可救暂时四恒之急"。① 但是，由于军机大臣刚毅有当铺三处，其他官员也与当铺有牵连，这样陈夔龙就不能不认真考虑"毋牵累当铺"的问题。几经斟酌后，他采取"以各商借券为抵押"，然后"奏请一百万官款"的办法，这样既化解了四恒的危机，也未使各当铺受毫发之损。

清宫档案证实陈夔龙所述是可信的。光绪二十六年六月初九日(1900年7月5日)清廷通过军机大臣字寄户部、顺天府，称：

谕军机大臣等，赵舒翘等奏，维持商业，谨拟章程一折。四恒银号关系京师市面，现因库款支绌，商情疲滞，无力周转，亟应设法维持，以利民用。著即发给内帑银五十万两，并由户部发给内库银五十万两，交该兼尹等，按照所拟章程，督饬该商等分别办理。②

这里的"该兼尹等"，指的就是兼顺天府府尹孙家鼐和顺天府府丞陈夔龙。有了这一百万两的公款，自然不会再去"牵累当铺"了。

四、庚子年京师的抢当风潮

京师当铺在平日生意兴隆，赢利丰厚，但是，每逢政治风暴到来之际，也会厄运临头，遭遇意想不到的灾难。

---

① （清）陈夔龙：《梦焦亭杂记》，第23页。
② 中国第一历史档案馆编：《光绪宣统两朝上谕档》（第26册），桂林：广西师范大学出版社，1996年，第172页。

晚清最严重的是光绪庚子年的抢当风潮。是年夏季，义和团运动席卷京师，东交民巷与西什库地区成了反对帝国主义列强的主要战场，枪炮之声不绝于耳，兵灾火灾，时有发生。当铺的老板们看到人心惶惶，市面混乱，担心遭遇不测。尤其是八国联军的铁蹄蹂躏京津一带，清政府最高统治者慈禧，时而气壮如牛，决心对列强一决雌雄；时而又色厉内荏，当八国联军兵临京师城下之时，携光绪皇帝仓皇上路，逃之夭夭。

于是在慈禧逃走前后，京师几乎所有的当铺均遭厄运。杨典诰《庚子大事记》庚子七月二十二日（1900年8月16日）记述：

自十七以来，京师大乱，匪徒蜂起，店铺关闭，无处买食物矣。觅挑水而不得，唤剃匠而无人。下至掏毛厕，净便桶，均无形影，致家家将粪溺泼于街市，一出门庭，木樨香扑鼻。盖若辈近日专顾抢掠，不暇做正经生活矣。西半城之当铺，全被……左右小户贫民，抢劫一空，次及粮食店。若东城内城之当铺、估衣皮货、绸缎及各项店栈，尽被营勇、溃军、洋兵、土匪，先后抢劫，靡有孑遗。①

三日后，杨典诰又记曰：

京师内外城当铺二百余户，连门窗户壁以及地砖，靡有孑遗，其未被劫或劫之过半者，不满十户。惟烂面胡同一户，缘备有快枪在房上守望，见有聚而来者，开枪击之，故幸免于劫。南柳巷之汇丰，出银四千两以保险，廿四仍被劫一空。廿五以后，有劫掠者，洋兵拿获，以火器毙之。自是不敢公然抢夺矣。盖自二十洋兵入城，中国在官人役，风流云散矣。地方无主，

---

① 中国社会科学院近代史研究所近代史资料编辑室编：《庚子记事》，北京：中华书局，1978年，第96页。

能不乱哉?①

另一位翰林院学士恽毓鼎则在其《庚子日记》中写道:

七月二十三日,遣人四探,言人人殊,皆不得真消息。穷民之抢粮店、当铺者,数日而尽;浸及各店,市肆皆不开门。余处幸储两月粮,巷中间有卖菜蔬者,赖免于馁。②

慈禧西逃,清廷之大员一个个如惊弓之鸟,四处逃散,京师已经处于完全无政府的状态,故而发生了此次规模空前的抢当风潮。

《那桐日记》可以印证杨典诰、恽毓鼎等人的记载是真实的。光绪二十六年七月二十三日(1900年8月17日)那桐记曰:

接裕寿田信,拟托总税务司赫德见各国公使,为之代商和局,知舒春舫文昨已有信致赫,尚无回信。昨、今两日,土匪抢劫钱、当铺,九城一空,住户东南隅受害最重,日本界内尚好。今日未刻玉如处有日兵十一人索表银,甚汹汹,家中人惊恐。③

那桐此日所记"九城一空",与杨典诰、恽毓鼎庚子年所写日记完全相同,说明庚子七月下旬京师的当铺,遭受了灭顶之灾。但是,那桐并没有明确记载自己的当铺是否遭受劫掠,依情况推断,那桐当时是慈禧亲自任命的统兵大员,他自庚子五月三十日(1900年6月26日),便"奉旨添派管理八旗两翼前锋护军营督练事宜"。④ 在东华门统重兵把守的那桐,是不会不顾及自己当铺的。

顺便说一句,这次抢当风潮的直接后果,是许多有价值的物品

---

① 中国社会科学院近代研究所近代史资料编辑室编:《庚子记事》,第96页。
② 北京大学历史系中国近现代史教研室编:《义和团运动史料丛编》(第1辑),北京:中华书局,1964年,第61页。
③ 北京市档案馆编:《那桐日记》(上册),第350页。
④ 北京市档案馆编:《那桐日记》(上册),第350页。

大量流入社会。在庚子年的抢当风潮过去后的一段时间内,北京的社会治安依然很糟,偷抢之案时有发生。辛丑条约签订后,光绪二十七年(1901年),慈禧与光绪从西安行在返回京师。北京的市面也开始逐渐恢复正常,而在当铺行业内,又出现了一种新现象。一些未经注册的地下当铺日渐多起来。这些当铺规模甚小,时而开张,时而关闭,以躲避政府监管。他们是一些主要经营小押、暂押的当铺,其中不乏抢劫偷盗来的贵重物品。于是,有的御史开始向朝廷呈递奏章,要求禁闭这些未经注册的黑当铺。

据清宫档案记载,光绪二十八年十二月初四日(1903年1月2日),清廷颁布上谕称:

> 有人奏,请将私设小押暂押当局查封提究,开单呈览一折。据称,"京畿盗案,层见迭出,实由小押私当为之罪魁,请将私设各当局,严密查抄,永远封禁,并将开设私当之人,送交刑部治罪"等语。著步军统领衙门、顺天府、五城御史,按照单开各处,严密查封,分别究惩。①

这是义和团事件后,清廷对京师当铺的又一次整顿。总之,庚子年的抢当风潮,使京师当铺遭受了前所未有的重创,以至于十年后清王朝垮台时,当铺的元气尚未能恢复过来。

尾 声

宣统三年八月十九日(1911年10月10日)武昌起义爆发后,清王朝已在风雨中飘摇。当铺的股东们又开始担惊受怕,惶惶然不可终日。在清帝颁布退位诏书之后,阴谋家袁世凯开始控制政

---

① 中国第一历史档案馆编:《光绪宣统两朝上谕档》(第28册),第329页。

局。以孙中山为首的革命党人,为了约束袁世凯个人独裁之野心,通过了临时约法,要求袁世凯到南京就职中华民国总统,并派出了以宋教仁、蔡元培为首的代表团来到北京,以促袁世凯南下就职。袁世凯为了欺骗革命党人,经过一番紧锣密鼓的策划,指使第三镇统制曹锟发动兵变。1912年元月29日,北京城火光四起,枪声大作。军队如同土匪一般,乘机大肆抢掠。商民受害者数千家,专使寓舍亦被围攻,宋教仁、蔡元培等人避入六国饭店,次日兵变又波及西城。当铺、银号首当其冲,遭受重创。庚子事变以来,尚未喘过气来的当铺,又遭灭顶之灾,东城受灾尤其严重。可见,晚清京师的当铺业可谓多灾多难,直到民国年间,也没有多大起色。不过当铺有许多传统却一直延续下来。比如每年正月北京当铺的开张仪式就很有风趣。据时人记述谓:

  当铺春节开市也是富有戏剧性的场面。正月初二凌晨,铺堂众人按等级职位以次排列,相互团拜礼毕。总导演大缺(当铺内较为高级职称)传令开当铺门。四门大开,算盘摇动三通,这时从大门外跑进三位童子(实质安排好当伙计),第一个手拿银锭元宝,第二个怀抱一大瓷瓶,第三个手执一柄如意,进来贺年。三件吉祥物都有个讲究,一为"立市之宝"(银元宝);二为"平安如意",取其"瓶"音;三为"吉祥如意",取其"如意"。将这些吉祥物都放在柜台之后,又从外面走进一位当客(实质已安排好的),身着紫绸衣,手拿土黄色白裤腰长裤一条前来典当。业务人员焉敢怠慢,来人张口要价白银二两。管账先生立即开票、付钱,编入第一号当物。当然此裤不用赎,早已够本有余,主管伙计立即将此裤入库,做为镇库之宝物。①

这些民国年间当铺的新年开张仪式,充满了封建迷信色彩,然而它却在北京重复上演了许多个年头。直到中华人民共和国成立之后,随着当铺在北京的消失,这些自欺欺人的繁文缛节才真正寿终正寝了。

---

① 北京市文史研究馆编:《京华风物》,上海:上海书店,1992年,第148～149页。

铮铮铁骨话沈鹏

晚近以来的文化人,有不少是很有骨气的。他们像谭嗣同一样,反对清朝统治者的倒行逆施,反对腐朽的封建统治,甘愿献出自己年轻的生命,换取国人之觉醒。他们追求的目标,就是要杀身成仁。《论语·卫灵公》谓:"志士仁人,无求生以害仁,有杀身以成仁。"①这里所谓仁者,系指公平、正义。杀身成仁乃是这些仁人志士所追求的一种高尚境界,它的核心是不计较个人得失,把国家的未来,看得比自己的生命还要珍贵。沈鹏就是这样的读书人。

戊戌政变之后,面对守旧派囚禁光绪帝,严惩改革派的倒行逆施,沈鹏大胆上书为光绪帝鸣不平,要求朝廷改弦更张,严厉惩处军机首辅荣禄、军机大臣刚毅以及太监李莲英等"三凶"。沈鹏的正义举动,使朝野上下,为之震惊。

沈鹏弹劾"三凶"的行为,究竟是出于什么动机?是否只是由于他的举止轻率,喜出风头,或是精神失常而导致?这是一个很难解答的问题。其关键是史料的缺乏。因此,沈鹏的思想与事迹,尚未广为世人所知。即使是与他同时代的常熟同乡笔下的记载,也多与史实不合。笔者拟结合新发现的沈鹏写给翁同龢的《致太世叔函》为线索,结合清宫档案记载,撰写斯文,以彰其历史真迹。

---

① (清)吴大澂书篆:《论语·卫灵公》,苏州:苏州振新书社,光绪年间版。

一、沈鹏致翁同龢函的发现及解读

沈鹏(1870—1909年),初名棣,改名鹏,字诵棠,号翼生、北山,出生在有着丰厚文化蕴藏的江苏名城常熟,是帝师翁同龢的同乡。沈鹏幼年丧父,家境贫寒,刻苦自励,发愤读书,并且师法古代圣贤的优秀品德,以忠孝为纲,以志节为本,孜孜不倦,奋发图强。光绪十八年(1892年),沈鹏以诸生入国子监。诸生是指经地方考试,而录取进入府、州、县学继续深造的生员。这些生员中,有荫生、附生、廪生等,统称诸生。明朝著名文学家、主修《元史》的宋濂,在《送东阳马生序》中谓:"今诸生学于太学",①指的正是像沈鹏这样经过考试,由各省保送到国子监学习的诸生。国子监俗称太学,全国各省成绩优秀者方可在这里深造。当然,他们所接受的是传统的中国学问。这种学问有一个核心内容,即鼓励学生讲究礼义廉耻,追求正义,对国家要精忠。

沈鹏在国子监当诸生的时节,正是翁同龢奉命以户部尚书,兼任管理国子监事务的年代。翁氏头脑机敏,办事勤勉,对这位来自家乡的青年人格外喜欢,着意栽培。笔者于二十多年前,在翁万戈先生家藏的档案史料中,发现了一通沈鹏在京师国子监读书时,写给翁同龢的长函,名曰《致太世叔函》,这是一份非常难得的史料。它既展现了沈鹏神采飞扬,精美绝伦的书法,又揭示了鲜为人知的光绪中后期国子监内部各诸生学习状况,对了解沈鹏的刚直不阿,不人云亦云,及其与翁同龢之密切关系,亦提供了有力的佐证。此函堪称是了解沈鹏性格及其为人的一把钥匙。沈氏之长函原文

---

① (明)宋濂撰:《宋学士全集》,胡氏退补斋,同治年间版。

如下：

世再侄沈鹏再拜言，太世叔大人座右：

昨承下顾，惕於尊重，未敢竟其辞旨，兼以神昏腹痛，语无类次，惭悚惭悚。

蒙以同学优劣询，尔时未敢率陈者，非委隆谊于草莽也。誉同类，则近于系援；毁同类，则嫌于倾轧。鹏宿昔所深惧而力戒之者，不敢一旦有所更变。中夜兰士出，具述拳拳高谊，冀采刍荛。鹏伏户思之，慎密不出以全一己之分者，公也，而实私焉；知无不言，言无不尽，不辞越分之咎，而达诚款之意者，私也，而实公焉。此鹏所以一再以思而幡然改计者也。

鹏入学年余矣，耳目所及，品谊不齐，大约最上者，曰李稷勋，曰胡启心，曰何威凤，曰饶从龙，曰汪奎。以才论之，李骈胡散甲于学中。何亦李胡劲敌，而近日意兴少衰。饶汪才华稍逊，而饶犹胜汪。以学论之，李饶俱通经旨，汪治小学甚勤；以行论之，汪奎虽无卓绝之志，而治事颇恳恳款款。今者，其子已为学博，而身不耻为生徒，此可风者也。李饶稍跌宕自喜，何胡稍偏激为豪（鹏深知，何为太世叔极赏鉴之人，惟此君近日抑郁之甚，入于放荡，人才可惜，应何如慰勉之，使归于正）。综而言之，英俊以李胡何饶为先，笃实以汪称首。此皆学中之杰出者也。

次者，曰傅旭安，曰刘元辅，曰颜钧，曰石长信，曰曾炳熿，曰胡棣鄂，曰曾沛霖。刘颜石之骈文少于李；傅之古文少于胡，而俱有才藻可观。曾炳熿、胡棣鄂、颜钧之经学与李饶伯仲。傅旭安有志学史，曾沛霖有志经世，皆美才也。此上之次也。

若伍毓崧、严寅亮、童益升、黄启蓉、朱继经之才，次之上也。若吴宝鉴、翁汝脩、金汉章、孙自荣之才,次之次也。自傅暨孙十有六人,其志趣虽不同,均未闻有不谨声。而傅旭安、吴宝鉴待鹏极厚,想亦笃于友道者也。

若杜本芬、邴向南、彭凤沼、曲雍海、杨之铨、程鸿鋆、向鹏程,则才之下者也。杜曲俱老勿论,邴彭杨程向,俱不用功。

至若苏志澄、王咸昌萦心势利;宋敬笃、马玉珂纵情泆荡;李鸣鸾、赵运煌停妻再娶(此事未征确否)。此数人才既陋劣,品尤浊滥,乃学中最下者也,其余诸生,或新至未稔,或一时不记其名,要之中材为多。

惟闻新至之谭某(四川人),甚有通经之誉,为未可量耳。夫宋敬笃,为萨司成世家子,向鹏程为萨司成旧日交。邴向南为洪友臣门人,与萨司成同门。彭凤沼则阔少司成之门人也。幸管学刘公一秉大公,校艺之岢,不少宽贷,尚无害学中风气。不然之数人将超轶辈流而风气不可问矣。

近学中传言,太世叔欲奏保伍毓崧,以继阮何之迹。谓出廖君仲山之推毂。鹏折其虚妄者屡矣。鹏而不言学事也则已,鹏而言学事也,此尤不敢不告者也。鹏留学已久,恩者怨者亦不一其人。今承命胪陈善嫩,自问无私好私恶于其间,盖不敢变乱是非,以淆大君子之听睹。惟愿参证群言,发之毋骤,同学幸甚,再侄幸甚。

鹏前以为诸生,则尽诸生之分,不敢复托于戚谊。今太世叔务欲引而近之,而犹执偏见,是深负盛意矣,且启中实有非肄业生所当言者。

谨仍旧称,幸弗嗤焉。鹏再拜。

再,现学中告假,未来之汪鸾翔、王揆准。汪鸾翔,则积学穆行,鹏所畏敬;王揆准,则一极不用功之人,合并陈明。

此次优劣,仅据目前,异日功候所积保无差池。惟下与最下者,能决其必无造就耳。

此函幸缄密。至恳,至恳。①

沈鹏的《致太世叔函》全部由墨笔书写,字体工整,文采斐然,为我们揭开国子监的神秘面纱,了解其内部学子情形,提供了可资借鉴的第一手资料。尤其在以下几个方面颇有帮助:

其一,由沈氏此函可以看出,在国子监就读者,绝大多数是各省选送的,在科举或学术方面有一定建树,有培养前途的汉员子弟。

沈鹏信中赞扬的李稷勋,号姚琴,重庆秀山龙池龙冠人。李氏在南学成绩格外突出,于光绪二十四年(1898年)会试成绩优良,殿试获"传胪"。与沈鹏同时被"馆选"为翰林院庶吉士,散馆后授编修,数年后在京任邮传部左丞参议,有主持修建川汉铁路等辉煌业绩。

沈鹏信中提到的另一位杰出者胡启心,广东香山县榄镇人,字传岩,光绪十七年(1891年)副贡,②后至国子监深造,成绩优异,著有《胡明经文录》等。

其二,沈鹏此函揭示了在科举考试中出现的奇怪现象:不论年龄,不分父子,一起在科举的崎岖小径上蹒跚而行。如同在国子监就读的汪奎父子,便是一典型事例。汪奎,原名国钧,字楔园(亦字星垣),号梅颠(亦称梅仙),黟县陈闾山人。光绪五年(1879年)举人,早年随姑丈黄辉瑞习举子业,孜孜不倦,刻苦自励,入邑庠后挈

---

① 沈鹏:《致太世叔函》,"光绪十九年四月初二日"条(未刊原稿,翁万戈先生提供,下同)。

② (民国)《香山县志》卷9《选举》,民国油印本。

长子馨入都肄业于国子监南学,日与魁博之士相切磋,学业益进。直到光绪二十六年(1900年)授河南汝阳县知县,卓著政声。其子汪馨,字伯吾,号西园,曾任学部员外郎。① 沈鹏称赞汪奎治学甚勤,虽"无卓越之志",但办事情却能"恳恳款款",更感人的是"其子已为学博,而身不耻为生徒,此可风者也"。汪奎在科举道路上,可谓坚韧不拔矣。这样父子同窗的例子,在现代社会里实属罕见。

其三,由此札还可以看出,沈鹏的性格及为人处世的重要特征:谨小慎微,思考缜密,颇具江南文化人所特有的那种三思而后行的慎重,办事从不鲁莽。对于翁同龢征求他对国子监太学生意见一事,开始时他觉得挺为难,后来经过周密思考后,选择了"知无不言,言无不尽"的做法。可以看出,沈鹏在采取重要行动之前,往往是经过深思熟虑的。而且,从评价周围同学的长短,可以看出沈鹏的为人正直,观察人与事,不是从个人恩怨,而是从大局着眼,客观大度。

沈鹏在国子监时间并不长。由于他夜以继日,刻苦攻读,很快于光绪十九年(1893年)应试北闱中了举人。次年甲午会试,沈鹏与张謇等常熟士子,同时参加了此次考试。翁同龢则是此次大考的总裁。结果,张謇拔了头名状元,沈鹏亦名列前茅。翁氏于光绪二十年四月二十九日(1894年6月2日),在日记中欣喜地写道:

邑子孙同康一等第二,沈鹏一等第五十九。②

同年五月初十日(1894年6月13日),翁氏又记曰:

吾乡孙同康、沈鹏皆庶常、孙国祯主事。凡朝考一等皆庶

---

① (民国)《黟县四志》卷6《人物》,民国十一年黟城藜照堂刊本。
② 陈义杰整理:《翁同龢日记》(第5册),北京:中华书局,1997年,第2696页。

常,二等尚有有卅余人。①

翁氏上述日记所谓朝考者,乃是皇帝对已经考中进士的士子做进一步的测试,又称作"馆选",选拔其中才华出众,年轻有为者,留作翰林院的庶吉士。稍差者,则在京师各部任职,或直接分发到各省地方任职。翁氏日记的字里行间,流露了他对同乡晚辈,在朝考中成绩优异,表现出色的满意情怀。

二、沈鹏义举之考察

沈鹏连捷成进士后,又被选作庶吉士。依照惯例,他留在翰林院继续苦读了三年。期满之后,沈鹏在下届会试到来之前进行的"散馆"考试中,再度成绩优异,被授职编修,终于成了令人羡慕的翰林郎。

当时,中国正面临着愈来愈严重的民族危机,由于清廷在甲午战争中惨遭败北,列强登堂入室,国势危迫,朝不保夕。翁同龢在这场战争中受到严重刺激,从而改变了对新政的态度,与以前"判若两人"。翁氏力主改革,辅佐光绪皇帝筹措新政,日夜操劳。在他的影响之下,沈鹏思想也发生了很大转变,由从前只读圣贤书,不问窗外事,变为关心时政,支持朝廷革故鼎新,改换日月。

甲午战后的两三年间,朝局动荡,新旧交讧。翁氏在朝廷中虽然位居显要,却优柔寡断,遇到时政难题,经常瞻前顾后,犹豫不决。尤其是在守旧势力猖獗之时,翁氏往往临危而惧,态度模棱两可。光绪帝于戊戌年四月二十七日(1898年6月15日)颁布朱谕称:

---

① 陈义杰整理:《翁同龢日记》(第5册),第2698页。

协办大学士户部尚书翁同龢,近来办事多未允协,以致众论不服,屡经有人参奏。且每于召对时,咨询事件,任意可否,喜怒见于词色,渐露揽权狂悖情状,断难胜枢机之任。本应查明究办,予以重惩,姑念其在毓庆宫行走有年,不忍遽加严谴。翁同龢著即开缺回籍,以示保全。特谕。①

被开缺之后,翁氏不得不离开京师,返回常熟。数月之后,便发生了戊戌政变。六君子血洒菜市,原指望通过维新变法实现富国强兵的光绪帝,也被囚瀛台。守旧派张牙舞爪,弹冠相庆。慈禧之心腹重臣荣禄,权倾朝野,炙手可热。他利用慈禧的信任,猖狂揽权,排除异己;另一位出了名的守旧派代表人物刚毅,则气焰嚣张,不可一世。他向慈禧建议裁撤一切新政,关闭新式学堂,诛杀那些力主维新的改革人士。至于那位内廷的太监头子李莲英,亦狐假虎威,狗仗人势,极尽招摇欺骗,挑动是非之能事。朝野上下,腐败昏庸。凡是稍有良心的知识分子无不扼腕痛心,无可如何。由于惧怕以慈禧为代表的当权派专横跋扈,打击报复,故绝大多数读书人,与京城官员们选择了忍气吞声,逆来顺受的立场,神州大地一片死气沉沉。

唯有翰林院编修沈鹏与众不同。他认为与其苟且偷生,罔顾国家民族之前程,不若赴汤蹈火,奋起力争;于是,光绪二十五年(1899年)九月草就了一份名为《权奸震主削民,生祸召灾,请援照国典肆诸市朝折》。他在此奏折中,将矛头直指荣禄、刚毅、李莲英。其奏折云:

今大学士荣禄,既掌枢机,又握兵权,北洋各军,武备五

---

① 中国第一历史档案馆编:《光绪宣统两朝上谕档》(第24册),桂林:广西师范大学出版社,1996年,第181~182页。

军,均归节制,近温苏元春练兵江南,亦归节制,南北重权,归于一人,使荣禄于此,或生异心,未识皇太后皇上何以待之也!即令荣禄此时,初心可保,而此后势成,骑虎不得复上。武夫患失,顿起奸谋,祸变之来,未知所底。窃虑将来危及皇上,伏愿皇太后皇上听曲突徙薪之谋,为未雨绸缪之策,毋使董卓曹操再见于今日。

今岁大学士刚毅奉旨筹饷,到处搜刮,民怨沸腾,虽其筹饷之名为力除中饱,不竭商民,然别决搜罗,不顾大体,而不肖官吏,肆意追乎,又裁撤学堂,以伤士气。更有太监李莲英,以一宦寺,干涉朝政,请援照国典肆诸市朝。①

沈鹏弹劾的矛头直接对准荣禄、刚毅和李莲英。这些人由于镇压戊戌变法有功,均为慈禧一手提拔,猖獗跋扈,无人敢惹。沈鹏却对此毫不理会,经过深思熟虑,他将一切风险置诸脑后,慷慨陈词,无所畏惧。然而,清朝腐朽的递折制度,却扼杀了沈鹏的发言权。这种制度规定,全国上下,无论是官员,还是百姓,均不可随便对朝廷上书建言,想向朝廷递折,困难重重。内而皇亲国戚,尚书侍郎,翰詹科道,外而督抚藩臬,除这些少数人外,其余众多官员百姓,想要上书,只能由都察院和各部院堂官代为呈递。

沈鹏作为朝考一等的翰林院编修,可谓高人一等,然而,即使像他这样满腹经纶,才华横溢的翰林,想向朝廷直接上书,呈递奏折,也同样被拒之门外。他呼天天不应,抢地地不灵。他痛恨这种剥夺其发言权的不合理制度,深知要触动数百年的祖宗成法,不是他一个人的力量所能及的。于是,他无可奈何地返回寓所,对那份

---

① 《国闻报》,光绪二十五年十月十五日,见孔祥吉、[日]村田雄二郎整理:《国闻报(外二种)》,北京:国家图书馆出版社,2013年,下同。

奏章稍加润色改动,几天后,又抱着一线希望来到了东交民巷。

清朝末年的东交民巷,是北京城比较繁华的地区,车水马龙,昼夜喧嚣。它的繁华并非仅仅是因为紧靠紫禁城,西邻棋盘街,而是由于在第二次鸦片战争之后,列强的使馆纷纷在此建立。东交民巷的王府大宅、部院衙门纷纷被林立的高楼,宽阔的广场所代替,不怀好意的侵略者,在此巷比比皆是。

沈鹏来到东交民巷当然不是为找洋人而来,而是因为这里住着他的顶头上司徐桐。清代向朝廷上书制度规定,凡在京师各衙门任职,而没有递折资格的官员要呈递奏章,须由本衙门的主管官员代递。徐氏,字荫轩,以大学士兼翰林院掌院学士。沈氏的奏折要想递给朝廷,只能通过徐桐代递这一条路。而徐桐是远近闻名的守旧派首领,对西法、对洋人均深恶痛绝。他不但自己反对变法,而且还要求他的门生弟子,也与维新派为敌,凡有意新政者,均去削弟子籍。①

据史料记载,这位饱读诗书的大老,还有一个独特的烦恼。京师官场中唯独他最恨洋鬼子,偏偏家住在东交民巷内,低头不见抬头见。高鼻子蓝眼睛的洋人总在他眼前晃悠,所以徐桐出门无论坐车还是乘轿,时常要以扇遮面,为的是眼不见、心不烦。

百日维新期间,光绪帝的维新之诏联翩而下。徐桐气得怒火中烧,无可奈何。慈禧在戊戌政变后,捕杀了谭嗣同、康广仁等六君子,又囚禁了光绪皇帝,徐桐深感庆幸,拍手称快。此次沈鹏求见,呈递奏章,徐桐稍加翻阅之后,简直惊呆了。他对沈鹏何以如此大胆,竟敢提出杀掉朝廷重臣荣禄、刚毅及慈禧太后的心腹太监

---

① 中国史学会主编:《中国近代史资料丛刊·戊戌变法》(第1册),上海:神州国光社,1953年,第469页。

李莲英感到莫名其妙。徐桐不敢相信,在他所管辖的翰林院,会有这样一个罔顾生死,冒险犯上的呆子。徐桐以为,沈鹏的奏章一旦代递,不但沈氏本人难逃杀身之祸,就是他这个老资格的掌院学士,也会被牵连在内。故徐桐稍加思索之后,便生气地将沈氏奏章摔了回去,并吩咐家人,将沈鹏轰出府门。尽管沈鹏苦苦哀求,但也丝毫无济于事。

没过多久,沈鹏再次来到东交民巷的徐府,又将弹劾三凶的折稿呈上。笔者二十多年前,曾抄录的清人书札内,有徐桐致翰林院编修陆钟琦函札一通。该札专门记述沈鹏书呆子气十足,在第一次要求代递封奏被徐桐拒绝之后不久,再次踵门求见,还是要求代递弹劾三凶的奏章,简直把这位老顽固气得火冒三丈。于是,再度吩咐下人,将沈鹏逐出。

沈鹏为递奏章,在衙门碰了钉子,毫无办法;去求堂官徐桐,屡次被赶出门外,横遭拒绝。他满腹悲愤,无处发泄。而且,此事已闹得满城风雨;其同乡友人怕其出事,劝其暂回常熟。尤其是翁同龢在京的亲友,怕他惹出更多的麻烦,极力敦促其南归。

光绪二十五年(1899年)初冬,朔风劲吹,风雪弥漫。沈鹏向翰林院请假获准,踏上归途,由通州乘船到了天津后,沈鹏思前想后,气愤难平。他觉得坏人当道,自己却无力回天,绝不能这样无声无息地返回常熟。他想到了利用大众媒体来表达自己的见解。于是,一气之下竟将此奏章送到了《国闻报》,不久该弹章便被刊诸报端。沈氏铿锵有力的文字,像一道闪电划破了沉沉的夜幕,直刺守旧党的要害。沈氏弹章云:

> 荣禄上持皇太后之亲,下持礼亲王之戚,玩视朝野,三令不从,内掌枢机,外握兵权,势成骑虎,必起奸谋。刚毅外托清廉,内实贪鄙,通馈遗于阉寺,设典肆于都门,又以筹饷为名,

肆意追呼,召阁京扰;力主裁撤学堂,摧伤士气。李莲英心狠手辣,贪婪浮财;窃作福威,患伏宫禁,上下勾结,已形成三人之党。展转勾引,日聚日众,踪迹诡秘,不可究结。沈鹏认为:"不杀三凶,以厉其余,则将来皇上之危未可知也;长此以往,势必造成天下大乱。"①

荣禄、刚毅、李莲英都是受慈禧宠信之人。对于他们的劣迹,京城大臣知之者甚多,可是无人敢于公然出面,对这些皇太后的亲信提出公然抨击。沈鹏此举无疑是捅了最高封建专制者的"马蜂窝"。

三、慈禧、荣禄等疯狂迫害沈鹏

沈鹏弹劾"三凶"奏章,在光绪二十五年十月十五日(1899年11月17日)的《国闻报》上刊出后,很快不胫而走,传遍朝野上下,大江南北。读书人无不对沈鹏大义凛然的勇敢举动肃然起敬。然而,沈鹏对朝廷动向并不知晓,不知道一场灾难即将来临。他离开京师之后,在天津乘船南下,到上海稍事停留之后,便回到家乡常熟。回乡不久,沈鹏即迫不及待地前往翁同龢所居之虞山,探望其恩师。翁氏光绪二十五年十一月初九日(1899年12月11日)记曰:

沈鹏前日到山投刺,闻往三峰,所欲递之折竟刊入《申报》,可怪,可憎。②

翁氏此处所说的《申报》刊出,很可能是沪上报纸转载,因为率先刊登沈鹏奏章的是天津的《国闻报》。

---

① 《国闻报》,光绪二十五年十月十五日、十九日。
② 陈义杰整理:《翁同龢日记》(第6册),北京:中华书局,1998年,第3239页。

光绪二十五年十一月二十五日(1899年12月27日),翁同龢又在日记中写道:

> 连日为沈鹏在京欲讦大臣,同邑公议逐令出京,而炯孙阻之尤力。旋天津报登其疏稿,而论者遂疑余主使。沈鹏既归见之,又作辨诬一篇,欲刻于报。于是,同乡诸君益愤,斌孙面斥其具疏之谬,并痛驳其置辨之非,乃使罢议。噫,沈一痴呆子耳,其人不足惜,而欲累及师门,亦奇矣哉。夜雨。①

翁氏所说的天津登其疏稿,指的就是光绪二十五年十月十五日及十九日《国闻报》所登载的《奏疏汇览》。与沈鹏疾恶如仇,奋不顾身的举动相比较,翁同龢一闻知此事,即担心惹祸,明哲保身,显得颇有些渺小。

沈鹏没有想到的是,京城的守旧势力代表人物如此无耻。他们非但没有向朝廷代呈其奏章,反而还将他弹劾军机大臣荣禄及刚毅等人的消息,透露给三凶本人。荣禄等人得知此消息后,怒火中烧。他们内外勾结,密谋策划,迅速开始对沈鹏之迫害。这些清廷要员,最后选定利用每三年对官员政绩,进行一次考核的机会,对沈鹏进行严惩。

光绪二十六年正月二十五日(1900年2月24日),体仁阁大学士徐桐与宗室昆冈向朝廷呈递奏《为特参编修心术不端,衣冠败类,请以一并革职事折》。该折称:

> 臣宗室昆冈,臣徐桐跪奏,为甄核词臣,据实纠参,恭折仰祈圣鉴事:
>
> 窃维三年考绩,为国家激扬大典,所以严黜陟,励人才也。翰林为储才之地,充是选者,惟当以敦品砥行为先,方不至徒

---

① 陈义杰整理:《翁同龢日记》(第6册),第3242页。

尚才华，无裨实用，其缅规越矩，任意妄为者，尤宜择尤劾奏，以儆其余。……

编修陈鼎，性情乖谬，心术不端，所注《校邠庐抗议》，多主逆说。告假检讨吴式钊，勾结外洋，贿卖矿产，已有参案可凭，现在坐敛重资，逍遥事外，自以为有恃无恐。

告假编修沈鹏，丧心病狂，自甘悖谬。

以上三员，均属衣冠败类，应请一并革职，交该地方官严加管束。

翰林各官皆文学侍从之臣，宜如何束身自爱，用备朝廷任使，似此与辱清班，断难稍事姑容。理合据实纠参，伏乞皇太后、皇上圣鉴。谨奏。

光绪二十六年正月二十五日①

很奇怪，徐桐此折对沈鹏罪行的弹劾只有八个字，不敢像一般朝臣那样，在奏折中叙述其"与辱清班"的"劣迹"到底是什么。这充分说明了他做贼心虚。其实，徐桐所痛恨的陈鼎与沈鹏，是翰林院中最有良知的官员，而徐桐对他们却极为仇视。徐桐的参折递上之后，慈禧立即照准，并于二月初九日（1900年3月9日）以光绪皇帝的名义颁布上谕，从重对沈鹏等人的处置。

沈鹏回乡没多久，就传来了清廷追究的消息。一月二十七日（1900年2月26日），常熟县令率领仆役，敲响了沈鹏家的大门，并出示了清廷下令关押的公文。他挺身而出，毫无惧色，从容整衣而去。

沈鹏在常熟关押期间，江南主持政务的是两江总督鹿传霖。

---

① 《光绪朝录副奏折档》，吏治类，光绪二十六年，中国第一历史档案馆藏。

鹿氏字滋轩，直隶定兴人，同治元年（1862年）壬戌科进士，选庶吉士，散馆改广西兴安知县，长期在地方任职，是荣禄被贬出任西安将军时结识的密友，时担任陕西巡抚。荣禄于甲午年慈禧六十大寿庆典时，贡献厚礼，痛叙别情。慈禧回心转意，遂命荣禄重返京城，执掌军政大权。此后，鹿传霖官职迅速升迁，故对于抓捕沈鹏一事格外出力。他联名江苏巡抚陆元鼎所递奏折称：

> 再，臣等再准军机大臣字寄，光绪二十六年二月初九日奉上谕，翰林院编修沈鹏，业经明降谕旨革职，解交原籍督抚，在省永远监禁。此等劣员不可稍事姑容，著鹿传霖、陆元鼎督饬臬司，俟该革员解到，即收禁司监，迅饬管狱各官，严行监禁，仍不时认真巡查，毋任与地方人等往来交结，是为至要等因。钦此。
>
> 遵查该革员沈鹏，先经臣等遵旨密挐到官监禁，当即电请总理衙门代奏在案，钦奉前因。复经札司钦遵办理去后，兹据署臬司朱之榛饬据常熟县知县杨家骠，将该革员沈鹏，押解来省，于二月二十二日收禁司监申报前来。除饬令司狱官严行监禁，随时认真巡查，毋任地方人等往来交结外，谨附片具陈，伏乞圣鉴。谨奏。
>
> 光绪二十六年二月二十八日①

鹿传霖此折递上后，于光绪二十六年三月十五日（1900年4月14日）："奉朱批：知道了。仍著饬令司狱官严行监禁，认真巡查，毋稍疏懈。钦此。"②

---

① 《录副奏折档》，吏治类，光绪二十六年，中国第一历史档案馆藏。
② 《录副奏折档》，吏治类，光绪二十六年，中国第一历史档案馆藏。

由鹿传霖、陆元鼎此折可看出,在二月初九日上谕颁布之前,鹿传霖等已严格执行慈禧、荣禄的密旨,先是将沈鹏"密拏到官监禁",先关押在常熟,二月初九日上谕颁布后,又将沈鹏于二月二十二日(1900年3月22日)押到苏州省城监狱,并对这样的政治犯严行监禁,丝毫不许同地方人等有任何接触。荣禄、刚毅、李莲英一伙,对沈鹏极端仇视,于此可见一斑。

四、外人干涉,清廷被迫提前释放沈鹏

沈鹏的奏折,表面上看是弹劾荣禄、刚毅、李莲英,而实际上它的矛头是针对慈禧太后。沈鹏对慈禧在戊戌政变后的倒行逆施表示不满,并且公然为励行新政,已经被囚禁瀛台的光绪皇帝鸣不平。因此,慈禧对沈鹏的举动很是仇视,必欲给以严惩。但是,令人不可思议的是,沈鹏并没有像常熟一些史料中所说"系省狱六载",而是在一年多后,突然被清廷下令释放。

光绪二十七年四月二十九日(1901年6月15日),慈禧与荣禄一反常态,颁布谕旨将"监禁已革编修沈鹏、陈鼎,均著加恩释放,仍交地方官严加管束,将此谕令聂缉规、俞廉三知之"。

徐桐庚子正月二十五日呈递的《为特参编修心术不端,衣冠败类,请以一并革职事折》,共弹劾翰林院编修共计六人,统统被革职监禁。慈禧等人为什么要将他们最仇恨的沈鹏、陈鼎等政治要犯提前释放?

原来慈禧一伙这样做与当时中国的政治气候很有关系。据掌故大家徐珂所编的《清稗类钞》称:"光绪庚子,拳乱起,美人李佳

白、李提摩太言于孝钦后,始释归。"①

在经历了庚子义和团风暴后,慈禧、荣禄等权贵,如同惊弓之鸟,狼狈出逃。由太原辗转到西安,在饱尝痛苦之后,开始标榜新政,"量中华之物力,讨舆国之欢心",因此,采纳了洋教士李佳白与李提摩太的建议,释放了沈鹏、陈鼎。徐珂在《清稗类钞》中的记述应该是可信的。

腐朽透顶的清廷,在国外势力的干涉下,释放了沈鹏等,这只不过是哄骗洋人的伎俩而已。他们暗中却仍然要地方官对沈鹏"严加管束"。因此,沈鹏实际上并未获得真正的自由,仍然是饱受折磨,身心交困,痛苦不堪,于宣统元年与世长辞。

沈鹏的悲剧是很令人感慨的。如果像其他京官那样,对慈禧、荣禄等人的反对变法,仇视改革,迫害参与新政人员的政策熟视无睹,逆来顺受,他就可以继续在翰林院当编修,做学问,或许还可以升官发财。然而,沈鹏却走了另外一条充满荆棘,追求杀身成仁崇高境界的道路。他不留恋自己的一官半职,甚至将个人的生命也置之度外,大胆对朝廷倒行逆施说不,为国家之前途担忧,与反对变法更张的权贵誓不两立,最后遭到了迫害。他虽然只活了三十多岁,却在历史上留下了自己的好名声。可惜在漫漫的历史长河中,像沈鹏这样的坚持真理,不向慈禧太后这样的晚清统治者妥协的读书人实在太少了。

---

① 徐珂编撰:《清稗类钞》卷 26,北京:中华书局,1984 年,第 1176 页。

清流何处是归宿

十多年以前，笔者在国家图书馆善本部所保存的《赵凤昌藏札》中，阅读了许多有关"甲申易枢"事件以后，清流派人物活动的信札。这些珍贵的信札，集中反映了在中法战争之后数年中，清流派人物的思想变化以及他们的不同归宿，读来让人不胜感叹唏嘘。

一、光绪朝清流派的构成

所谓清流，是光绪年间活跃于京师官场上的一个政治派别。他们大多由不当权的知识分子构成，其中主要是翰林院和台谏官员。这些人官职较低，手中没有实权，但是，却有能力左右社会舆论。他们遇事敢言，议论风生，即使对皇亲国戚、朝廷高官亦不留情面。尤其是在中外矛盾尖锐时，他们联章入奏，争相弹击，常使柄政者难堪。光绪初年，清流派人物在中俄有关伊犁交涉事件中，放言高论，对崇厚擅自订约，出卖国土的言行，丝毫不留情面地批驳，故清流派人物的政治声望很快提高，并且还得到了慈禧太后某种程度的赏识。

清流派最核心的人物，是所谓翰林四谏：即黄体芳、宝廷、张佩纶及张之洞。《清史稿》在此四人传记后，略有述评谓：

> 体芳、宝廷、佩纶与张之洞，时称翰林四谏，有大政事，必具疏论是非，与同时好言事者，又号清流党。然体芳、宝廷议

承大统,惓惓忠爱,非佩纶等所能及也。①

这些清流派人物到了中法战争时,拥戴河北高阳的李鸿藻为首领。其骨干成员有张佩纶、张之洞、王懿荣等,多是北方人,故称为北清流;到了甲午战争时期,清流派的构成有所改变。光绪皇帝的老师翁同龢,与文人学士敬重的潘祖荫,对日本发动的侵略战争主张奋起抗争。他们团结了以状元张謇为代表的文人学士,形成了所谓的南派清流。

我在《〈朴园越议〉与中法战争时之清廷》一文中曾经提到,坊间流行的所谓"清流尽于甲申"的说法,是不合实际的。②《赵凤昌藏札》所辑录的信札,证实了这种说法。实际上,经历了中法战争之后,清流派本身也经历了分化,并没有销声匿迹,退出历史舞台。由赵凤昌保存的这个时期信札中可以看出,这些清流派人物当时的思想轨迹,以及他们的历史归宿,概而言之,大体可分为三个不同类型。

二、与时俱进的张之洞

以张之洞为代表的一些清流派人物,继承了光绪初年所表现出的饱满的政治热情,以反对外国侵略,捍卫国家主权为己任,在新的历史条件下,谱写了更加有意义的篇章。光绪十年(1884年)七月,张之洞被任命为两广总督,在广州上任伊始,即开始创办军工企业,设立鱼雷厂。除军事方面引进西方先进设备与技术外,张

---

① (清)赵尔巽等撰:《清史稿》卷444《列传二百三十一·徐致祥》,北京:中华书局,1977年,第12460页。
② 孔祥吉:《晚清史探微》,成都:巴蜀书社,2001年,第348~352页。

之洞还注重在文化方面取外人之所长,逐渐向近代化靠拢。一个重要措施,就是刊布以介绍西学为主要内容的新书。张之洞在写给缪荃荪的信中,曾经写道:

筱珊贤弟阁下:

广州开书局刊书,拟分三类:一续学海堂经解;一补史、考史二注之属;一洋务。此须合近日外国纪述,及中华人书关涉洋务、边海各防者,择要纂成一书。事体太大,顷思一收束法,仓卒不能定,望代思之。

纂辑者,亦殊不易得,并请筹之。此间已延粤中名宿数人为总校,不知有讲求洋务者否?此外,如子、集两部,有佳者亦可带刊。敢请先就将精博有用而无传本者,访求数种,直寄为幸。①

张之洞此函,集中体现了他在两广总督任上,一方面要继承发扬传统文化,另一方面还要传播新知识、新思想。此后,在经历了甲午战争、戊戌变法、庚子义和团等重大历史事件之后,张之洞在思想上,颇能与时俱进。特别是在甲午战争之后,他不顾守旧派的嘲讽与阻挠,极力主张向日本等国派遣留学生,主张通过学习欧美、日本的先进经验,加速西学在中国之传播。张之洞的这一重要措施,对中国近代历史产生了深远的影响。辛亥革命的主要领导人黄兴等人,就是那个时期被张之洞派往日本留学的。

当时,在京师大学堂担任张百熙助手的张鹤龄,曾写信给张之洞的亲信幕僚赵凤昌,试图促成张之洞与张百熙步调一致,共同推动新学在中国的传播,以抵制守旧派官员的强烈阻挠。张鹤龄之函曰:

---

① 《赵凤昌藏札》(第50册),原藏本。

竹君仁哥大人阁下：

　　弟到京后，将学务章程略加厘订。京师众论纷呶，甚于外省，著墨之难，左支右绌；近甫有端绪，流传臆度，百喙梦呓。词苑诸公，更欲改翰林院为学部，节制大学堂。又因前次谕旨，有通行各省字样，忌嫉尤深；交章抗论学务事宜，至谓学堂兴而三纲废。又有一折具言，步武他人，不足言学，必须力图突过，有声外通声，光外通光，化电外通化电诸奇语。又有人请三年之后，学堂办无成效，请将管学大臣以下议罪。众难众疑，穷于置辨。此等情形早为意中所料。

　　弟以为兴学一举，实为国民命脉攸关，倘过叠风涛，勉强支持过去，此后必有成效可图。弟前在沪上，长沙第一次奏折，太近空泛，未能实举办法，暗中生出无数葛藤。大致宗旨，以整齐画一为先，细揣今日情势，则尤以京外大臣，协力同心，为整齐划一之根本。

　　日前南皮宫保来电，回鄂中已办翻译课本一事，恐大学堂课本续出，奉旨通行，则鄂译恐徒劳心力。因电致长沙尚书中，有日本各学课本，非必尽由文部核定等语。弟代拟复电略谓：尊处派员查勘日本学务，从事编译，先路南针，惟公依赖等语，长沙虽稍有改动，大致用意相同。今鄂局想已开办，但能宗旨相符，则联络一，必于大局甚有裨补，何必拔赵帜而立汉帜，方足壮门户哉？弟略筹办法数端，其归墟总在通力合作四字上。①

此函作者张鹤龄，字筱圃，江苏武进人，光绪十五年（1889年）中举，十八年（1892年）考中壬辰科二甲二名进士，选翰林院庶吉士，散馆后曾在京师任户部主事。张鹤龄热衷于西学，倾向变法。

---

① 《赵凤昌藏札》（第52册），原藏本。

戊戌政变后，他回家乡创立经世学社。光绪二十七年（1901年）张百熙担任学部大臣之后，聘请张鹤龄担任京师大学堂总教习，随后，他便写下了以上信函。张鹤龄此信反映了京师的守旧势力，反对西学非常猖獗，即使在经历了庚子义和团事件之后，京城的"词苑诸公"仍然坚持"学堂兴而三纲废"的守旧派立场。身为湖广总督的张之洞，不为所动，集中力量翻译日本各学课本，加强西学传播。在北京的张百熙则忍辱负重，力排众议，千方百计地支持张之洞翻译西学课本，可见其顾全大局之宽阔胸怀。

张之洞由清流派干将开始，一直坚持在求新求变，推广新学不动摇。一般说来，只要不侵犯皇权，对现实做任何变通，他都会支持。当然，张之洞没有能够从思想上转化成为彻底的改革派，这同他热衷当官很有关系。因为中国的封建专制制度根深蒂固，无论怎样改朝换代，人只要穿上官服，便身不由己。为了保住自己的乌纱帽，或者在官阶上更上一层楼，一切都要听命于皇上。在君权问题上，张之洞是万万不敢越雷池一步的，明知是正确的也不敢支持；即使是错误的，也不敢冒犯龙颜。这种状况，就严重制约了张之洞的思想发展。像张之洞这样为一己之私利，在君王面前循规蹈矩的人物，在中国近代政治舞台上，真可谓屡见不鲜。

三、寄人篱下的张佩纶

清流派人物中，大多数经历了中法战争之后，各自东西，四处分散。唯独张之洞宦途平坦，步步高升。张之洞与他昔日的清流同伴之间旧情难忘，思念弥深，彼此关切，深情感人。他们之中，虽然有的已经处于闲散境地，却依然能关心时政，思想认识也在一步一步地发生变化。张佩纶可谓最突出的代表人物。

翰林四谏中,张之洞与张佩纶关系,在早期颇为融洽。佩纶,直隶丰润人,字绳庵,同治十年(1871年)进士,以编修大考擢侍讲,充日讲起居注官。时外侮甚亟,佩纶累疏陈经国大政,"尤以纠弹大臣名著一时,如侍郎贺寿慈、尚书万青藜、董恂皆被劾去"。①随后,张佩纶任职台谏,法越事起,奉命以三品卿衔会办福建海疆事,后以马尾海战失利,被发配军台效力。

　　《赵凤昌藏札》中保存了张佩纶抵达戍所时,写给挚友张之洞的长函一通,内容颇为重要。兹摘要如下:

香涛前辈大人阁下:

　　佩纶以马江之役,遣戍漠南,恪靖转遭严饬,皆鄙人累之,深为歉仄。……荣丞俊业,曾在先兄华亭幕中,后才(在)船政当差,入春屡以寄书,苦于见闻僻陋。昨得乐山书云,达夫同年,自粤至鄂,言公近颇瘦,内外无同心,甚以为念。清帅抚粤,朱道莅琼。鄙意中枢于粤事似尚注意,或不如达夫所言之甚。

　　识公十年即在词曹,忧国匡时,亦极癯忾。今既事烦于往……佩纶所望者,则在起居眠食间,当有一定节制;简静之说,公固能言之,而不能行之也。

　　琴西赴粤,未及一月,遽尔委化,可谓数奇;次棠前辈已擢滇藩,近又奉讳,在公殊失臂助。闻铁香定盻,法甚妄诈,想一时难于竣事。

　　鄙状粗适,徐唐张均生出牢户,免一疚心之事。晓山旋即物故,衰年免于西行,较庚弊已属大幸。鄂生书来,欲到滇引退。佩纶力劝其少安毋躁,度向用方殷耳。

　　管书涉猎既久,欲于三年中定一草本,免置虚费岁月,而

---

① (清)赵尔巽等:《清史稿》卷444《列传二百三十一·徐致祥》,第12455页。

学植甚浅,藏籍无多,时自悔恨。意欲求公在粤致书一、二箧;近于不情,然在公拨一日之冗杂,即足供鄙人十年之研寻。想义秉师友,必许我也。

专肃,敬问起居。

期佩纶,谨上。孝达前辈尚书座下
二月初九日

附书名:《通志堂经解》《岭南遗书》《古经解》《小学汇函》《揅经室集》,乞为代致,或嘱清卿前辈寄津。①

上函中涉及人物甚多,仅就重要者稍予阐释:恪靖,系指左宗棠;清帅,系指吴大澂(吴字清卿);次棠,系指于荫霖;铁香,系指邓承修;晓山,系指徐延旭;鄂生,系指唐炯。此函反映了张佩纶被流放初期,回首往事,时自悔恨的心情,以及对张之洞的关切情怀。张佩纶于光绪十四年(1888年)由塞上放归,临离戍所之前,又致函张之洞深表谢忱。其函曰:

塞上将归,奉惠书,敬承道体安善,极慰远念。

合肥已代入赎锾,公寄千金,归后作草堂之资,深感高义。张莲卿主莲池,舆论不惬,而合肥与之旧交,不忍辞之。为鄙人假宅津门,俟来年再定讲席。佩纶之意,入山为上,书院次之,都门为下,却有朋友之乐,求书亦较便。再同、谊卿均以为都下万不可居,止能秋间携两儿暂住津沽。佩纶同安圃回里营葬。九、十月间书院当可定。合肥有"无事亦岁奉千金"之约,然终不如笔耕之合;故瞻周道虋之靡所驰,竟无一地足以容膝,可慨也。

豫中亢旱,河水日消。都下畏当道及匿怨而友者,津门畏

---

① 《赵凤昌藏札》(第71册),原藏本。

干求者，莲池亦恐不免。故乡无一亩之田，无一椽之屋，卜居之念，彷徨莫决，转不如谪所三年之以境静定也。合肥谓，得罪京官福大，得罪穷候补祸小。

一笑。

黄又上①

此函是张佩纶告别戍所前夕，在收到张之洞寄来千金安家费之后的答复。函中所谓莲卿者，系指张裕钊，时任保定书院山长。张佩纶此信，一面对张之洞在其离开塞上之前，厚寄千金，深表谢忱，同时还谈到将来的去向问题。所云李鸿章想用张佩纶代替张裕钊，并未成为事实。张佩纶由塞上放回，直接到天津安家。此中情形，在张佩纶的另一通书信中，亦有所记述。张佩纶写道：

孝达前辈尚书阁下：

云门过津，远劳手笔，孔北海所谓忻然独笑，如睹其人者也。敬维兴居百福，动定咸宜，深慰驰仰。

承示南北分任铁路，并录寄致合肥函稿，具晓来意。云门复深谈两日，曲畅旁通，择要亦为代达。昨合肥已有书奉复。乐山虽属同心于铁政，谅多隔膜，今得寿丈相助，以铁路建言之人黉画三厂，其中曲折精微，利病通变，必能互相推究，共底于成，深可欣贺。要之三厂之难，不难在煤铁而难在经费，效彰利见，群疑自亡，似来教亦多过虑耳。

管庄两书，治之积年，略有一得。然管子大义不易条通，庄子微言更无真解，实未敢遽写定本，取诮通人，承问愧愧。密电收到，俟有下询电音，当如前约增减电码奉复。虽可省简

---

① 《赵凤昌藏札》（第 71 册），原藏本。

尺之劳，免局生之泄，但鄙人借资官电，不顾频烦，尚希曲鉴。损惠端溪石砚，钦州茗壶，制度朴雅，拜纳感谢。闻道体初痊，餐眠尚未如常，极念。近日当已康复，希为时自重。

复颂台安，统惟亮察不宣。

侍生期佩纶顿首

八月廿一日①

上函中的云门，系指樊增祥。孔北海则是指孔融。孔融，东汉末曲阜人，建安七子之一，孔子二十代孙。由于曾任北海相，故称孔北海，后因恃才傲物，得罪相国曹操，故被处死并被株连全家。

此函系张佩纶由戍所抵达天津，寄居于直隶总督李鸿章门下后，写给张之洞的。此前，为疏通与李鸿章的关系，张之洞专门派樊增祥去津沽探视张佩纶，并希望通过这层关系，缓和同李鸿章之间的冲突，以便顺利实现其在湖北兴建工厂及铁路的宏伟计划。事实上，在见过张佩纶之后，樊增祥也写了一封较长的信，向其顶头上司张之洞禀报在津沽会谈情形，其文曰：

受业前过天津，与丰润倾谈两日。渠虽居甥馆，迹近幽囚。据云，合肥始以津通之故，意不能无望。自函丈节次电信，深相推挹，渠已焕然冰释；至三厂交伊接替，则自云无出山理。且云不婚犹可望合肥援手，今在避亲之列，则合肥之路断矣。又云：在甥馆本不与公事，惟函丈三厂事，若有稍近琐屑，不欲径达合肥者，可电致渠处，渠当代达云云。又云：合肥此次得书甚喜。渠在旁云，事事皆可助，惟钱不能助。合肥云，钱亦能助，如部拨山东修河之

---

① 《赵凤昌藏札》（第71册），原藏本。

六十万金,若推延不解,我亦可代催。又如钢轨既出,我少买洋轨,多以轨价付鄂,俾资周转,是亦相助之道也。

受业窥此两人,均已为函丈所用。丰润犹有结托之意,但使时时假以书问,必效臂指无疑。渠又云,密电可不用,缘电报房密迹合肥,若渠致鄂电,密不能缮,必使合肥生疑,此亦实情。在津时,渠云:合肥三日内必复书,渠俟见合肥信后,再作复函。此时想均达签室矣。

总之,幼樵识见之明决,议论之透快,其可爱如故,吾师何妨招其游鄂,纵不能久留,暂住亦复甚佳。渠在津窘迫已极,郎舅又不对,(小合肥欲手刃之),绝可怜也。①

樊增祥的这通书信,如实地揭示了张佩纶在天津"迹近幽囚"的困窘境况,与张佩纶自己所述在津情形,颇有异同。由樊增祥此信可以清楚看出:同为封疆大吏的张之洞与李鸿章之间,为了各自利益,彼此钩心斗角,你争我夺的错综复杂关系。

四、敢说敢当的宝廷

在赵凤昌信札中,还保存了一些信件,从中可以领略到一些清流派人物的生活志趣与情调。他们长期生活在北京城中,却与外界隔绝,对于一些新生事物与西学,一无所知而又深闭固拒,甚至达到了可笑的地步。宝廷堪称是这方面的代表人物。

宝廷,号竹坡,出身宗室,系郑亲王济尔哈朗八世孙。在清流群体中,宝廷与张之洞关系至为密切。宝廷襟怀坦白,敢作敢当,是一个非常有个性的历史人物。他出身贵族,却没有皇族固有的

---

① 黄濬:《花随人圣庵摭忆》,上海:上海古籍出版社,1983年,第247~248页。

虚骄之气，常常议论风发，不避权贵。当年与张之洞同在翰林院时，他们彼此密切往来，几无虚日。

《张之洞全集》中有《焦山观宝竹坡侍郎留带三首》，其中一首云：

　　故人宿草已三秋，江汉孤臣亦白头。

　　我有倾河注海泪，顽山无语送寒流。①

此诗写于竹坡病逝三年之后，身为湖广总督的张之洞，出游宝廷曾经待过的焦山，触景生情，怀念故人，不胜感慨，于是，写此诗篇以抒发其深深怀念之感情。其中"我有倾河注海泪"，一句道出了张氏对宝廷之无限思念的深情。后来，张之洞重返京师，又专门前往宝廷墓前凭吊。其《拜宝竹坡》二首云：

　　翰苑犹传四谏风，至尊能纳相能容。

　　枫林留得愁吟老，长乐疏星独听钟。

　　子政忠言日月光，清贫独少化金方。

　　市楼一盏良乡酒，那得鱼头共此觞？

　　（自注：君贫甚，官侍郎时，余常凌晨访之，惟新熟良乡酒一罂，与余对饮，更无鲑菜，咸齑一碟而已。）②

张之洞这些饱含深情的诗句，怀念当年翰林四谏敢说敢当之风范，追思畅怀共饮的情景。张氏对宝廷无限眷念之情，已跃然纸上。同时，由张之洞的这些描述，可以看出晚清时期，北京翰林院里的读书人的生活是何等清贫，以至于在饮酒时，想食鱼头而不可得。

在《赵凤昌藏札》中，还保存有张之洞出任两广总督后，宝廷的来信。其中一函曰：

---

① 苑书义、孙华峰、李秉新主编：《张之洞全集》（第12册），石家庄：河北人民出版社，第10546页。

② 汪辟疆撰，王培军笺证：《光宣诗坛点将录笺证》，北京：中华书局，2008年，第127页。

春间曾寄一椷,当早登记室。疾病缠绵,兼为二儿娶妇。伽事纷纭,闲身不容小息,直至端阳后病始渐减,事亦渐定得不死,无可消磨仍钻故纸……择有用书读,作有用文字。经学固至要,而此时非当务之急。海外强邻耽耽环伺,不但其坚船巨炮,可为中华之患,即其邪说诬民,亦可注意。非谓其传教也,其教涉陋,不足一辟。而其讲天学者,逞其私智,肆为臆说,以器为道,以数为理,自命为学究天人,欲将中华古圣人阴阳动静之训,扫而空之。华人喜新好奇,多为所惑。群以西人为大智,足以知天。此时虽怵于清议,尚不敢直谓圣人不知天,数十年后恐无天者,皆奉歌白尼奈端为圣人,而不屑谈大易矣。

自愧手难缚鸡,不克披坚执锐,从事于海上,及此以血未干,聊借毛(掸)子作文战利器。购得李某所译谈天书,闭户昼夜读之,苦心孤诣,穷思极虑,有所见则笔之于册。竭三伏之以力,已得数十条。但恨不谙算数,有明知其谬而不能著一语者。盖西人思深算巧,虽不明阴阳正理,而推测细密,假象数以穿凿附会,其无理之理,以实有足以惑人者,故谈天者多信之也。不敢自是,寄呈哂正。此乃初稿,容杂不成文章,祈略词取意,如所驳尚是,再修饰另抄,有不妥祈批出,此外,尚多可驳。……前承厚赐,谢谢。

草泐,顺请壶公老夫子大人台安。

侍宝廷顿首。儿辈随叩
中元夜半①

由宝廷此函可以看出:由于国势陵夷,强邻环伺,使这位已经

---

① 《赵凤昌藏札》(第71册),原藏本。

挂冠还乡的昔日清流干将,满腔热血,愤愤不平。他自称仍然有报国之心,虽然未能"披坚执锐",却想从思想方面对洋人中"讲天学者"进行反驳。他动机真实纯朴,然而,他所用的,是传统的封建学说;所批评的,则是西方先进的自然科学理论,实在是把劲用错了地方。宝廷挂冠辞职以后,一贫如洗,长期徘徊于京师西山,吟咏于花前月下,自我封闭,外部世界已发生巨变,而其思想未能不断更新,还是用旧观念看待新事物,以致得出许多可笑的结论。

其实,对于宝廷其人,笔者认为是应该具体分析的。他出身于皇族,却不屑与当政的邪恶者同流合污,宁肯布衣蔬食,也不肯去干那些伤天害理之事。在《赵凤昌藏札》中,还保存了一首他亲笔写给张之洞的小诗,读来十分有趣。其诗云:

自诩罢职已五载,四美尚具如曩时。
坡公有知合生羡,穷途爱眷无分离。
可笑今年更穷困,汤幸续命命似丝。
债台过峻米难乞,太仓日籴聊救饥。
杨枝恋主恐难久,行看开阁靡子遗。
林空春尽暮雨止,岂如朝云停不飞。(原注:小姬怡与朝云同乡同姓,原字雨林,亦与云字逢对,亦奇矣)
及今粉黛尚列屋,投醪均饮无参差;
樱唇饱啖共含笑,馋口笙独唐宫妃。
他年我若宰天下,愿如此果公不私。

广雅堂主人哂正,有暇并希惠和

四号室主初稿[1]

---

[1] 《赵凤昌藏札》(第71册),原藏本。

宝廷此诗是描写其被罢职之后，与妻妾和睦相处之情景。宝廷于光绪八年（1882年）在担任福建主考任满之后，归途于杭州逗留，在风景如画的新安江上，纳江山船妓为妾，然后自劾罢职。为了纳一小妾，居然连乌纱帽都可以不要，只有宝廷这样的"名士"才能做出此等怪事。而他写给张之洞的诗，则是畅谈在罢职五年之后，依然同妻妾四人在北京城里度日。尽管衣食无着，债台高筑，穷得都快揭不开锅了，而他却乐在其中。他在诗中兴高采烈地写道，当年的四位粉黛"尚列屋"，且"樱唇饱啖共含笑"。这些诗文，活龙活现地勾画了这位当年叱咤风云的清流干将，在自劾丢官之后，以苦为乐的情景，别有一番生活情趣。

清末民初以来，坊间对于宝廷风流轶事，有不少诗文记载，但是，许多描述并不准确全面，今据清档略予补充。

对于宝廷的自劾丢官一事，清宫档案有详细记载。在自我弹劾之前，他首先禀报了对闽台海防大事的意见。宝廷的奏章称：

奏为典试闽中，有所见闻，敬陈管窥，仰祈圣鉴事。

窃奴才奉命往典闽试，试竣留心访察，颇有见闻，琐细之事，无暇深论，其有关大局者，不敢避嫌远怨，自甘缄默，取悦众人而贻误国家，不揣冒昧，特为我皇太后、皇上敬陈之。

窃维闽中事之大者有三：一曰海防，一曰船政，一曰关税。闽居东南海隅，东洋有事，闽先当之，而台湾尤为冲要。五虎门海本天险，近年洋舶往来，熟视其险，已不足恃。奴才榜后曾至船政局一观，顺流拟赴海口。因受风吐泻，未能至五虎门，而沿途略观内河炮台，似皆未臻严密。访闻台湾防务，虽经刘璈整顿，渐有眉目，而形格势禁，仍难尽称周妥。日本包藏祸心，断不能久和，不及此时速筹，一旦有事，后悔无及。

夫欲修海防，全在疆吏。闽抚张兆栋，履任未久，难见短长；总督何璟，人极和平，文学亦优，而微短于才，且过于长厚，不能破除情面，于海疆人士，似未相宜，若不更调，窃恐闽海防务，终难收实效。此闽中海防实在情形也。

船政为方今至要之务，其中原委，奴才固未深知，而人言啧啧，多讥其虚糜多而实效少。海防以船为首务，中国果能实力整顿此事，则自造自用，远胜外购，且能造尤须能驾，若终必外人管驾，则有船不殊无船。此中利弊，非局外所能知，浮言毁誉，亦难尽信。此事所关甚大，必须及早整顿，似宜特命通晓军务公正不徇情面大员，认真清查，毕竟利弊如何，庶可除积弊而收实效，若再因循不加整顿，恐船政日坏一日矣。此闽中船政实在情形也。

欲修海防，先筹经费。闽中夙称瘠苦，殊难筹划。惟闽海关税务，若能认真整顿，少可有补饷项。闽关近年固不如前，然亦未必一无盈余。将军穆图善，受恩深重，当此库款支绌之时，当不敢有心欺饰，但积弊过深，查核不易，吏役百般蒙混，该将军亦未能尽知。拟请饬该将军再详细查核，毕竟每年正额盈余之外，尚有盈余若干，务须彻底清查，不许吏役蒙混。如能查有成数，前次复奏，未能详尽，伏乞恩施，格外免究，若仍听吏役蒙混，回护前奏，日后别经发觉，从重惩处。张兆栋向来尚不避嫌怨，可否饬其会同查办，以期核实。闽关事繁费重，如能查有成数，每年可增收若干，可否仰恳天恩，每万两许其留若干两，作办公之费，以免拮据。此闽中关税实在情形也。

以上三端，皆闽中事之大者，且不独关于闽省，实有关天下大局。奴才深受厚恩，既有所见闻，岂敢避越俎之愆，知而不言，伏愿俯施采纳幸甚。本拟到京复命上陈，因一路水浅风逆，兼之天寒河冻，处处阻滞，恐年内未必到京，刍荛之言，迫于进献,故在清江具折,借用漕运总督印信呈递,合并声明。

伏乞皇太后、皇上圣鉴。

谨奏。

光绪八年十二月十二日①

宝廷此折所揭示的内容至关重要。首先,他指出福建海防松懈,无论是虎门炮台,还是海峡对面的台湾,海防均未臻严密。他预见到帝国主义列强已"包藏祸心,断不能久和","一旦有事,后悔无及"。宝廷的警告,很快被两年后的甲申中法战争及后来的甲午中日战争所证实。

其次,宝廷还尖锐地指出,福建船政因循,缺乏整顿,日坏一日的情形。最后,他还就海防经费提出宜严加整顿的建议。宝廷指名道姓地批评福建将军穆图善管理不善,致使"吏役百般蒙混",建议朝廷彻底清查。

在对海防、船政及经费提了自己的真知灼见之后,宝廷专门提到在江山船纳妾一事。宝廷之奏片称:

再九姓渔船姑,自明代即今之所谓江山船也。钱塘江中,历来官员往返皆乘此船,舍此无他船可乘也。奴才典闽试归,至浙江衢州,地方官代备坐船。舟人有女,年已十八,奴才已故弟兄五人皆无嗣,奴才仅有二子,不敷分继,遂买为妾。当时谓试峻差旋,无所关防;过后自思终属不合,后悔无及。

奴才以直言事朝廷,屡蒙恩眷,他人有罪则言之,己有罪则不言,何以为直?既已谬误于前,若再欺隐于后,获罪更深,更无以仰对高厚。用敢不顾罪戾,自行检举,请旨从重惩责以

---

① 《录副奏折档》,光绪朝,中国第一历史档案馆藏。

为鉴戒。为此附片自陈，不胜战兢恐惧待罪之至。

伏乞圣鉴。

谨奏。

光绪八年十二月三十日

军机大臣奉旨，钦此。①

清廷对于宝廷的纳妾举动严加惩处，吏部的奏章称：

大学士管理吏部事务宝鋆等奏，为遵议礼部右侍郎宝廷处分事。

奏为遵旨严议具奏事。内阁钞出光绪八年十二月三十日奉上谕：侍郎宝廷奏，途中买妾，自请从重惩责等语。宝廷奉命典试，宜如何束身自爱，乃竟于归途买妾，任意妄为，殊出情理之外。宝廷著交部严加议处。钦此。钦遵到部，查律载，违制者，杖一百，私罪革职等语。此案侍郎宝廷奉命典试，诚如圣谕，宜如何束身自爱，乃竟于归途买妾，任意妄为，殊出情理之外。钦奉谕旨，著交部严加议处。应请将壬午科福建正考官礼部右侍郎宗室宝廷，照违制私罪律革职例议，以革职系奉旨严议，应行加等。惟处分定例，议至革职，无可再加，合并声明。

所有臣等遵旨严议缘由，理合恭折具奏。

伏乞圣鉴，训示遵行。

谨奏。

光绪九年正月十二日②

---

① 《录副奏折档》，光绪朝，中国第一历史档案馆藏。
② 《录副奏折档》，光绪朝，中国第一历史档案馆藏。

宝廷纳妾自劾的举动，当年在北京城官场曾引起轰动，李慈铭日记对此事记述尤详，其文曰：

光绪八年十二月三十日，侍郎宝廷奏，典闽试归途中，买妾自请从重惩责，谕交严处，旋议革职。宝字竹坡，宗室，素喜狎游，为纤俗诗词，以才子自命。癸酉典浙试，归买一船妓，吴人所谓花蒲鞋头船娘也。入都时，别由水程至潞河，及宝廷由京城以车亲迎之，则船人俱杳然矣。时传以为笑。今由钱塘江入闽，与江山船妓狎，归途遂娶之。鉴于前失，同行而北，道路指目，至衢浦有县令诘其伪，欲留质之。宝廷大惧，遂道中上疏，以条陈福建船政为名，而附片自陈，言钱塘江有九姓渔船，例备官坐。舟人有女，遂买为妾。明目张胆，自供娶妓，不学之弊，一至于此。闻其人面麻，年近三十矣。宝廷尝以贺寿慈认市侩李春山妻为义女，劾之去官，故有人嘲以诗云：昔年浙水载空花，又见闽娘上使槎；宗室八旗名士草，江山九姓美人麻。曾因义女弹乌柏，惯逐京娼吃白茶；为报朝廷除属籍，侍郎今已婿渔家。一时传诵，以为口实云。①

李慈铭评人论事，语多刻薄，自然对宝廷亦不例外。同样是一个宝廷，在沃丘仲子的笔下，评论则多有不同。其文曰：

宝廷，宗室，字竹坡，以进士授编修，少迁司业，历官至礼部侍郎。其擢内阁学士也，上书言：臣于时事，谬有论列，遂荷超擢，而所言鲜见施行，殊自愧怍；愿朝廷多纳臣言，勿迁臣官。世以其猎名，而廷坦率恬退，吾则知其非饰说也。时与黄体芳、张之洞等主持清议，有大政必具疏论其是非焉。壬午典闽试归，道浙江，见榜人女，俏丽多姿，纳为妾，还朝上奏自劾，

---

① （清）金梁：《近世人物志》，民国排印本，第 276 页。

遂罢职。筑书室西山,间往居之,而家贫,客至至不能具酒食。之洞等时济以资,而到手即沽饮,或以瞻其更贫者,未久辄尽。予后见于京师剧馆中,已憔悴,霜雪盈颠矣。然犹娓娓道其近作。已而同入酒家,饮亦尽十余斗。后闻其酒卧道中,冒寒归,竟病卒。其妾楚楚,有林下风,侍廷尤勤恳,先死。吾尝见其画像于准良所,方属其题词也。①

沃丘仲子对宝廷的评价,与李慈铭有所不同。盖以其言辞平和,不以感情用事。沃丘仲子还说"之洞等时济以资,而到手即沽饮,或以瞻其更贫者"。所述与《赵凤昌藏札》所记内容亦相符合,彼此呼应。张之洞不忘旧情,慷慨解囊,亦可谓颇具古君子之风。

最后,还应该说一句,据史书记载,宝廷共有两个儿子,一个名寿富,小名一二;一个名富寿,小名二一。这样有趣的名字,也只有宝廷这样的文人学士才想得出来。

寿富幼时,其父罢官,家贫如洗,然其"端重好学",光绪十四年(1888年)成进士,选庶吉士。寿富颇讲孝道,据翁同龢日记记载,在其父故后,"寿富寝处苦块,并盐酪不入口,今二年矣。萨廉谓为矫情,余敬之爱之,附识于此"。② 后来,寿富成了康有为变法维新的支持者,曾倡导成立知耻会,著有"劝八旗官士文"。百日维新后期,曾奉命赴日本考察学堂,归国后,著有《日本风土志》,并痛陈中国积弊及所宜兴宜革者。庚子事变中,寿富以讲新学故,被守旧派攻击,斥为"祖外"。寿富"恚甚,或劝之他往,曰:'吾宗亲也,宁有去理耶?'城陷,寿富自题绝命词,并贻书同官曰:'国破家亡,万无生理。乞赴行在,力为表明。侍已死于此地,虽讲西学,未尝降

---

① 沃丘仲子:《近代名人小传》,武汉:崇文书局,1918年,第137页。
② 陈义杰整理:《翁同龢日记》(第5册),北京:中华书局,1997年,第2500页。

敌。'遂与弟右翼宗室副管寿蕃,及一妹一婢,并投缳死"。①

寿富是晚清八旗贵族中,少数几个大声疾呼,倡导维新的先行者之一。他虽讲西学,却不愿意忍受八国联军入侵京城后的凌辱,于是带领全家一起自尽,以死明志,事迹感人至深。张之洞对于晚辈寿富的过早去世,伤悼不已,曾写有《寿伯拜符翰林富墓》一首,诗云:

赋断怀沙不可听,宗贤忠愤薄苍冥。

荆高燕市耽沉醉,莫使重泉叹独醒。②

张之洞对这位晚辈淡泊名利,不向入侵者低头的高风亮节非常敬仰,于短短四句诗中表露无遗矣。

除了张佩纶、宝廷二人外,在《赵凤昌藏札》中,还有清流派人物陈宝琛的许多函札。陈宝琛(1847年—1935年)字伯潜,号弢庵、橘隐,福建闽县(今福州市)螺州人。同治七年(1868年)进士,授翰林院庶吉士,散馆授编修,擢翰林院侍讲,充日讲起居注官,曾以"直言风节声于天下"。陈氏先后典学甘肃、江西,在江西任上"得士尤盛",陈三立、朱益藩皆所得士。③ 中法战争后,陈宝琛因参与保举唐炯、徐延旭统办军务失当事,遭部议连降九级,后以丁艰归里,长期不出。直到慈禧死后,陈氏在张之洞的鼎力支持下,重返京师,任礼部侍郎。

---

① (清)赵尔巽等:《清史稿》卷468《列传二百五十五·宗室寿富》,第12780页。
② 苑书义、孙华峰、李秉新主编:《张之洞全集》(第12册),第10556页。
③ 黄濬:《花随人圣庵摭忆》,第47页。

甲午战争后的民族危机与北洋大学的创成
——天津大学早期校史的重要补充

天津大学是全国的学术重镇,也是教育部直属重点大学之一,她的前身最早是北洋西学学堂,而后称北洋大学堂。这所大学以理工科闻名于世,曾经培养了成千上万的理工科方面的专家学者。特别应该指出的是,天津大学是我国最早成立的大学,讲中国大学的历史,应该从这里开始。今年(2015年)是天津大学成立的一百二十周年。然而,由于种种原因,这所大学早期的档案资料,没有得到妥善保存。因此,当今所撰述的天津大学早期历史,有许多重要缺失。2003年,笔者利用在东京大学①大学院地域文化研究科任教的机会,在该校的档案资料室,发现了北洋大学最早向外国派遣留学生的重要记录,从此开始关注天津大学的早期历史。而后,又在三十多年前抄录的清人书札中,找到天津地区维新派人士,最早筹议设立这所大学的原始信件。兹撰写此文,以使天津大学的这段早期历史更加发扬光大。

---

① 东京大学创建于1877年,由"东京开成学校"与"东京医学校"在明治维新期间合并改制而成,于1886年更名为"帝国大学",1897年易名为"东京帝国大学",1947年9月,正式定名为"东京大学"。为行文方便,除引文外,本书一律称为"东京大学"。

一、最早呼吁成立天津大学的维新志士

北洋大学成立于光绪二十一年八月十四日（1895年10月2日）。其根据是，这一天北洋大臣直隶总督王文韶呈递的《津海关道盛宣怀倡捐集资，创办西学学堂，请饬立案折》，得到光绪皇帝的批准，并下所司知之。① 筹划设立北洋大学的建议由盛宣怀提出，并非偶然。这与盛氏本人有志于兴办文化教育事业的志向，有着密切关系。笔者在《赵凤昌藏札》中曾经看到盛宣怀在日本给赵凤昌的亲笔信一通，其文曰：

  前布寸缄，计登签掌。近惟台候日佳为颂。弟因左足红肿，两月不愈，恐因山居为岚气所侵，昨仍就医青山博士，稍有效验。

  回忆当年公与鄙人，患难相维系，疾病相扶持，情如昨也。近日常赴公园各图书馆博览群籍，华洋今古，无所不有。慨于吾国数千年名哲精英，沦落于外人之手，一去不返，尤非金融货产可比。公襟怀夐远，若到此一览，当无不喟然长叹也。弟前因上海为各国聚处，可以持久不变，特建图书馆一所以便士林。闻南中旧家藏书迫于乱离，倾筐而出，若能趁此时广为搜罗，未始不可为东南保全国粹。公谅有同心，兹先措上日金二万圆，交妥便带沪，到日即请查收，代为留意收买。俟奉复翰，再当设法续筹，节无用为有用，总共拟以四万元为度。专购未见之书，从容分办，不必亟亟。他日馆成归国时，必当与公面商布置。盖治国之本，在正人心。昔年南洋公学眉生，必欲以

---

① 《德宗景皇帝实录》卷374 "光绪二十一年八月壬午"条，北京：中华书局，1987年影印本。

国文为根柢。目下畔经离道,似须仍从根本上着力。人心一正,则安内攘外无事不可为矣。质之高明,不以为迂否?

敬请台安。

弟补顿①

这大概是最早大规模地为上海市图书馆筹划购书的信函。由此亦可以窥见,盛氏热衷于文化教育事业的浓厚情趣。这种情趣与光绪二十一年(1895年)八月盛氏向王文韶提出,筹划设立北洋西学学堂的请求,完全是一脉相承的。但是,盛宣怀本人是以经营实业为其主要旨趣的,至于将旧的书院教育模式改变为具有近代教育色彩的西学学堂,笔者以为,这与盛宣怀周围的天津地区维新派人士悉心策划有直接关系。其中,主要应归功于陈骧与钟天纬等人。

当时正值丧权辱国的《马关条约》签署之后,帝国主义列强纷纷向中国伸出魔爪,企图瓜分中国,以获取更多好处。中华民族面临着空前严重的危机。这种民族危机,在天津地区表现得尤为突出。因为在甲午战争中,对日本作战的主要力量,是北洋大臣李鸿章所掌握的淮军。因此,无论是作战方略筹划,还是前线军队调拨,或是后勤军需供应,大多在天津地区进行。天津的改革派对这场战争的失败,感受得尤为痛切。战争刚刚结束,他们便迫不及待地建议,中国要变弱为强,当务之急是设立以向西方学习为主要特色的西学学堂。

最早提出此项建议的,是天津地区维新派代表人物,也是最早要求创办北洋大学的带头人陈骧。陈骧,字子腾,号石麟,直隶天津府人,光绪十五年(1889年)中举。陈氏刻苦好学,聪敏过人,加

---

① 《赵凤昌藏札》(第45册),原藏本。

之在天津地区耳濡目染，对自然科学及外洋事务均有涉猎，而且颇有心得。因此，陈骧在北洋期间，多有新政建议。陈骧于光绪二十四年(1898年)考中进士，又以成绩优异被选为庶吉士，光绪二十九年(1903年)四月散馆，授翰林院编修。光绪三十四年(1908年)，陈骧出任贵州提学使，次年，署贵州布政使。

陈骧精通西学，在当时颇有些知名度。汪康年收藏的书札中，有邹代钧书札两通，专门提到陈骧其人。其第一函谓：

穰公鉴：

> 湘省现设制造局，系集商股购办……敝局化矿之人，至今未得佳者，前已托鹤笙招陈石麟孝廉来湘（已允来，尚未到）。后因求贤馆席需人，右帅以陈明化学、格致兼通算，即以陈主求贤馆席，而局中仍是无人。祈公商之陈次亮、容纯甫并博访通人，代谋一专精化矿者。如得其人，即恳械示，即往返械商薪水若干也。
>
> ……
>
> 代钧顿首
> 十一月廿六日①

上文中的鹤笙，指钟天纬。钟氏，字鹤笙，江苏华亭人，幼习举业，而后进上海广方言馆学习，曾随出使德国大臣李凤苞赴欧，考察各国政治风俗及学术，深感中国当务之急是向西方学习，逐步变革封建专制的政治体制。钟天纬返国后，起初受聘到江南制造局翻译馆从事翻译工作，而后应聘北洋，协助盛宣怀筹措洋务，在此

---

① 上海图书馆编：《汪康年师友书札》（第3册），上海：上海古籍出版社，1987年，第2693～2696页。

期间,曾为胡燏棻草拟过《条陈变法自强事宜折》,此折曾对当时政局发生重要影响。①

此外,邹氏此函中提到的右帅及下函中的右丈,均指陈宝箴。宝箴,字相真,号右铭,江西义宁人。陈氏于湖南巡抚任内,雷厉风行,推行新政,在学政江标及按察使黄遵宪的帮助下,设立时务学堂,以及开办矿务、轮船、电报及制造公司等企业,并出版《湘学报》,鼓吹变法,宣扬新政,可谓不遗余力。他还向光绪帝推荐谭嗣同、杨锐等新政人才,因此受到湖南守旧派王先谦、叶德辉的攻击。戊戌政变后,慈禧太后以"滥保匪人",将陈宝箴"即行革职,永不叙用"。

此函作者邹代钧,字甄伯,号沅帆,湖南新化人。光绪十一年(1885年)秋,邹氏以随员身份出访欧洲,归国后在湖北武昌研讨舆地之学,从事地图绘制,戊戌变法时期,在湖南跟随陈宝箴推行新政。戊戌政变后转赴北京,经张百熙举荐,在京师大学堂任地理教习。

戊戌正月,邹氏在长沙再度致函汪康年云:

穰公鉴:

现在湘省已将求贤书院全改为格致化学堂,已聘天津陈石麟孝廉为山长(戊子举,贵同年也)。甚好,当可渐开风气(学生五十名)。今年矿事稍有收效,便当设一大方言馆(可教数百余人者),专习西文,俟三五年后,择其成者,赀送出洋,分门投学,方有把握。义宁父子之意专注于此,鄙人亦甚以为然,日夜赞助之者也。且在申开化学堂,聘外国人为师,甚好。惟学生不通语言,又太累赘。窃谓刻下开学堂,当先以西文为主,西文既通,然后分门就学,自属容易;不通西文,所得不过一知半解。就书院改设冀开风气则可,若特开不讲西文之西

---

① 孔祥吉:《戊戌维新运动新探》,长沙:湖南人民出版社,1988年,第46页。

学堂,似可不必。君以为然否？惟刻下化矿尚是需人,陈石麟虽能化,然已为山长,不能专注此矣。……

照例请安。诸君同此。

代钧顿首
正月十二日①

湖南是戊戌变法期间最活跃的一个省份,革除陋习,更张旧制,一派欣欣向荣的景象。其中一个最重要因素,是湖南巡抚陈宝箴思想开通,力行新政。以上两通书信中,都提到邀请陈骧来湖南推广西学。不难看出,陈骧其人在急于推行新政的陈宝箴心中的位置。

陈宝箴在直隶担任布政使的时间,是从光绪二十年十月十五日(1894年11月12日),到次年七月二十四日(1895年9月12日)。② 在半年多的时间里,陈宝箴发现陈骧是协助推行新政的最佳人才。因此,在他担任湖南巡抚后,很快设法将陈骧请到长沙。

由邹氏此函可知,陈骧于戊戌正月十二日(1898年2月2日)前,已到湘省任职。但是,由于戊戌政变的发生,陈宝箴本人被革职,离开长沙,湖南的一切新政均被废止。陈骧力不从心,虽然人到了湖南,但是,并未能实现其推动湖南改革的抱负。

二、设立北洋西学学堂建议的提出

戊戌维新前后,在天津这样一个传统封建思想占统治地位的

---

① 上海图书馆编:《汪康年师友书札》(第3册),第2704～2711页。
② 钱实甫编:《清代职官年表》(第3册),北京:中华书局,1980年,第1953～1954页。

城市，专门设立传播西方文化的西学学堂，是一项非常大胆的建议。而这项建议，正是陈骧在甲午战争结束之后不久提出的。多年前，笔者曾阅读过陈骧《致鹿苹贤侄阁下函》一通。此函与策划成立北洋西学学堂有直接关系。陈氏之函曰：

鹿苹贤侄阁下：

令堂大人寿辰，竟以贱恙之故，忽略未得致敬，殊觉歉然。

设立书院一事，数日前谒盛荅翁，据云库帑支绌异常，筹款甚艰，惟拟于现在书院添格致课，以课西学，开风气可也。答云，仅开考课，终属空谈，似不如延教育学专门，方有实用。荅翁又云，拟立小学堂，取十数岁童生，自中学四书、左传、书经读起，分课洋文洋语，及公法约章等类。因命鄙人取四书白文注浅说，以便童蒙；并命鄙人充汉教习，鄙人当即遵命谢出。唯四书浅注，尚未动笔，学堂亦未知何时创立耳。

稍暇即拟动笔。再谒荅翁商谈如何办法也。

先此附陈，专候痊安，并候合第钧安。令堂大人前，祈叱名请安不另。

姻侍生陈骧顿首①

陈骧此信是设立西学学堂的前奏，是写给沈恩嘉的。沈氏字鹿苹，直隶天津府人，与陈骧系同乡，且有世谊。沈氏"以谙习故事称于时者也"，"最敏练，慷慨敢任事"。② 沈恩嘉曾任宗人府府丞、都察院署左都御史，且长期担任军机章京，一度为汉领班章京；官职虽然不高，却与上层关系密切。甲午战争期间，沈恩嘉极力主

---

① 陈骧：《致鹿苹贤侄函》（未刊稿）。
② 沃丘仲子：《近代名人小传》，武汉：崇文书局，1918年，第18页。

战,反对主和派的丧权辱国,战后主张改革尤迫切。因此,陈骧持开办西学学堂的主张,不断同沈恩嘉沟通,希望沈氏可以在京城提供帮助。

陈氏以上的函件,只是提出了设立"课以西学"的书院,但是,在此后不久,陈骧又再次致函沈恩嘉,阐述在天津设立西学学堂的详细主张。该函可分为两部分。第一部分是提出"实事求是""争胜泰西"的办学方针。其文曰:

鹿苹贤侄倩阁下:

时事多艰,尚望格外珍摄,以肩重任。吾津诸前辈,可与谈时务者,甚罕,复安望为国家设一富强之计,桑梓所仰望者,惟有阁下一人,所冀早日得君一为振兴耳。

前闻外洋新报有言,俄国借东三省之地修造铁路,直至营口,未知确否?果尔,则其祸更将甚于日本。窃以今日即竭力自强,已落人后,而犹幸地大物博,人才众多,果能实事求是,经营十五年,尚可争衡于西国。第一变通学校以育人材,务使学其所用,用其所学,专立教育部总持其事,不使固执浅陋之地方官阻挠之。则学堂六年,足可办理利国利民之事。学至十年,足可自出新义,争胜泰西。但非圣君贤相,毅然改图,虽有草茅一手一足之烈,终无补于时局。

鄙人前拟请建书院,禀稿缮清后,由钟君鹤笙转呈盛荅翁观察。观察深以为然,而微与钟君意见不同。钟君以考课优奖,借开翰詹科道之风气,意在挽回积弊,收效稍速。鄙人及诸同仁之意,在实事求是,可言即可行,收效较迟,故斟酌两端,莫衷一是。兹将钟君前向合肥所上禀稿(合肥未答),及敝同仁公拟禀稿，一并呈阅，尚祈一决，以定从违。①

陈骧此信开头部分仅数百字，即有两次提出了"实事求是"的办学方针。这说明了天津维新志士们，在向西方学习的同时，特别强调要实事求是，言行一致，他们反对哗众取宠，言行不一的做法。在天津大学当今的校训中，仍然强调实事求是，与陈骧当年的建议，可谓一脉相承矣。

陈骧建议的第二部分，提出在北洋设立西学学堂的具体构想。陈氏谓：

> 敝稿计分六门，政治为立国之本，故以为首。商务为富民之本，民富斯国富，故次之。格致为致富强之实功，又次之。明格致而后能制造，故又次之。而政治、商务、格致、制造，有非图不明者，故又次以测绘，以上各事皆取人之长，救吾之短，上海新译各书，未能详尽，故译书为要。中国既与泰西交涉，必须知己知彼，而后操纵可以由我，故译报又次之。以上六门，各有细目，原拟每目各系一说，以卧病十余日，仅拟数条附呈。
>
> 查阅数日前，闻盛观察创立洋酒公司，禀请王制军入奏，准予卅年专利。此风一开，庶中国制造可以踊跃。数日晤院房友人云：王制军公事甚认真，才具较逊合肥，而待人谦和，不似合肥专喜谗谄面谀之辈。以此卜之，将来认真收罗人才，未始非北洋之福。藩司陈君，闻候补友人云，人甚方正，微与合肥不洽，倘能久畀以权，直省吏治必可蒸蒸日上。
>
> 月前友人金巨卿由关外来津销差云：前在关外以西医治受伤兵弁，各营之弊，一在不能战，一在不战。李光九（久）以五营之众，阵亡殆尽。而大弊又在兵数不实，所统卅营者，至

---

① 陈骧：《致鹿苹贤侄函》（未刊稿）。

多不过二十营之数，其余概可类推。

刻下虽已平定，而练兵断不可缓。天津武备学堂，颇有人才。广东水陆师学堂，亦有人才。去冬闻河东刘春圃之侄，由广东学堂来津，现为汉纳根约去，代其操兵。闻刘君之学，在汉纳根以上。缘汉纳根所能者，德国之老操，刘君所能者，德国之新操也。各路统兵大员，似宜访用此等人才，以收实效。

又闻无稽之谈云：张湘帅硬捐安徽诸富绅以造铁路，但此事不必有，而此论则甚快。当此时艰孔亟，必不肯轻出资财，以利公家。当轴者非用霸术如湘帅，亦断难集事。窃意直省磁州、河南武安，连境铁矿，煤田亦富，绵亘不绝。如仿张湘帅之说，集资开矿，制造枪炮铁路，三年必当获效，十年则北洋可以自强。直省富户不少，惜无湘帅耳。

闻湘帅今春约英人李提摩太咨访时事，甚蒙优待。李提摩太创立广学会，湘帅又助以五百金。在湘帅所费无多，而不分畛域，实事求是，其获益必非迂腐诸公所可及。兹寄上李提摩太辑《七国新学备要》一册，以备披览。阅之可见外国之强，并非无本。我若欲图自强，似宜举相沿之弊，无用之学，廓而清之；略仿各国造士之法，各省遍立学校，分途录用，人有专长，国无废事，庶为国家万年有道之基也。

匆促布达诸事，拉杂不成文理。希谅之。

肃此，恭候升祺，并请令堂大人福安。阃谭均安。不另。

姻待生陈骥
初六日灯下①

---

① 陈骥：《致鹿苹贤侄函》（未刊稿）。

上文中的张湘帅，系指张之洞，张氏字孝达，一字香涛，号香岩、壶公，晚年自号抱冰，直隶南皮人。

藩司陈君，系指陈宝箴；王制军，则指王文韶。

金巨卿，名大廷，上海虹口人，系第四批赴美留学幼童，由美归国后，在天津从事医务工作，曾担任武备学堂的医官、军医、医学堂监督。光绪二十六年（1900年）在八国联军入侵天津时，金氏因救护伤员，而被流弹击中身亡。

关于此函写作时间，只署"初六日"，未署年月。然而，由于此函提及"闻盛观察创立洋酒公司，禀请王制军入奏，准予卅年专利"云云，而《德宗景皇帝实录》光绪二十一年五月二十七日（1895年6月19日），有如下记载：

> 署直隶总督王文韶奏，现拟招商试办酿酒公司，以收利权，并请准其专利，及暂免税厘。下所司议。①

陈骧此函提及酿酒公司专利，故可以做出判断，应作于光绪二十一年闰五月初六日（1895年6月28日）。而当时陈宝箴尚在直隶布政使任内。

陈骧此函除了寄出传教士李提摩太的西学书籍外，还明确提出中国要自强，就应当将祖祖辈辈相沿的无用之学"廓而清之"，略仿各国之法，培养人才，设立新式学堂。

陈骧此函还提出了北洋西学学堂应设的专业课程，共分为六门。陈氏所谓门者，略与现在的系科有类似之处。这六门分别为政治、商务、格致、制造、测绘、译书。所谓政治门，实际上研习西方的国家构成与政治学。译书门则与现在的外语系科颇有类同处，只是更注重翻译西学书籍。商务则相当于现今的商学院。其余三

---

① 《德宗景皇帝实录》卷368"光绪二十一年五月丁酉"条。

门,则属于现今理工科大学的相应系科范畴。陈骧此函所设计的西学学堂,既包括了文科课程,又包含了理工科,应是我国有识之士最早勾画的综合性大学的雏形。

天津从地理位置来说,紧靠京师,为京城之门户。天津虽然比不上北京人才济济,但是,确实涌现出了像陈骧等人这样的有识之士。他们对于这场战争一败涂地,痛心疾首,感触尤深。于是,在甲午战争之后,天津的维新志士迫切要求变更成法,兴办新式学堂的要求,也比全国其他地区更为强烈。因此,陈骧、钟天纬这样一批要求兴办学堂的力主改革者,出现在天津地区也绝非是偶然。

以前有种说法,认为北洋大学的诞生,是洋务运动的产物。这个论断是不对的。陈骧是天津地区维新派的代表人物之一,盛宣怀采纳他的建议设立西学学堂,显然是民族危机刺激下,试图采用西法,以图自强的产物,与维新派思想更加接近,不可谓系洋务运动的产物。

最后,还应该说明,陈氏在此函所称,他寄给沈恩嘉的建议,还附有钟天纬所策划的学堂条陈,因为与原函脱离,故在此暂不论列。

三、北洋大学很快走上正轨

北洋大学获得朝廷允诺后,经过一段时间校舍和师资队伍准备,很快开始招收学生,并于次年正式上课。不久,学校的校名也由西学学堂更名为北洋头等学堂,又称北洋大学堂。关于北洋大学早期办学情况,在天津维新志士创办的《国闻报》中,有一篇比较详细的报道,可视作北洋大学早期校史的重要史料。

光绪二十三年十二月十七日(1898年1月9日)《国闻报》的

天津本地新闻专栏，刊有一篇《人才蔚起》的文章称：

> 北洋头等学堂，中国国家学西学至大之学堂也，故此堂与国家之学术人才大相关系，是非极有学问而又极能办事之人，不克经管此堂。自从去年开办以来，初为总办者，为新会伍秩庸观察。伍观察奉使美洲后，继之者为定海王菀生观察。观察以金闺之彦，筮仕畿南，经史词章，擅名凤昔，而于天文、历算、声光、化电之学，亦俱研讨有年，心通其意。自入堂视事以来，于中西至要诸学，万户千门，宏网毕举。与总教习丁家立君暨中西诸教习，循循善诱，成效炳然。①

上文中提及担任北洋大学的最早两任总办的，其一是伍廷芳。伍氏字文爵，号秩庸，原籍系广东新会，生于南洋，因其父伍荣彰在当地经商，至三岁时随其父返回广州，居住于广州芳村。且由当地塾师讲授传统学问，尚未及考试，两广地区就爆发了洪秀全领导的起义运动，局面动荡，课业中辍。后来伍氏得到香港之亲友及外国传教士相助，转赴香港求学。从咸丰六年（1856年）到十一年（1861年），就读于香港圣保罗书院，毕业后，曾在该地高等审判厅担任译员。同治八年（1869年）又改任香港地方审判厅译员，②后又赴英国求学，学成后归国任职北洋。

第二任总办王修植，字菀生，浙江定海人，光绪十六年（1890年）进士，选庶吉士，后任翰林院编修，外放道员。甲午战争后，王修植极力提倡新政，力主在天津创办新式学堂，是天津地区维新派的代表人物之一。

---

① 《人才蔚起》，《国闻报》第76号，光绪二十三年十二月十七日。
② 丁贤俊：《伍廷芳》，罗明、徐彻主编：《清代人物传稿》（下编·第7卷），沈阳：辽宁人民出版社，1992年，第273页。

《国闻报》的《人才蔚起》文章,还有一段介绍维新思想家严复,奉命到北洋大学堂主持光绪二十三年(1897年)年终学堂考试的报道。

本月十六、八、九日,为年终大考。北洋大臣仁和尚书,特派候官严又陵观察到堂考试。严观察少日(时)已见重名臣,又至欧洲游学多年,以中国之通儒,证欧西之绝诣,地球之上于此二学皆观其深者,实罕其人。此次考试头等学堂,一一面加讨论,只是(指示)周详,与他员之勉强敷衍者,大不相同,题为"书汉书游侠传后"。本堂诸生,本皆一时之选,经王观察培养于先,又有严观察之面加鼓舞,成才远到,为效可知。我国之学堂,若皆如此,支那岂尚不至见鄙于白人乎?①

观察者,道员之别称也。王修植、严复当时均为北洋道员。该文称赞北洋大学的学生皆"一时之选",将来"成才远到,为效可知"。这反映了天津地区维新志士,对北洋大学的学生充满了信心与厚望。此文作者未署名,但是,他对王修植、严复及北洋大学的情况非常熟悉,且热心新政,以笔者推测,此文作者似应与该报的主要撰稿人夏曾佑有关。

《国闻报》是光绪二十三年十月初一日(1897年10月26日)创刊的,距此文发表才一个半月。从这篇文章中可以清楚看出,这所大学最早的负责人,即学校总办,首任是伍廷芳。伍氏早年曾系统接受西方教育,担任总办可谓人地相宜。可是,伍廷芳于光绪二十二年十月十二日(1896年11月16日)即奉命出使美国,在学堂任职仅一年,其余时间,则由王修植担任总办。

以前北洋大学校史研究中,对于总办伍廷芳及王修植,在北洋

---

① 《人才蔚起》,《国闻报》第76号,光绪二十三年十二月十七日。

大学早期创建中所起的重要作用,或多或少被忽略了。其实,这两位杰出学者,尤其是王修植在北洋大学早期发展中,起了十分重要的领导作用。当然,总办所聘用的西文总教习丁家立,作为一名美国驻天津的外交官与学者,对北洋大学的发展亦多有贡献,特别在讲授西学,物色推荐外籍教师等方面,应予以充分肯定。

对于北洋大学早期发展情况,还应该注意到内藤湖南访华回忆录《燕山楚水》中的相关记载。

内藤湖南(1866—1934年),原名虎次郎,字炳卿,号湖南。别号忆人居主、湖南鸥侣、雕虫生闷闷先生,日本秋田县鹿角市人,是日本近代著名历史学家,汉学家,京都学派的代表人物,其著作有《日本文化史研究》《中国史通论》《中国史学史》等。光绪二十五年(1899年)初秋,内藤湖南来到天津,并同北洋大学总办王修植,就中国的变法运动及北洋大学的发展状况,进行了比较深入的对话。内藤记曰:

1899年9月16日谈话如下:

王:昨天方君告诉我,先生游至本地,鄙人还没能尽地主之谊,就先承了您的雅意,鄙人深感歉意。我已经转约了严先生,他一定会来的。

听说先生是万朝报馆的主笔,平日的著述一定很丰富,是否都已经出版,能否让我拜读一下?

内藤:我一直从事报业,写的东西很少出书。这次只带来了一种,应当请你过目。不过,这书是用日文写的,很遗憾没有办法得到您的指教(于是送给他一本《近世文学史论》)。另外还写有《诸葛武侯》和《泪珠唾珠》,现在都没有带来。冒昧地问一下,贵国的时局应该从什么地方着手,才能有起色?

王:政府的高官们,大都年老而倦于政务,肯定没有改革的希望。依我看来,必须从百姓自己的团结做起。但是,我国人民不学习的人多,见识短浅,恐怕一时还谈不上这些。

内藤:贵国的时局还有变法的可能吗?

王:目前还说不到这些。大约十年以后,列强会频频紧逼,即便上边不变,下边也会变的。

内藤:变法的事情也不能随意地谈论。我国三十年来,通过变法建立了国家富强的基础。但是从现在来看,政策措施不妥当的也不在少数。这一点,贵国人士应该有所鉴戒。不过我国人勇于进取而不善于守成,贵国则相反。进者退之,退者进之,不过我觉得,贵国人士现在还无暇讨论守成吧。

王:您的见解确实高明。去年的各位君子的缺点,也正在知进不知退吧。

内藤:康梁二氏,我在日本见过他们。康氏义气太盛,所以事情没能成功。建立百年太平的基础,重在培养人材。先生的职责已在这个方面,我希望贵国能等待百年之后的成效,不要在岁月之间急于求成。但是不知道贵邦十几年后的状态是什么样子,让人忧虑啊。

本文开头提到的方君,系指方若(1869—1954年),字药雨,原名方成,字楚卿,祖籍浙江镇海,后迁居定海,长年居住在天津,通日文,曾在《国闻报》担任主笔,并在北洋大学文案兼教习。光绪二十八年(1902年),方若在天津日本领事馆创办的《天津日日新闻》当社长兼总编辑。"七七"事变后,方若又任天津治安维持会筹备委员,1939年任天津伪市公署首席参事代理市长。此人喜好诗词,擅长绘画,收藏很多古董石经。日本投降后被捕,不久释放。

从以上谈话中可以看出,王修植对清政府上层进行改革一事,持非常消极的看法,并认为列强"频频会紧逼,即便上边不变,下边也会变的"。王氏之预言,被后来的辛亥革命发生所证实。可见,王修植不愧为政治嗅觉敏锐的学者。

此外,对于北洋大学的办学状况,内藤湖南亦有清晰记载:

　　内藤:北洋大学堂,一定有很多很多的优秀人才。不知道现在有多少学生,都有哪些学习课程?

　　王:我们大学堂的学生分八个班,每班三十人。从入学开始,共八年毕业。前四年学习一般性的基础课,后四年分专业学习。专业课程有法律、工程、矿物、机械四科。我不懂西方语言,却居于这个职位,实在是很惭愧。

　　用外语教工艺、制造等学问,事倍而功半。我国当今教育的方法,有这个弊病。这是全世界其他国家所没有的。我以为,要办教育,必须从翻译做起。

　　内藤:译书局已经撤销了吗?

　　王:北京的去年已经撤销。现在上海的学堂里,还有译局。但是负责的人,是急于求成、追求名利的人。重点翻译军事方面的书籍,又是一个错误。近来严先生在天津筹划设立译局已经报给北洋大臣,还没有批准。

　　先生您明天就要去北京,不能尽情畅饮,很遗憾。我大约十天以后也打算去北京,不知道先生在北京逗留几天?

　　内藤:大约十几天吧。先生到了北京,打算住在什么地方呢?

　　王:我到了北京以后,住在潘家河沿杨宅。到了以后我会去贵国的使馆打听您的消息。矢野公使也是熟人。

　　以上是和王菀生的谈话内容。①

---

① [日]内藤湖南:《燕山楚水》,吴卫峰译,北京:中华书局,2007年,第31~32页。

王修植的谈话，将北洋大学的班级、人数及所开设的专业与课程，叙述得十分清楚准确。据此可以了解这所大学的规模及学生数量。还有一点非常重要，王氏十分强调，在大学用外语教学。他提出"要办教育，必须从翻译做起"的理念。王氏的所谓翻译，由上下文意来看，他实际上是指教学活动中，应该注重把西方先进的科学知识，介绍到中国来。这是一个长期接受封建传统教育而深有悔悟学者的肺腑之言，在当时是非常难能可贵的。由这样的学者，担任北洋大学的总办，是中国任何学校所无法比拟的。

四、留日学生黎科为天津大学创造了辉煌

北洋大学作为一所以传播西学为特征的新式学堂，在创建初期，即开始注意向海外派遣留学生。日本作为中国之近邻，自隋唐以来，与中国有着频繁的文化交流。日本从文字到习俗，都深深打着汉文化的烙印。但是，自从明治维新之后，日本全国上下，奋发更张，面貌迅速改观，国力日趋强盛，并且向海外扩张侵略。日本的巨大变化，使中国有维新思想的读书人，眼界大开，深受启发，开始把日本当作效仿的榜样。

戊戌变法失败后不久，北洋大学率先向日本东京大学派遣了以黎科为代表的头等、二等留学生各三名。这是来自天津的中国正规大学首批留学生，来到日本的著名学府东京大学就学。对于北洋大学早期派出留学生的学习状况，在东京大学档案馆，保存有文部省与该校商议安排中国留学生比较完整的记录。据日本文部省文书课明治三十二年（1899年）第861号文件记载称：

东京帝国大学总长理学博士菊池大麓殿下：

别纸所附称，黎科及另外五名，系清国北洋大臣向我国所

派遣的留学生。分别从事政治、法律、物理、化学、农工科等专业的学术研究。现在,该学生等于本学期,在上述有关学科中,与贵校相关专业同学,一道听讲学习。外务省迭次来文,并承贵校允准安排,故谨向外务省作此回复。

文部省专门学务局长文学博士上田万年谨致(印)
明治三十二年四月七日

原信附言:以上所述留学生听讲文件,正木秘书官此前曾致函丸山书记官,进行具体安排。①

在文部省文书课明治三十二年(1899年)第861号文件中,还以附件的形式,记录了北洋大臣所派遣留学生的学历及所学科目:

头等学堂学生三名,分别为:

黎科,二十岁,广东新会人;②

张煜全,十九岁,广东广州府南海县人;

王建祖,二十一岁,广东番禺人。

二等学堂学生三名,分别为:

张奎,十六岁,江苏松江府上海县人;

金邦平,十八岁,安徽徽州府黟县人;

周祖培,十八岁,江苏苏州府吴县人。③

对于北洋大臣向日本派遣的这批留学生在中国所属学校、学

---

① 《文部省往来文书》,明治三十二年,东京大学档案室藏。
② 据唐才质《自立会庚子革命记》自立会志士事迹志略记载:黎科,字泽舒,广东香山人,天津北洋书院学生,己亥东渡,入东京帝国大学肄业。冬间闻唐才常谋在武昌起义救国,毅然赴之,与唐同日就义。与日本《文部省往来文书》,关于黎科为新会人的记载不同。应以日本档案记载为确。
③ 《文部省往来文书》,明治三十二年,东京大学档案室藏。

历,及其在东京大学所学专业,明治三十二年(1899年)第861号文件附件之二还记载称:

> 黎科,为天津大学一级生,八年英语修了,学习土木科;
> 张煜全,为天津大学二级生,八年英语修了,学习政治科;
> 王建祖,为天津大学二级生,八年英语修了,学习政治科;
> 张奎,为天津大学四级生,五年英语修了,学习应用化学;
> 金邦平,为天津大学预备校一级生,四年英语修了,学习农科;
> 周祖培,为天津大学二级生,三年英语修了,学习政治科。①

盛宣怀最早向朝廷提出的请求,是筹划设立西学学堂,与一般国内传统的书院多有不同,特别强调对西方科学知识的教学。因此,学堂设立初期,即聘请丁家立为西学总教习,还有一些在天津的外国人,亦加入了教学队伍。在这些外籍专家的影响下,北洋大学一开始,就采用欧美学制,将学生区分为头等学堂及二等学堂,各为四年制。头等学堂相等于大学本科,二等学堂则相当于预科。这种区分,在本文以上所揭示的日本文部省文书课记录的黎科等六人的学历、科目等档案史料中,都得到了证实。② 黎科等六人开了天津大学向海外派出留学生的先河。

值得注意的是,日本文部省档案称,黎科等六人均为天津大学学生,而不称他们为北洋大学学生。这说明在当时(1899年)对外交涉的正式公文中,已经开始使用天津大学的名称。此外,在天津大学所派的这批留日学生中,黎科列在首位,说明了他在这批留日

---

① 《文部省往来文书》,明治三十二年,东京大学档案室藏。
② 《文部省往来文书》,明治三十二年,东京大学档案室藏。

学生中的突出地位。

以黎科为代表的这批留日学生,于光绪二十五年(1899年)来到东京大学。在东京大学期间,他们除了刻苦攻读之外,还时刻关注国内的政局发展。他们痛恨清王朝的政治腐败,民不聊生。因此,黎科在东京大学读书期间,与沈翔云等一起发起成立励志会,"以砥砺志节为宗旨",发愤为国为民做出贡献。[①] 当他们在东京遇到孙中山等革命党人,以及自立军的领袖唐才常之后,对他们宣扬的革命宗旨颇为信服,并且亲自参与其中,冲锋陷阵,而后又成了留学生中的领导骨干。

光绪二十六年(1900年),国内的义和团运动风起云涌,唐才常领导的自立军起义也正在如火如荼地进行。黎科为代表的留日学生,纷纷由东京返回国内,利用他们留学生的身份,积极参与了自立军的活动。黎科曾与唐才常等一起,详定自立军会章,对各军编制,军官任命,募兵计划,新兵训练,起义后将发表的各种文告,官兵奖惩及纪律等各项,还做了简明扼要的规定。黎科还和另一位留学日本士官生傅慈祥等人,以留学生的名义,与湖广总督张之洞等接触,试图劝说他脱离清廷自立,未被张之洞接受。

八国联军侵占北京之后,国内政局突变。义和团运动被慈禧等权贵出卖镇压。两面三刀的湖广总督张之洞,为讨好清廷,一反从前犹疑不定的立场。[②] 他昧着良心,下令严厉处置涉嫌参加上海国会及自立军起义的有关人员,于庚子七月二十八日(1900年8月22日)派兵包围设于汉口英租界的自立军总机关,将自立军首

---

① 冯自由:《革命逸史》(初集),北京:中华书局,1981年,第88页。
② 张之洞对慈禧两面派态度,见孔祥吉、[日]村田雄二郎:《从东瀛皇居到紫禁城:晚清中日关系史上的重要事件与人物》,广州:广东人民出版社,2011年,第416页。

领唐才常与留学生黎科等人抓获,并于次日将他们残酷杀害于武昌紫阳湖畔。

　　黎科是天津大学最早派出留学生中的杰出人物,他的英勇事迹鼓舞了海外的留学生投身于反清革命,而他本人也成了革命党人中的佼佼者。一个重要的事例是,在自立军起义失败后,革命党人秦力山等继承先烈遗志,在东京麹町区饭田町六丁目二十四番地,出版了《国民报》,继续宣扬推翻清廷的革命宗旨,"大倡革命仇满学说,措词激昂,开留学界革命新闻之先河"。在《国民报》编辑室中,四壁悬挂着自立军庚子起义中英勇殉难的傅慈祥、黎科、蔡丞煜、郑葆丞四烈士遗照。[①] 据此可见,革命党人没有忘记黎科这位先行者。黎科的革命事迹在其母校的历史上,留下了光辉的一页。

[①] 冯自由:《革命逸史》(初集),第97页。

东京大学与近代中国

——以日本《文部省往来文书》为中心

东京大学是日本最早成立的一所国立大学，1877年由东京开成学校与日本医学校合并而成。这所大学的早期历史，可以追溯到江户幕府时期的昌平坂学问所、天文方、种痘所。它们分别代表了日本的儒学、兰学与医学等不同的学术流派。东京大学又是一所朝气蓬勃，学风严谨，且充满创造精神的现代大学。它培养了朝永振一郎等十名诺贝尔奖得主，多次被评为亚洲第一。这所大学培育了为数众多的毕业生，活跃在日本政界、学界、企业界等许多领域。东京大学还是一所与中国有密切交往的大学。在东京大学档案馆里，保留了日本文部省与该校往来公文。这些档案文献，真实地记录了该校与中国的学术渊源，以及彼此交往的一页页历史。

一、东京大学早期开设的有关中国课程

中国与日本隔海相望，可谓近邻。两国间的文化交流，长期以来连绵不绝，未曾间断。早在隋唐时期，日本向中国派出人数众多的遣唐使，学习中国文化，融会贯通，促进自身发展。到了近代，日本又率先引进西学，派出为数众多的留学生，到欧美各国求学，收到了立竿见影的成效。然而，随着历史的发展变迁，中日两国经历了各自不同的道路。古老的中国，受封建专制制度的约束，发展十

分缓慢,以至于到了戊戌变法时期,康有为提出了以日本为师,并进呈《日本变政考》等书,乞采鉴变法以御侮图存。康有为在奏折中特别指出:"惟日本文字、政俗,皆与我同,取泰西五百年之新法,以三十年追摹之,始则亦步亦趋,继则出新振奇,一切新法,惟妙惟肖。"①但是,晚清时代的读书人,大多不知道,明治维新开始后多年,东京大学尚把中国的语言、文学、史学、法学,以及哲学等传统学问,当作他们重要的文科教学必修课,列入章程,长期实行。

我们在东京大学档案馆,阅读了文部省审定通过的该校文科各年级的课程安排,可以清楚看出:东京大学在相当长的历史时期内,努力推广西学的同时,仍然十分重视汉学的教育。在明治维新之后的相当长时间内,该校开设的文科课程中,仍然将中国的传统学问,置于相当重要的地位。即使到了甲午战争之后,这种状况仍未发生任何改变。

当时,东京大学汉学科目繁多,内容丰富。明治三十年十月十一日(光绪二十三年九月初五日,1897 年 9 月 30 日),该校对文科各系课程做了一番调整,从中可以看出汉学所占比重。当时的汉学课程,包含内容十分广泛。据该校档案室所保存的与外务省往来文书记载,第一年级文科学生所开设的课程为:

哲学概论,第 1 期,每周 4 小时;
中国法制史,1 年间,每周 3 时;
汉语,1 年间,每周 2 时;
汉文学,1 年间,每周 2 时;
中国历史,1 年间,每周 3 时;

---

① 孔祥吉编著:《康有为变法奏章辑考》,北京:北京图书馆出版社,2008 年,第 186 页。

中国哲学,1年间,每周3时;
西洋哲学史,第2、3期,每周5时;
国文学,1年间,每周1时;
史学,1年间,每周3时;
法制史,1年间,每周1时;
国史,1年间,每周1时;
英语,1年间,每周3时;
独逸(德)语,1年间,每周3时;
佛兰西(法)语,1年间,每周3时。①

东京大学所开设的课程,当时是经过呈报文部省严格审定的。本科第一学年,共开设了十四门课程,而与汉学有关的课程达到五门之多。其中,中国法制史在整个第一学年中,每周有三个小时,而日本本国的法制史,则尚未开设。中国历史课,在第一学年内,每周三小时,而日本的本国历史,每周仅一小时。相比之下,对汉学的重视,是显而易见的。

还需要说明的是,本文所引用的是明治三十年(1897年)十月十一日以后的文科课程。这已经是甲午战争后的第三个年头,几乎与德国侵占山东胶州湾事件同时发生。另外,本文所引用课程内容,没有明确说明,这个课程安排究竟是针对该校哪个专业的。只是泛泛地说是东京大学该学年课程安排。这可能与当时该校各科学生中,文科所占比例较大有关。

在同一份文件中,东京大学第二年级所开设的课程为:
国文学,1年间,每周1时;
汉语,1年间,每周2时;

---

① 《文部省往来文书》,明治三十年,东京大学档案室藏。

中国哲学,1年间,每周2时;

汉文学,1年间,每周1时;

中国历史,1年间,每周2时;

西洋哲学史,第1期,每周3时;

心理学,第2、3期,每周3时;

比较宗教及东洋哲学,1年间,每周2时;

印度哲学,1年间,每周3时;

伦理学及知识论,1年间,每周3时;

史学,1年间,每周5时;

法制史,1年间,每周1时;

中国法制史,1年间,每周3时;

比较法制史,1年间,每周3时;

国史,1年间,每周1时;

英语,1年间,每周3时;

独逸语,1年间,每周3时;

佛兰西语,1年间,每周3时。①

东京大学第二年级所开设课程较多,共有十八门课。其中,有关中国的课程仍为五门,比例虽有所下降。但是,从中可以看出,该校对中国文史、哲学及法律等学科的重视。非常明显的例子是,中国法制史全年为每周三小时,而该校开设的法制史,全年每周才一小时。中国史每周两小时,日本的国史则为一小时。事物在比较中,才能加深认识,与其他相关课程比较,该校所安排的有关中国课程,当时仍占有十分重要的地位。

文部省审定的东京大学第三年级文科所开设课程为:

---

① 《文部省往来文书》,明治三十年,东京大学档案室藏。

美术及美术史,1年间,每周2时;
教育学,1年间,每周2时;
比较宗教及东洋哲学,1年间,每周2时;
印度哲学,1年间,每周2时;
社会学,1年间,每周3时;
汉语,1年间,每周1时;
汉文学,1年间,每周1时;
中国哲学,1年间,每周2时;
中国历史,1年间,每周2时;
伦理学,1年间,每周3时;
国史,1年间,每周1时;
中国法制史,1年间,每周2时。①

  第三学年的课程数量大为减少,只有十二门。但是,有关中国的课程依然为五门。特别有趣的是,在大学第三年中,一二年级所开设外语课,有汉语、英语、德语、法语,可是,到了第三学年,除了继续开设汉语课,其余语种的课程,包括日语课在内,则一概没有列入语言类教学课程,可见对汉语之重视。另外,中国法制史在三个年级中,都有开设,每周讲授二至三小时,而其他国家,包括日本在内的法制史,只有一二年级时,每周一小时,到了三年级,则没有开设这门课程。日本对中国法制史格外重视,是不言而喻的。三年级每周课时总数为二十三小时,而有关中国的课程,则有八小时之多。由上述记载可以看出,东京大学早期课程中,汉学所占比重是很大的。

  从以上外务省批准的东京大学三个年级的课程内容,可以清楚看出,中国哲学、法学、历史、文学,以及汉语等所占课时,大约是

---

① 《文部省往来文书》,明治三十年,东京大学档案室藏。

全部开设课程的三成。明治维新运动以后的三十年，日本著名学府中，对有关中国内容的学科，仍置于如此重要的地位。

这种课程设置，一方面说明中国的古代文化源远流长，辉煌灿烂，有许多有价值的知识，值得世人尊重。另一方面也说明，日本对外来文化的求知若渴，见贤思齐，尤其是早年对中国文化的吸取。即使在甲午战争中，日本将清政府打得落花流水，却仍将汉学选为东京大学授课的重要内容。其中，最主要的原因，是由于受地域关系的影响，自古以来，日本已将汉文化的精髓，深深地融入本民族的文明之中，成为其中难以分割的部分。

不过，这里还应该指出的是，日本文部省通过的东京大学必修中国文史哲法课程的具体内容，与当时中国国内莘莘学子所学的课程，则有很大区别。因为世界各国的优秀文化，都是日本学子们研究汲取的目标。而中国国内当时实行的，是从隋唐开始一直延续到清末，长达一千多年的科举制度。广大士子仍在八股文紧箍咒的约束之下，所学知识在很大程度上是为了应付科举考试，取得功名利禄。至于他们所学内容，已经与世界发展潮流不相吻合，蹉跎岁月，学非所用。这种与封建专制制度相伴随的科举制度，严重阻碍了中国历史前进的脚步。

二、东京大学最早接受的中国留学生

在东京大学成立早期，曾有过零星的中国人在该校工作或学习。自戊戌维新之后，受变法思潮的影响，中国学生赴日留学的热潮逐渐兴起。特别是在经历了庚子义和团事件之后，思想开通的张百熙主持学部及京师大学堂的校务后，清政府的有关部门，开始重视向外国派遣留学生。许多被派往日本的留学生，都把东京大学,作为自己的首选目标。

据明治三十二年(1899年)日本文部省、外务省的有关外国留学生的档案记载,北洋大臣首先向东京大学派遣了以黎科为代表的头等、二等留学生各三名,这是来自中国的首批公派留学生。日本文部省文书课明治三十二年(1899年)的第861号文件,记录了文部省对黎科等人的具体安排。文部省的公函称:

东京帝国大学总长理学博士菊池大麓殿下:

  别纸所附称黎科及另外五名,系清国北洋大臣向我国所派遣的留学生,分别从事政治、法律、物理、化学、农工科等专业的学术研究。现在,该学生等于本学期,在上述有关学科中,与贵校相关专业同学,一道听讲学习。外务省迭次来文,并承贵校允准安排,故谨向外务省作此回复。

       文部省专门学务局长文学博士上田万年谨致(印)
             明治三十二年四月七日

  原信附言:以上所述留学生听讲文件,正木秘书官此前曾致函丸山书记官,进行具体安排。①

文部省在此项档案的附件中,还专门记载了北洋大臣所派遣六名留学生的姓名、年岁及籍贯。该文记曰:

  头等学堂学生三名,分别为:
  黎科,二十岁,广东新会人;
  张煜全,十九岁,广东广州府南海县人;
  王建祖,二十一岁,广东番禺人。
  二等学堂学生三名,分别为:

---

① 《文部省往来文书》,明治三十二年,东京大学档案室藏。

>　　张奎，十六岁，江苏松江府上海县人；
>
>　　金邦平，十八岁，安徽徽州府黟县人；
>
>　　周祖培，十八岁，江苏苏州府吴县人。①

对于这批北洋留学生的学历，及其在东京大学所学专业，往来文书档案中亦有清楚登录：

>　　黎科，为天津大学一级生，八年英语修了，学习土木科；
>
>　　张煜全，为天津大学二级生，八年英语修了，学习政治科；
>
>　　王建祖，为天津大学二级生，八年英语修了，学习政治科；
>
>　　张奎，为天津大学四级生，五年英语修了，学习应用化学；
>
>　　金邦平，为天津大学预备校一级生，四年英语修了，学习农科；
>
>　　周祖培，为天津大学二级生，三年英语修了，学习政治科。②

在北洋大臣派遣黎科等六人留学前后，南洋大臣也向东京大学派出六名留学生。而且，比北洋稍早，南洋大臣即开始与日本有关方面联系。据明治三十二年（1899年）一月文部省致东京大学的公函称：

>东京帝国大学总长，理学博士菊池大麓殿下：
>
>　　此次清国南洋大臣，派遣龙记同清国的留学生章宗祥外五名，分别从事政治、法律等学科研究。他们将进入学校相当专业修学，外务省专门为此事来文，故向贵校提出。
>
>　　　　　　　　　文部省专门学务长文学博士上田万年谨致
>　　　　　　　　　　　　　　　明治三十二年一月二十六日③

---

①　《文部省往来文书》，明治三十二年，东京大学档案室藏。
②　《文部省往来文书》，明治三十二年，东京大学档案室藏。
③　《文部省往来文书》，明治三十二年，东京大学档案室藏。

文部省附件开列了这六名留学生的详细情况：

章宗祥，年二十一岁，浙江人；

雷奋，年二十岁，江苏人；

胡礽秦（泰），年二十一岁，江苏人；

杨荫抗（杭），年二十一岁，江苏人；

杨廷栋，年十九岁，江苏人；

富士英，年十九岁，浙江人。①

同年5月5日，文部省专门学务长上田万年，再次致函东京大学校长，重申南洋的章宗祥等人，将同黎科等人一起，于同年9月起，开始在东京大学上课听讲。并再次附上章宗祥等人的年龄籍贯等简单情况。文部省并将东京大学已作安排的情况向外务省通报。②

然而，南洋大臣所派遣的这批学生，似乎不像北洋那样顺利。这六名留日学生中，有四人在开学不久，即提出希望转往其他私立大学的申请。文部省专门为此事致函东京大学。该函称：

东京帝国大学总长，理学博士菊池大麓殿下：

　　清国南洋大臣所派遣的留学生章宗祥外五名，在贵校听讲入学，在此前的文件及照会中曾经谈妥。今据该学生本人之希望，除章宗祥及胡礽秦（泰）仍在高等学校外，其他四人希望转入私立学校。现据外务省来文，特向贵校转知。

文部省专门学务局文学博士上田万年谨致

明治三十二年十月四日③

---

① 《文部省往来文书》，明治三十二年，东京大学档案室藏。
② 《文部省往来文书》，明治三十二年，东京大学档案室藏。
③ 《文部省往来文书》，明治三十二年，东京大学档案室藏。

菊池校长根据这些留学生之要求,分别通知了该校所属的法科大学、工科大学及农科大学,办理了他们相关转学手续。在北洋大臣与南洋大臣最早派出的十二名留学生中,除了金邦平一人来自安徽徽州府之外,来自江苏省的六人,广东省的三人,浙江省的二人,几乎全部来自开风气之先的沿海省份。这反映了中国当时内陆省份之闭塞,与沿海相比,发展很不平衡的状态。

南北洋大臣所派遣十二名留学生中,涌现了不少杰出人才:黎科到日本不久,即加入了革命党人的行列。他与唐才常一起,在领导自立军起义过程中,都献出了自己宝贵的生命。此外,张煜全后来曾经担任过清华大学校长;王建祖民国初年则担任北京大学教授兼法科学长;张奎则成了中国人攻读应用化学科的第一人。其余,如杨廷栋、杨荫杭、雷奋等,在东京期间,即倾向孙中山领导的革命运动,曾参加主持《译书汇编》月刊。这是留日学生创办最早的刊物之一。该刊编辑方针为"以政治一门为主","专译欧美日本著名硕儒所著政治专门之书"。该刊出版后,在国内外传播甚广,对于读书人觉醒起了很大作用。

三、京师大学堂一次性派往东京大学三十一名留学生

在评论东京大学与近代中国关系时,还不能不论及光绪二十九年(1903年)京师大学堂一次性派出了三十一名留学生,前往东京大学的不同系科留学。这是中国近代教育史上的一件大事,也是晚清历史上向同一所外国大学派遣留学生最多的一次。

此事由当时的管学大臣张百熙倡导而成。张百熙,字埜秋,亦称冶秋,室号潜斋,湖南长沙人。张氏同治十三年(1874年)中进士,以成绩优异,留翰林院继续攻读,光绪二年(1876年)散馆,授职编修。而后

又出任山东、四川、广东等省考官及学政,并曾担任内阁学士兼礼部侍郎、都察院左都御史、工部尚书、吏部尚书、管学大臣、户部尚书、邮传部尚书等职,是京城翰林院中为数不多的思想开通、倡导变革的人物。

张百熙早年即留意西学,尤其是在广东等处担任学政期间,眼界大开,遂力主更张旧制,引进西学。在百日维新时期,全国二十多位学政中,唯一出面支持变法,并向清廷举荐康有为的学政,就是张百熙。政变后,他因此而受到朝廷惩处。庚子义和团风暴过去一年多之后,张百熙回京任职,且担任管学大臣,主持京师大学堂事务。上任不久,张百熙经过一番思考与比较,提出向东京大学派出三十一名留学生的计划。这在当时的中国是一个颇具影响的事件。

光绪二十九年十一月初三日(1903年12月21日)张百熙奏:

> 计自开学以来,将及一载。臣等随时体察,益觉资遣学生出洋之举,万不可缓。诚以教育初基,必从培养教员入手;而大学堂教习,尤当储之于早,以资任用。臣等悉膺学务,夙夜焦思……亟应多派学生分赴东西洋各国,学习专门,以备将来学成回国,可充大学教习,庶几中国办理学堂尚有不待借材,操纵自如之一日。早为之计,应用无穷;及今不图,后将追悔。现就速成科学生中……选得共三十一人,派往日本游学,定于年内起程。……日本学费轻省,往返近便,故派数较多。①

张百熙的奏章递上之后,得到批准。清廷所颁布的谕旨称:

> 上谕军机大臣等,本日张百熙等奏,选派学生前赴东西洋各国游学一折,师范学生最关紧要。著管学大臣择其心术纯正、学问优长者详细考察,分班派往游学。②

---

① (清)朱寿朋:《光绪朝东华录》(第5册),北京:中华书局,1958年,第5113页。
② (清)朱寿朋:《光绪朝东华录》(第5册),第5113页。

管学大臣及管理京师大学堂事务的张百熙,不顾守旧派的阻挠,强调借鉴日本的经验,推行西法。在他的主持下,迅速安排由京师大学堂派遣章宗祥,带领新选拔出的三十一名学生,来到章曾经刻苦攻读过的母校东京大学留学。如此人数众多的留学生,一起来到东京大学留学,在中国教育史上可谓是一件破天荒的大事。

日本驻北京公使内田康哉负责联络此事。他在致外务大臣小村寿太郎的第119号公函中,详细列举了这些留学生在东京大学所选择的系科及所修专业,内田康哉的报告称:

外务大臣男爵小村寿太郎殿下:

此次京师大学堂委派大学堂教习章宗祥,带领三十一名留学生,前往本国留学。昨天(1903年12月28日)管学大臣张百熙、荣庆,专为此事来照会,称这批留学生抵达本国后,首先应学习语言文字,及学习最为重要的普通课程。然后,到明年九月中,进入高等学校学习。俟毕业后,再正式进入帝国大学,按照分科表所列各专业分科学习。

关于这些学生的费用,每个学生一年四百两,由清国政府相关部门统一筹给。此次仅京师大学堂一处,即派出如此众多的学生,实属创举。留学生们亦深深感谢帝国政府之好意,请外务省向文部省予以转达。

又,此批学生到达本邦后,依管学大臣之意,应从严予以教训监督,以使其成才,亦请向外部大臣转达。

在清特命全权公使内田康哉谨致
明治三十六年十二月二十九日①

---

① 《文部省往来文书》,明治三十六年,东京大学档案室藏。

内田康哉此文，还附有一件此次京师大学堂前往东京大学的"派定留学日本学生分科名录"。其内容如下：

1. 文科大学
    哲学　　　　　　　　　　　杜福垣
    哲学（以教育学为主）　　　王桐龄
    历史及地理学　　　　　　　唐　演
2. 理科大学
    地质矿物学及地文学　　　　顾德邻
    化学　　　　　　　　　　　吴宗栻
    　　　　　　　　　　　　　成　㝢
    数学及物理　　　　　　　　冯祖荀
    物理学　　　　　　　　　　朱炳文
    动物学　　　　　　　　　　席聘臣
    植物学　　　　　　　　　　黄艺锡
3. 法科大学
    私法（尤宜以民法为重）　　黄德章
    私法（尤宜以商法为重）　　余荣昌
    交涉法（国际公法及国际私法）曾仪进
    刑法　　　　　　　　　　　朱献文
    公法　　　　　　　　　　　屠振鹏
    统计学　　　　　　　　　　范熙士
    政治学　　　　　　　　　　周　宣
    民事（刑事诉讼法）　　　　朱　深
    理财学（尤宜以财政为重）　张耀曾
4. 法科大学兼文科大学
    教育行政学　　　　　　　　陈发檀

5. 农科大学
   农学　　　　　　　　　　　　景定成
   农艺化学　　　　　　　　　　钟　厝
6. 工科大学
   应用化学　　　　　　　　　　何培琛
   　　　　　　　　　　　　　　刘冕执
   　　　　　　　　　　　　　　史锡绰
   电器工程　　　　　　　　　　刘成志
   　　　　　　　　　　　　　　王舜成
7. 医科大学
   内科医学　　　　　　　　　　苏振潼
   内、外科医学　　　　　　　　蒋履曾
   药学　　　　　　　　　　　　王曾宪
8. 高等商业学校
   商业学　　　　　　　　　　　陈治安[①]

需要说明的是，内田康哉给日本外务大臣小村寿太郎的报告，所附的分科名录，开列了中国留学生分别在文科大学、理科大学、法科、农科、工程、医科等大学学习。此处的大学，实际上是指东京大学的不同系科。

京师大学堂的三十一名留学生抵达东京后，全部由东京大学的不同单位负责接待与安排他们的生活和学习。在经过一段时间的日语培训后，他们很快进入东京大学的不同系科，与日本学生一起听讲学习。总的看来，这些留学生在日本受到了比较正规与严格的教育，他们大多经过了同日本学生一样的学年考试，留学时间

[①]《文部省往来文书》，明治三十六年，东京大学档案室藏。

比较长,通常都在三年至五年或更长些,许多人都取得了卓越成绩。在张百熙派出的这三十一名留日学生中,有的成了领导辛亥革命的骨干,有的则成了所学科目的著名专家或学者,对中国革命和建设事业做出了非常突出的贡献。

如此次派出的陈发檀,海南海口市灵山镇东头村人,获选派往东京大学攻读法律。在日本留学期间,除了刻苦攻读教育行政外,陈发檀还钻研法律知识,秘密参加孙中山的革命活动,并成为同盟会成员,宣统元年(1909年)归国。辛亥革命爆发后,他立即加入了孙中山领导的革命活动。后来,孙中山在南京就任中华民国临时大总统,陈发檀担任孙中山秘书,参加《临时约法》的制定,1913年当选国会议员。

另一位被派往日本的留学生景定成,字梅九,山西省安邑人,在日本留学期间,于1906年加入同盟会,积极参加留日学生的革命宣传,参与创办《第一晋话报》及《晋乘》,传播革命思想。宣统二年(1910年)归国后,他在北京又创办了《国风日报》,揭露山西巡抚丁宝铨胡作非为,激起民愤。辛亥革命爆发后,山西军政府委任他担任政事部长,并随温寿泉率民军南下作战。辛亥革命胜利后,景定成担任山西省稽勋局长,被选为国会议员。民初又极力反对袁世凯称帝,以《国风日报》为阵地,揭露袁世凯的狼子野心,倒行逆施。袁世凯恼羞成怒,下令逮捕景定成,查封《国风日报》,直至袁世凯死后,方被释出狱。

还有一位被选中派往日本的留学生王桐龄,号峄山,河北人,曾两度赴日留学,1912年毕业于东京大学文学系获文学学士学位。归国后担任北京高等师范学校教务主任。北京高等师范学校改为北京师范大学后,出任教授;中华人民共和国成立后,王桐龄在清华大学、北京大学等校任课,先后担任讲述中国史、东洋史课程；他还创办了志成中学，该校后来改名为北京市第三十五中学，成为北京市示范中学，为中国教育事业做出重要贡献。

四、关于清水广次的上书

庚子之后，中国留学生纷纷前往东瀛，向近邻的日本学习取经，留学生人数迅速增多。然而，笔者在东京大学所保存的文部省所来文书中，却发现了一位呼吁日本加强学习孔子所传经典的奇特老人。他就是家住东京六本木的清水广次。清水在向贵族院议长德川家达的上书中，提出了一些与众不同的请求：

> 天祖的遗训，教育敕语，孔子传四子六经，学问规矩，以敦风俗。国家治安，唯在彝伦。维新以来，工艺诸学大进而伦常扫地，今民间情态巨变，风俗紊乱，人情轻薄，有道诸士，慨叹不已。
>
> 今陛下神虑，颁明治三十三年教育敕语。斯道德教育本统祖宗遗训，以为规矩，德性敦厚，才学纯正，国家实用，往古列圣感化，懿风美迹。
>
> 明治四十二年（1909年）二月，东京市麻布区六本木町十五番地
>
> 　　　　　　清水广次弘化三年十二月二十六日生①

清水广次在上书中，一开头即称"天祖的遗训，教育敕语，孔子传四子六经，学问规矩，以敦风俗"。这里的"四子六经"，在中国通常称为"四书五经"。此书乃是指中国传统的儒家经典书籍。其中的四书，又称四子书，即指《论语》《孟子》《大学》《中庸》。五经则是指《诗经》《尚书》《礼记》《周易》和《春秋》。

清水所提出的"四子六经"，有何依据？经笔者考察，所谓"六

---

① 《文部省往来文书》，明治四十三年，东京大学档案室藏。

经",乃是战国时期所用的说法。这种说法,在《庄子》一书中,有明确的记载。《庄子·外篇·天运》中,有如下记载:

> 孔子谓老聃曰:"丘治《诗》《书》《礼》《乐》《易》《春秋》六经,自以为久矣,孰知其故矣。以奸者七十二君,论先王之道而明周、召之迹,一君无所钩用。甚矣,夫人之难说也,道之难明邪?"老子曰:"幸矣,子之不遇治世之君也!夫六经,先王之陈迹也,岂其所以迹哉!"①

据此可知,清水广次的所谓"四子六经",乃言之有据也。当然,"四子六经"并不是清水广次个人的见解,而是当时日本学界的观点。为什么日本不是像中国一样流行"四书五经"的说法,而是"四子六经",这似乎是一个应深入探讨的课题。

清水广次的上书,是明治四十二年(1909年)二月呈递给国家的决策者之一、贵族院议长德川家达的。此书并没有寄给东京大学。然而,在次年文部省寄给东京大学的文书中,却包含有清水广次的上书。这是否说明了清水广次当时所提意见,受到日本政府某种程度的重视?或者说,文部省认为,清水广次的上书,对于东京大学的教育,有一定的参考价值。因此,才于明治四十三年(1910年),由文部省下达给东京大学。

当时,日本之教育,从上到下推崇西学与欧美器物,而忽略了对学生的道德教育,以致造成了"风俗紊乱,道德轻薄"。清水广次将孔子的教诲与日本祖训结合起来,认为是国家长治久安之策,这种看法并非偶然,因为二者均将儒学作为其主要内容。

---

① (清)王先谦集解,方勇导读整理:《庄子》,上海:上海古籍出版社,2009年,第149~150页。

五、光绪三十四年中国留学生在东京大学的系科分布

清末，许多青年学生，前往日本东京大学留学。在东京大学档案馆中，还保存一份在该校学习的中国留学生人数统计。其原文如下：

明治四十一年(1908年)东京帝国大学，来自中国的学生人数如下：

法科大学(18)

　　法律学科　清国人　2名

　　仝　选科　仝　4名

　　政治学科　仝　2名

　　仝　选科　仝　10名

医科大学(6)

　　医学科　清国人　1名

　　仝　选科　仝　1名

　　药学科选科　仝　4名

工科大学(3)

　　土木工学科　清国人　2名

　　仝　选科　仝　1名

文科大学(5)

　　哲学科选科　清国人　3名

　　史学科　清国人　1名

　　史学科选科　仝　1名

理科大学(6)

　　论理物理及实验物理学科　清国人　3名

  化学科　仝　1名
  地质学及矿物学科　仝　1名
  植物学选科　仝　1名
农科大学(33)
  农学科选科　清国人　1名
  农艺化学科选科　仝　4名
  仝　听讲生　仝　1名
  农学实科听讲生　仝　11名
  林学实科听讲生　仝　12名
  兽医学实科听讲生　仝　4名①

  根据以上档案记录，中国人在东京大学留学生的总数为七十余名。

  在这些留日学生中，几乎有一半选择农林学科，多达三十三人，法科有十八人，理科工科及医药三科有十五人，选择文科的才五人。这种对所学专业的选择，反映了当时中国国内对各学科人才的需求状况。

---

① 《文部省往来文书》，明治四十二年，东京大学档案室藏。

辛亥革命史料抉择之困惑
——冯自由《中华民国开国前革命史》与《革命逸史》异议

随着对辛亥革命重要性认识加深，人们对于叙述这场革命历史的著作，兴趣日益浓厚。尤其是对同盟会元老冯自由的著述更是好评如潮，认为是"可以弥补前者的不足，为研究辛亥革命史提供了大量鲜为人知的、第一手的可信资料"。①"这本书的史料非常丰富，也反映出作者严谨的治学态度，书评说它材料搜集二十余年，无一字无来历。"②笔者以前也持类似观点。但从 2003 年在东京大学大学院地域文化研究科举办的晚清史与档案研习班之后，我们与研究生们一起，接触了不少日本外务省档案。从而对冯自由笔下的辛亥革命史著作，也有了新的认识。笔者认为，冯氏笔下的辛亥革命史是同类著作中的上乘之作，其重要作用，非其他人的著作可以取代。但是，对冯氏论述必须考而后信，区分哪些是正确的，哪些是错误的，千万不可全部视作信史。否则，辛亥革命历史的若干重要真相，将永远不可能大白于天下；一些重要历史人物的原来面貌，也不可能得到恢复，同时，也会影响到正确总结辛亥革命的历史意义及其教训。此事关系重大，不可不辩论清楚。

---

① 傅国涌：《由国民党失意元老转为历史学家的冯自由》，《炎黄春秋》2002 年第 2 期。
② 张继才：《"革命通"冯自由其人其书》，《北京日报》2011 年 08 月 29 日。

一、学界对冯自由辛亥革命史论著评价过高

冯自由辛亥革命史著作之所以被学界推重,与其特殊的革命经历有密切联系。

冯自由(1882年—1958年5月6日),原名懋龙,字健华,广东南海县盐步高村人。其父冯镜如,出生于中国香港,主要从事文具印刷业,始而经商香港,继而定居于日本。冯自由出生于日本横滨,幼年时曾短期回国,较多时间在横滨读书。

光绪二十一年(1895年),孙中山领导的乙未兴中会起义失败后,到海外宣扬革命,组织力量,在横滨得到了冯镜如的大力支持。后来兴中会横滨分会成立,冯镜如出任分会会长。年方14岁的冯自由也加入了兴中会,帮助从事分送信件工作,遂有"革命童子"之称。此后,冯氏于1897年在横滨华侨大学学习,于1899年转入东京高等大同学校学习。毕业后,冯自由又进入早稻田大学政治科深造。与此同时,冯自由还积极参加了孙中山领导的革命活动,先后与郑贯一等创办了《开智录》(半月刊),与沈翔云等创办《国民报》,又与章太炎、秦力山等人一起署名号召,组织亡国纪念会。

1905年冯自由在东京加入同盟会。不久,孙中山即派冯自由去往香港、广州、澳门等地,并亲自书写手谕称:

> 中国革命同盟会总理孙文,特委托本会会员冯君自由、李君自重,二人在香港、粤城、澳门等地,联络同志。二君热心爱国,诚实待人,足堪本会委托之任。凡有志入盟者,可由二君主盟收接。特此通知,仰祈察照是荷。

中国革命同盟会总理孙文（印）

天运岁乙巳年八月十日发①

　　同盟会于1905年8月20日成立,而此委任状则为9月8日签发。此状充分表现了孙中山对冯自由非常信任。委任状中的"天运",是同盟会使用过的年号;而李自重则是香港富商李煜堂之子,李氏父子均为孙中山先生早期革命活动的支持者与追随者,贡献良多;冯自由又是李煜堂之乘龙快婿。

　　冯自由在香港担任《中国日报》社长兼编辑,稍后被选为同盟会香港分会会长。冯氏又参与策划潮州黄冈起义与惠州七女湖起义。辛亥革命前赴加拿大筹募革命活动经费,并接办《大同报》。

　　辛亥革命胜利后,孙中山即着手表彰勋臣,"咨参议院,请议决设立稽勋局"。孙氏咨文称：

　　　　盖闻劝扬之典,莫要于赏功,服务之官,必望其称职;是故官惟其才,赏惟其功,截然为两事,断未有以官为赏,论功授职者也。溯我民国,自造谋光复称兵统一以来,殉义与积功者,既已不可殚数。夫在个人私愿,尽分子之劳,决非市赏;然准建国通法,造公家之利,必当酬庸,此赏恤之规制,未可不定。况赏恤之制未建,军兴之际,将佐官属杂以有功与有才者兼任,国人之观听易淆,必有以为既树建国之勋,例应得官,故有立功而已官者,更望因功迁擢;其尽命而不及官者,亦议按事赠荫,如此则帝王以官赏功之流毒不塞,竟可以不止。现在统一之局大定,干戈待偃,国家之设官有限,而论功者众。借官为酬,与有功不录,皆伤国本。是以急咨贵院,务请速行建议,

---

① 冯自由:《中国革命运动二十六年组织史》（第1册）,上海:商务印书馆,1948年,扉页图片。

在临时政府时代,特设一开国稽勋局,俟所议通过,即委任专官领受局事。对于开国一役,调查应赏应恤之人,分别应赏应恤之等,详订应赏应恤之条,再咨贵院议决施行。①

以上文字,体现了中山先生眷念昔日同伴,不忘革命旧交的情怀。1912年3月23日,参议院接受孙中山建议,临时稽勋局成立。经孙中山、黄兴之推荐,冯自由出任临时稽勋局局长。同时,在全国各省成立分局,负责搜罗征集对开国有贡献之人的革命事迹。②冯氏在稽勋局任职15个月,对全国各地之史料做了汇综核实,掌握了大量与辛亥革命有关的人物和事迹,为其日后的辛亥革命史撰写奠定了基础。

1913年,冯氏因参与"二次革命"被捕,获释后由香港转赴日本、美洲等地继续革命活动。1924年参加国民党第一次全国代表大会。会上冯氏坚决反对孙中山先生的联共政策,被开除出国民党,1935年虽然恢复国民党党籍,却一直受到蒋介石之冷落,仅任国民政府立法委员等职。1948年冯氏移居香港,1951年赴台湾。

冯自由长期追随孙中山先生,有着极为丰富的人生阅历,后来又有空闲时间,于是,从20世纪20年代末开始撰述辛亥革命史著作,获得丰硕成果,出版了《中华民国开国前革命史》《革命逸史》;此外还有《华侨革命史话》《华侨革命开国史》以及《中国革命运动二十六年组织史》等著作。

《中华民国开国前革命史》是冯氏于20世纪20年代末期出版的,它记述了从孙中山领导的兴中会起义开始,到汪精卫谋炸清摄政王为止的重要历史事件。此后,又出版了该书之续编。

---

① 罗家伦主编:《国父年谱》(增订本),1985年,第484页。
② 冯自由:《革命逸史》(初集),北京:中华书局,1981年,第5页。

章太炎在为此书所撰序言中称:"南海冯自由,与同盟会最久,又尝为稽勋局长,以其所见,又遍访故旧,而作民国开国前革命史,虽未周悉,然阿私之见少矣。其以'开国前'名者,以为情有诚伪,事有轻重,事后之所为者,不得与事前比;且将前之艰难,晓示后进。"①章氏要言不烦,尚属平实。章太炎称冯著"阿私之见少矣",不是说没有。可见,章太炎受朋友之邀写序,尚留有余地。

冯自由自己亦在自序中谓:"余不敢谓此取材之丰富出于一切载籍之上,然自信此书实较出版以前之任何记载为详细确实,此余可以负责公言者。"②这表明作者对此书内容非常自信。

1936年,冯自由针对国人对于辛亥革命"多数典忘宗,喜谤前辈"的现状,又陆续出版了《革命逸史》,凡6册,书前有孙科所写的序言,对冯氏书称颂备至。其文曰:

> 冯自由先生为吾党之先进,博闻强记,著作等身,年逾舞勺,即加入兴中会,亲炙总理,从事革命,于总理创业垂统之伟绩丰功,嘉谟嘉猷,以及诸先烈先进经邦纬国之精神,致命遂志之奇节,莫不亲见亲闻,参与其事。其于南方及国外之党务报务与军事活动,躬为主持者,历有年所。民国成立,出长稽勋局,旁求博采,访查考订,于海内外同志效忠党国之勋劳事绩,更深明晰。曩年以所搜集数十年资料与访问耆旧所得,证之本身之见闻经历,著成《中华民国开国前革命史》《革命逸史》各二集,均属吾党珍贵史料,取材精审,考证确切,依历史之演变,辨性质之异同,发潜德之幽光,揭清政之黑暗,或显或

---

① 章太炎:《序》,冯自由:《中华民国开国前革命史》(上编),上海:良友印刷公司,1928年,第1页。
② 《自序》,冯自由:《中华民国开国前革命史》(上编),第6页。

晦,经其笔述,莫不趣味盎然,历历如绘,感人至深。出版以来,不胫而走,一版再版,风行遐迩。今者将其近年著述,辑为《革命逸史》多集,内蕴丰富,与前相垺,彰善瘅恶,正谬补阙,一人一事,均堪为景仰先烈之资,加强国人对本党之认识,了然民国缔造之艰辛,阅历之险阻,确立共同之信念,而振发其爱国保种之心志,奠定民族复兴之始基,则其直接间接贡献于党国者,诚不浅矣。①

孙科是晚辈,对革命先进毕恭毕敬。他称赞冯著"取材精审,考证确切",实际上是过誉之词,是客套话,不可全部信以为真。冯氏之《中华民国开国前革命史》与《革命逸史》长期以来被称为"不虚构、不夸张、不隐晦,是尊重事实的"。这种评价自20世纪40年代,一直到现在,均无大的改变。

近年来,学界对冯自由这两本书更是称赞有加。这些文章对冯氏著作称赞不一而足,大多相信冯氏著作"材料搜集二十余年,无一字无来历",几乎看不到对冯氏著作的严肃评论。

我们在2003年东京大学大学院地域文化研究科开办的晚清历史与档案研习班时,自然少不了讲述引用冯自由的著作。后来发现冯氏笔下的辛亥革命史实,虽然活龙活现,生动传神,但是,倘若与日本外务省保存的档案比较,便会发现冯氏所记,有许多与历史真相不符。

为将辛亥革命史研究更深入一层,笔者谨将对冯氏著作之异议陈述如下。

---

① 孙科:《序》,冯自由:《革命逸史》(上),北京:新星出版社,2009年。

二、冯自由对孙中山革命活动记载不确

冯自由长期追随孙中山先生从事革命活动,关系密切。因此,对于他笔下所记述的中山先生的活动,无不视作信史。然而,我们在日本外务省档案中,发现冯自由有关孙中山先生于戊戌变法后到庚子义和团期间活动的记述,很不完整,或者说不真实。尤其在叙述孙中山与刘学询之关系上。

刘学询,字问刍,是孙中山先生的广东香山老乡。冯氏撰写此文时,孙中山已离开人世,被尊为"国父"。而刘学询则是一个臭名昭著的赌棍。然而,孙、刘二人却是关系相当密切的朋友。如何写这种关系,冯自由颇费斟酌。于是,冯自由写了一篇《刘学询与革命党之关系》,收入《革命逸史》,其实,说的就是孙中山与刘学询之间的关系。该文称:

> 刘学询字问刍,又号耦耕,粤之香山人,少登甲榜归广州为大绅,交结权要,势倾一时,有土豪之称。时粤垣有一种官督商办之公开赌博,号闱姓者,每届科举皆以投考士子之姓氏为赌,政府度支及试官私囊均恃为收入之大宗。刘包办闱姓多年,其金钱势力足以左右士子之成败,及官吏之进退,典试者莫不仰其鼻息。总理于乙未春在广州创办农学会,尝以医术纳交于政绅各界,绅士中署名为农学会发起人者,颇不乏人,刘及潘宝璜兄弟预焉。总理与刘有同邑之谊,往还尤密,因知刘平素蓄志非常,遂与商榷起义大计。刘大悦,引总理为同调。然刘夙抱帝王思想,绝不了解欧美民权学说,故总理相与协议多次,刘均以朱元璋、洪秀全自命,而以总理为徐达、杨

秀清。总理以其思想陈腐,势难合作,遂渐疏远之。①

据此可知,孙、刘两人关系,的确不同寻常。孙中山发动兴中会乙未起义时,刘学询即提供了"闹姓银两"的消息。②此后孙中山同刘学询之间关系,绝非如冯氏所说"以其思想陈腐,势难合作,遂渐疏远之。"

历史的真实是:由于刘学询在广东操纵闹姓,横行乡里,康有为于乙未曾通过王鹏运严词弹劾。光绪帝下令严查。③刘学询东躲西藏,狼狈不堪,对康有为恨之入骨。因此,在戊戌政变爆发后,刘氏自告奋勇,愿意前往日本捕杀康梁。后来被慈禧、奕劻选中,与庆宽一起,作为办理中日结盟特使被派往东京。④孙中山是清政府要抓捕的"逆贼",流亡海外;而刘学询则是钦派"二品衔道员","沿途炫耀"。刘氏刚到东京,孙中山即找上门来,多次密谈。当时,刘学询希望孙中山帮助其完成捕杀康有为与梁启超等维新派人士的使命;而孙中山则希望刘学询拿出金钱,帮助他从事反清政府活动。日本外务省档案中,保存有上海总领事馆官员松村将所知情形向上司的禀报,并附上了光绪二十五年八月十九日(1899年9月23日)上海的《字林沪报》所刊消息,报道"密使近状"。其大意略谓曰:

皇太后日前所派遣二位密使,前往日本考察商务,不料却屡屡偾事,贻笑邻国。其事迹屡见各地新报,国人无不知之。

---

① 冯自由:《刘学询与革命党的关系》,《革命逸史》(初集),第77页。
② 孔祥吉:《戊戌维新运动新探》,长沙:湖南人民出版社,1988年,第224页。
③ 孔祥吉编著:《康有为变法奏章辑考》,北京:北京图书馆出版社,2008年,第99～100页。
④ 孔祥吉、[日]村田雄二郎:《罕为人知的中日结盟及其他——晚清中日关系史新探》,成都:巴蜀书社,2004年,第123～209页。

前闻刘氏一行,幸喜已归上海,却迟迟未上京复命。然尝闻日人所言,偾事往往咎在刘氏。盖刘奉朝命之后,不知慎重,性喜自吹,沿途炫耀,竟将所奉国书,向人宣示。且清日联盟密约此等大事,理应慎密,守口如瓶,不料刘氏大肆吹说。

及至东京,辄复嫖娼酗酒,至所奉公事,却置之不问。且伊与孙文(孙逸仙),谊属同乡旧交,堪称莫逆,故每逢夜深人静之际,刘学询则于私处会孙。刘氏至,二人则户闭密谈。故日本人闻之,举国哗然,诮谤腾沸。

且刘学询在日本所作所为,日本警察署在外部派人,密探详报,朝夕动静,纤细无遗,并闻都载于一册,因太秽乱不堪,故未向日人传播。

据称,其与孙文私会往复,每至深更,往往电话相约,至其昵所。妓女阿菊,乃私门女子,暗中招待,合住吉亭。每当阿菊赴刘、孙之幽会,其间所议何事?警察署事后对阿菊审问。阿菊申诉:刘欲孙在日本将梁启超刺杀立功,刘则保举推荐孙,招抚孙手下人马,保证孙氏必得大权,然后创成大事。又据云:孙有党徒数十万人,刘学询答应给饷二十万两,作起事之资,以成大事,不知今竟如何云云。①

"密使近状"将孙刘会谈情形,和盘托出,在国内引起很大反响。如果说上引松村之报告,来自《字林沪报》,有些内容出诸新闻记者之手,不甚可靠的话,还有其他史料可以证明,孙中山在东京与刘学询的确进行过多次密谈。

首先,日方陪同刘学询、庆宽一起由上海赴日的宗方小太郎,在日记中记载了光绪二十五年六月初九日(1889年7月16日)刘

---

① 《刘学询庆宽来朝之件》,日本外务省外交史料馆藏。

学询、庆宽一行抵达东京,下榻日比谷帝国大酒店,孙中山即来访。宗方小太郎在当日日记中写道:

> 16日,访问住在帝国旅馆的刘学询、庆宽等,协议各事,12时归。午后,孙文来访。18日,访西乡内相,见中国公使李盛铎,畅谈至午后。孙文来访。①

宗方小太郎的日记写得有点含糊不清,孙中山是否见到刘学询,日记未交代清楚。

十天之后,如宗方小太郎之日记又记载:

> 27日,访刘学询,一道拜会西乡内相。同夜,又伴孙文与刘密谈,至夜一点归。

宗方在此处称"又伴孙文与刘密谈"。可见,在7月27日之前,孙、刘已经密谈过。

其次,不但宗方有记载,孙中山自己也留下了此后他与刘学询交往的文字记录。可以确定除以上两次外,孙、刘二人于七月二十三日(8月28日)、七月二十五日(8月30日)又有两次相见。孙中山还将刘学询介绍给犬养毅、大隈重信等日本政坛要人。孙氏之函曰:

> 木堂先生足下,今晚与刘学询会谈。彼欲于后日(30日)朝八时来拜会先生,并欲顺候大隈伯,托弟先为转达先生,祈先达大隈伯可也。弟明朝有事,复回横滨,晚当再来京投宿先生家,次早一同会谈也。②

关于孙、刘双方会谈情形,据《国父年谱》记载,包括以下内容:密谈中,刘问:"现在中国与日本联盟,君之革命宗旨究如何?"先生

---

① 东亚同文会编:《对中回顾录》(下卷),东京:原书房,1973年,第383~384页。
② 罗家伦主编:《国父年谱(上册)》(增订本),第126页。

答曰:"我之革命宗旨,始终在兴起中国。"刘表示:"若政治革命,可以协力,种族革命,恐其事甚难。"①

以上会见仅仅是见诸宗方小太郎日记与孙中山先生之信件的记载,而孙、刘实际会面次数,可能比这四次还要多。刘学询日本之行,仅仅两个月,与孙中山的交往却如此频繁,可见他们所商讨之事是相当广泛的。《国父年谱》成书甚晚,所述内容,过于简单,有为尊者讳之嫌疑。笔者以为,刘学询到日本的目的就是捕杀康有为、梁启超;而孙中山则一心一意要为推翻清朝而筹款。此乃孙、刘二人密谈无法回避的内容。刘学询作为朝廷派往日本的密使,居然还敢与朝廷要捉拿的头号要犯秘密往还。刘氏之所为,引起了同行之庆宽的不满。②

孙、刘二人在戊戌政变后之密切交往,在冯自由笔下,完全被省略了。但是,孙中山与刘学询在东京所谈事项并未了结。次年庚子义和团运动爆发,北京一片混乱,朝局动荡。孙中山曾有计划策动广东独立。冯自由才开始记载二人关系:

冯氏《中华民国开国前革命史》第八章,庚子李鸿章之独立运动中,对庚子孙中山策动李鸿章实行"广东独立"的始末,记载如下:

> 庚子某月,中山在日本得刘学询书,谓粤督李鸿章因北方拳乱,欲以粤省独立。思得足下为助,请速来粤协同进行。中山在乙未广州一役,早与刘发生关系,时方经营惠州义师,颇

---

① 罗家伦主编:《国父年谱(上册)》(增订本),第126页。
② 日本外务省外交史料馆藏明治三十二年九月六日《清国派遣密使在留续报》称:二密使自从日比谷帝国大酒店移往公使馆之后,时时发生矛盾,常闹纠纷。庆宽对刘学询不满。……刘学询屡次私会孙逸仙,谈事甚密。孙逸仙即革命党人孙中山。庆宽有所不悦。

不信李鸿章能具此魄力,然此举设使有成,亦大局之福,故亦不妨一试。遂偕杨衢云、日人宫崎、平山等人乘法轮烟狄斯赴香港。抵港之日,粤吏已派安澜兵轮来迎,邀中山及杨衢云二人过船开会,中山得香港同志报告,知李督尚无决心,其幕僚且有设阱捕孙杨之计划,故不欲冒险赴粤,仅派宫崎乘兵轮晋省,代表接洽一切,而己则转乘法邮船赴法属西贡。宫崎至广州,寓刘学询宅,与刘密谈一夜,刘述李督意,谓各国联军未攻陷北京前,不便有所表示,嘱宫崎向中山转达。宫崎以时机未至,遂返香港。①

同一件事在《革命逸史》则称:

至庚子夏,总理在日本忽接刘自粤来书,谓粤督李鸿章因北方拳乱,欲以粤省独立,思得足下为助,请速来粤协同进行。时总理方经营惠州军事,颇不信李鸿章能具此魄力,然此举设使有成,亦大局之福,故亦不妨一试。遂偕杨衢云、日人平山周、宫崎滔天等乘法轮烟狄斯赴香港,抵港之日为西历一九〇〇年六月六日。先是何启、陈少白已由香港总督卜力斡旋,劝李鸿章乘机宣告独立。李幕府中有刘学询、曾广铨二人亦极力从旁怂恿,闻总理等将由日本至港,遂预派安澜兵轮来迎,邀总理、衢云二人过船开会,总理得香港同志报告,知李督尚无决心,其幕僚且有设阱诱捕孙、杨之计划,更有谓刘实为之主谋者,故不欲冒险入粤,仅派宫崎随刘乘兵轮晋省,代表接洽一切,而己则乘原船赴法属西贡。宫崎至广州,寓刘宅密谈一夜,刘述李督意,谓在各国联军未攻陷北京前,不便有所表示,嘱宫崎向总理转达,宫崎遂失意返港。未几,联军攻陷北

---

① 冯自由:《中华民国开国前革命史》(上编),第59页。

京,清廷电召李督北上议和,特派招商局轮船安平至粤延接。李督遽受清廷恩遇,遂决计北上。舟过港时,港督重申前议,李坚不允。刘、曾二人时亦随行,陈少白尝登安平轮访之,刘谓傅相意志坚决,无法劝阻,事遂绝望。及惠州革命军起,总理时在台湾,闻刘独留上海,未随李督赴津,遂使平山周持密函至沪访刘求助巨款,并约与合作。①

上引冯自由在《中华民国开国前革命史》与《革命逸史》中的文字大同小异,但是,都有一个毛病,即缺少了光绪二十五年(1899年)刘学询与庆宽前往日本,实行联倭杀康之策,其间与孙中山有不少接触,谈了许多问题,而这些问题又与次年庚子义和团运动中,孙中山策动两广独立有直接关系。这些重要内容,则统统被冯自由省略了。

对于冯氏上述记载,如果仔细斟酌,会发现有很多漏洞,难以自圆其说,而且使人疑窦丛生。中山大学教授邱捷即怀疑"总理在日本忽接刘自粤来书"一事的真实性。② 当时,孙中山是在海外流亡的国事要犯,而李鸿章却是堂堂大学士、两广总督,怎能说李鸿章想要广东独立,主动与孙中山联络?孙中山反倒认为"不妨试一试"? 这在逻辑上是无法讲通的。

事实是,刘学询可能有信,内容也是有关与孙中山在日本讨论过的筹款的问题,此事与己亥年在东京之密谈有承上启下的关系。冯自由省略了己亥年孙中山在东京与刘学询多次密谈以及所谈内容,因此出现了这样明显的无法衔接的差错。

冯氏在《刘学询与革命党关系》一文中,还附录了孙中山先生

---

① 冯自由:《革命逸史》(初集),第77~78页。
② 邱捷:《孙中山与李鸿章秘密交涉真相》,《南方都市报》2011年5月6日。

致刘学询信函一通。文曰：

耦耕主人足下：

今特遣深信人周君平山来见足下，面托足下主持内局，先立一暂时政府，以权理政务。政府之格式，先以五人足矣，主政一人，或称总统，或称帝王，弟决奉足下当之，故称谓由足下裁决。其余内政一人，外政一人，财政一人，此三人由足下择人当之。弟意以杨君文优当财政，李君伯优当外政（未知此人与公同气否），盛宣君足当内政，兵政一人弟自当之，先行攻取土地，然后请公等来会也。外局则宜先发代理使职人于外国，此等人弟自能择之，如何容皆可各当一面也。今日事机已发，祸福之间不容发，万无可犹豫，且清廷和战之术俱穷，四百州之地，四百兆之人，有坐待瓜分之势，是可忍，孰不可忍。是以毅然命众发之。今欲计出万全，转祸为福，第一要著为厚雄资财，速办外局之事，欲保全苍生，瓦存羊石，则欲速雇舟直渡内地，以慰众心，而一众志，否则玉石俱焚，生灵涂炭，列强瓜剖，华夏陆沈，弟固蒙不仁之名，足下亦恐难逃奇祸，故求足下及杨、李同志等，即速代筹资百万交周君汇带弟处，以便即行设法，挽回大局，而再造中华也。勿以斯言为河汉，幸甚幸甚。①

孙中山先生此函包含了许多内容。他为什么会平白无故地尊奉赐棍刘学询为"主政一人，或称总统"？其中大有文章。而冯氏著作对于其中奥秘，则全部省略。其实，在日文史料中，还有许多相关记载，围绕刘学询在日本与孙中山密谈杀康与筹款的主题，与日本档案所述相辅相成。冯自由称"总理以其思想陈腐，势难合作，遂渐疏远之"的记载，完全不符合实际，堪称为为尊者讳的一个

---

① 冯自由：《革命逸史》（初集），第77～78页。

典型事例。

三、对一些重要历史事件与人物记载失误

冯自由的辛亥革命史著作,在一些重要问题上记载失真,并且长期被人们接受。一个突出的事例,是光绪三十一年(1905年)在东京发生的中国留学生反对日本政府颁布的取缔规则运动中陈天华的表现。当时,同盟会成立未久,对这场斗争采取何种策略,发生了严重的分歧。激进派主张全体同学罢学回国;而稳健派则认为归国是"出奴入奴",主张忍辱负重,留在日本,继续求学。两派斗争激烈,互不相让。陈天华的政治主张究竟是什么?他为什么要蹈海?

冯氏《〈猛回头〉作者陈天华》一文称:

《民报》出版未一月,值日本文部省徇清公使所求,颁布取缔留学生规则,留学界异常愤激。同盟会对于此事亦分为两派:一派主张归国,另在上海办学,以洗日人取缔之耻辱,天华与易本羲、秋瑾、田桐等主之;一派主张求学宜忍辱负重,胡汉民、朱执信、汪精卫等主之。两派互相驳论,争之至烈。秋瑾、易本羲等以是归国。天华愤不能平,乃作绝命书累万言,竟于十一月十二日投大森海湾自杀。孙总理时在南洋,闻之哀悼不已。①

冯自由将陈天华作为"主张归国"派代表人物的记载,与日档记载相抵触。日档对于这场运动中,主张罢课的激进派学生名单有十分准确的记录。

---

① 冯自由:《革命逸史》(第二集),第120~121页。

光绪三十一年十一月十六日(1905年12月12日)反对取缔规则运动正方兴未艾,清政府要从严处理那些极力主张罢课、归国的滋事学生代表。日本档案中有驻日公使杨枢转达的《照录政府来电》称:

> 学子倡乱,太不自量,养痈终成巨患,尤足玷辱学界。希执事密商日廷,将纠合滋事暨携有凶器者查明捕禁,派警押解到津,接受查办,余均妥为拊循,照旧上课。希酌裁。枢部。铣。

该电报还附带了一份应惩处学生名单:

程家柽　安徽人　帝国大学农科大学,
田　桐　湖北人　法政大学,
张　继　直隶人　中央大学,
宋教仁　直隶人　法政大学,
韩汝庚　贵州人　路矿学堂,
胡　瑛　湖南人　宏文书院,
王镇南　湖北人　明治大学,
张　昉　湖北人　同文书院,

冯树猷,龚国辉,曾运橄,龚国煌。①

当学生运动高潮完全过去后,清政府还是不忘追究在运动中"带头滋事"的留学生代表人物。杨枢于光绪三十二年二月二十一日(1906年3月15日)专门为此事致函日本外务大臣西园寺公望,该函曰:

> 敬启者:
> 敝国留学生上年冬间借端罢学,业经本大臣查出尤为滋

---

① 《在本邦清国留学生关系杂纂》,《照录政府来电》,日本外务省外交史料馆藏。

事之人，奏请惩处。现已钦奉谕旨，著照所请。钦此。相应将滋事各生姓名，另单开送，请烦转告文部大臣，约各学校查照单开各生，不准收容，所有本使馆前送该生等入学之绍介书，作为无效，并希见复为荷。

　　顺颂，时祉。

杨枢谨具。

附惩处名单：

　　韩汝庚　　路矿学堂
　　胡　瑛　　弘文书院
　　吕　复　　早稻田大学
　　保　衡　　弘文书院
　　王克文　　成城学校
　　向佐周　　成城学校
　　朱　剑　　现已回国
　　凌盛仪　　现已回国
　　龙凌骧　　东斌学堂
　　田　桐　　法政大学
　　宋教仁　　法政大学
　　冯世骧　　现已回国
　　蓝永藩　　现已回国
　　樊　翀　　现已回国
　　曾运檄　　未经送学
　　冯树猷　　未经送学
　　龚国辉　　未经送学
　　龚国煌　　未经送学

刘隶英　现已回国①

从这些档案中,可以看到:宋教仁、田桐、胡瑛、韩汝庚等八人,两次名单均被开列。他们无疑是这次学生运动中"借端罢学"的带头"滋事者",也是清政府最希望从严惩处的留学生。冯自由所提名单只有田桐一人,是这场政治风浪中领头的学生领袖之一。至于易本羲、秋瑾,虽然在反对取缔规则斗争中选择了归国立场,后来在反清政府斗争中,建立了很多功劳,但是,此二人在东京那场风暴中,并不是极力倡导罢课归国的带头人。

笔者还注意到,近年来有关秋高捐赠的《秋瑾为抗议取缔规则决定归国致秋誉章的亲笔信》。秋瑾此信格外珍贵。其内容称:

"近日留学界全体同盟停课,力争规则之辱不取销则归国交涉","决议全体归国。""妹亦定此月归国"。此信并述及家庭子弟辈学习问题和国内外时事。②

据此可知秋瑾当时所采取的归国立场。然而,它无法证明,秋瑾是这场斗争的领导或代表人物。

再有,据介绍,信封正面墨书"北京宣武门内西四牌楼北帅府胡同西头路北西城路工局内秋莱子样",背面墨书"五月十七日(廿七到)"。由于此件藏浙江省博物馆,笔者无缘目睹原件,而相关网页上的原信图片不清晰,只是对所署日期表示怀疑。盖因此次事件高潮发生于光绪三十一年十一月(1905年12月),由内容判断,秋瑾此信似乎不可能如文件所示于"五月十七日(廿七到)。"

总而言之,冯自由将带头归国罢课的代表人物以陈天华与易本羲、秋瑾取代了韩汝庚、胡瑛、宋教仁等的记述,在日本外务省档案中,

---

① 《在本邦清国留学生关系杂纂》,杨枢公函第206号,日本外务省外交史料馆藏。
② 秋瑾此函收藏于浙江省博物馆。

难以找到依据。冯自由的说法,显然是根据辛亥革命胜利后多年对这些革命家的印象,来推论他们三十年前在东京的学潮,故有此失真。

尤其是对陈天华在反对取缔规则运动中的立场,与日本档案的记载恰恰相左。冯氏对陈天华的内心世界,似乎缺乏真正的了解。

陈氏爱国情切,却很有个性,而且固执。他在一些关键问题上,与宋教仁等立场不同。据日本外务省档案记载,早在光绪三十一年(1905年)初,陈天华提出依靠清政府救亡的主张。陈氏认为,在列强登堂入室,外患日深,革命并非一朝一夕即发生的情况下,他坚持"以救亡要求政府也"。① 他不但散布印刷《要求救亡意见书》,而且,还四处奔走,主张亲赴北京向清政府请愿,立即颁布立宪,以救危亡。陈氏《要求救亡意见书》称:

> 各国民党之对于政府也,必先提出要求之条件,要求而不纳,然后有示威之举动,无不如此者。吾侪躅等以为之,则政府不知吾等意向所在,而国民亦不知吾等之宗旨为何,纵掷数人之头颅,亦不过等诸无意识之作为。而吾侪之主义,终难暴白于天下。惟先将主义标出,能可平和则平和,②当激烈则激烈,一出于公,而不杂以一毫之私,使政府有所择取,使国民有所依,然于将来或不至全无影响。此吾侪今日之苦心也。政府之无可望,则久已知之矣。谓因此恐荒功课,骚动学界,则吾侪岂于今日而欲全数之辍学哉?亦先以意见书,公举数人送之政府,其余则仍可日夜并学,以待政府之任使。③

---

① 《在本邦清国留学生关系杂纂》,日本外务省外交史料馆藏。
② 编者注:本句有不同版本,在于"能"字之存否,然孔先生之版本(见《陈天华若干重要史实补充订正》,《福建论坛·人文社会科学版》2005年第4期),保有"能"字,故此处保留。
③ 《在本邦清国留学生关系杂纂》,日本外务省外交史料馆藏。

陈天华特别批评了那种"因此恐荒功课，骚动学界"的观点，认为只是"先以意见书，公举数人送之政府，其余则仍可日夜并学，以待政府之任使。"这同陈天华日后在留日学生反对文部省颁布取缔规则浪潮中，开始时表示沉默，继而反对归国等激烈手段，是一脉相承的。此事与梁启超之影响殊有关系。《宋教仁日记》1905年1月的日记有连续记载。其文曰：

  二十七日 晴

  巳初，彭希明、徐运奎来，谈最久。时陈星台将有北京之行，运奎谋与余极力反对其说，余允之。①

  二十八日 阴

  时陈星台发有要求救亡意见书于学界，其宗旨专依赖政府对外与对内之政策，而将北上陈于政府。余等皆反对其说，拟于明日开同乡会时，行干涉主义，议决。戌初，回。②

  二十九日 阴

  辰正，至湘西学会，是日为湘西学会开本月例会之期，时至者约五十人上下。先经谢伯勋演说开会理由，讫，余乃次演对于瓜分问题，大反对要求政府之说，而主张各省独立自治。座中有反对者，亦有赞成者，未决议而散。③

  三十日 阴

  辰正，往锦辉馆，赴湖南同乡会。时至者约二百人，皆决议不赞成要求政府之说，而主张全省独立自治，至午正

---

① 湖南省哲学社会科学研究所古代近代史研究室校注：《宋教仁日记》，长沙：湖南人民出版社，1980年，第31页。
② 湖南省哲学社会科学研究所古代近代史研究室校注：《宋教仁日记》，第31页。
③ 湖南省哲学社会科学研究所古代近代史研究室校注：《宋教仁日记》，第32页。

始散。①

  三十一日 阴

  午正,黄庆午来,相商阻止陈星台北上之行。以星台前对余说,有曾谒梁卓如及屡次通信之事,遂以改变宗旨、受保皇党运动责之。庆午乃约明日至渠处开特别谈判,余允之。②

宋教仁的这些日记说明了以下几个问题:

其一,陈天华主张依靠政府救亡,而宋氏则大反对其说,主张各省独立自治;其二,在湘西学会的例会上,对于陈天华观点有反对者,亦有赞成者;其三,宋教仁主张用湖南同乡会行干涉主义,从而否决了陈天华的建议。从宋教仁日记中,看到的只是干涉主义的效果。陈天华并没有像是学界通常所说,在宋教仁帮助下,改变立场,放弃自己观点的记载。陈天华在1905年春的行动,与十个月后在反取缔规则运动中的表现,是互相联系的。日档记载表明:陈天华是不主张采用宋教仁等提倡的罢课、归国等激烈手段,来反对文部省颁布取缔规则的。

  一个重要的标志是他在蹈海之前,与抵制学潮的杨度站在一起,赞成其在学潮中反罢课、反归国的立场。

  陈天华蹈海之前,将激励广大留学生"去绝非行""坚忍奉公,力学爱国"的《绝命词》,挂号邮寄给杨度,并非宋教仁。日本档案记载显示:

  陈天华蹈海事件,发生于光绪三十一年十一月十二日(1905年12月8日)。经过打捞检验后,日本警察署正式向外务省等部门呈递了有陈天华遗体的验尸报告。此报告透露了许多有关陈天

---

① 湖南省哲学社会科学研究所古代近代史研究室校注:《宋教仁日记》,第32页。
② 湖南省哲学社会科学研究所古代近代史研究室校注:《宋教仁日记》,第33页。

华蹈海事件的重要信息。其文称：

　　本月 8 日午后 11 时，府下荏原郡大森町字滨端海岸，同町住人田中龟五郎发现有一具尸体漂浮，告知巡查派出所。所辖警察署即时派警部与医生赴现场。经调查确认，死者上身著黑罗纱洋服，脚著短靴，似系清国留学生。死者怀中揣有现金 23 钱 5 厘。经查，死者口袋中尚留有本月八日发的邮件挂号领取证。该证记载如下：

　　发信人，神田区西小川町一番地东新馆陈天华；收信人，神田区骏河台，清国留学生会馆杨度。

　　经医生检查诊断与检验死者之意见，死亡原因系自溺身亡。因为尸体暂时无人领回，警察署将陈天华遗体转送大森町役场。

　　经调查证明，死者系清国湖南省宝庆府新化县人留学生陈天华，年 30 岁。

　　而后，陈天华之同乡学友谢国藻等 14 名，前来大森町役场，出面领回陈氏遗体。①

　　上述警视厅的报告表明，日本警察是凭借挂号信件领取证，而确认死者身份的。值得注意的是，收信人不是别人，而是杨度。

　　杨度，乃陈天华的湖南同乡，又是清国留学生会馆的总干事。在这场规模空前的反对取缔规则的学潮中，杨度的立场是反对学生罢课、归国等过激行动，与当时驻日公使杨枢的立场如出一辙。陈天华在采取蹈海行动之前，经过深思熟虑，决定将自己的《绝命书》郑重其事地用挂号信寄给杨度。此事的确非同小可。它表明

---

① 《在本邦清国留学生关系杂纂》（警视厅 12 月 13 日报告），日本外务省外交史料馆藏。

了陈天华对杨度这位清国留学生会馆总干事的信任。

　　一位视死如归的壮士,在临离开人世之前,不想家人父母,而是全神贯注当时的学生运动;他不是将《绝命书》以寻常邮件寄出,而是以用挂号寄出,难道不应该引起后人与历史研究者重视其中的含义吗?

　　但是,陈天华所寄挂号信杨度并未收到。因为杨度害怕激进的留学生伤害,而躲到远离东京的枥木县。枥木县警方发现杨度后,对其进行跟踪观测,并进行审讯。日本外交档案中存有枥木县知事的报告,该报告还附有一份杨度的亲笔书写的《杨度供词》,其原文如下:

> 仆实姓名杨度,清国留学生会馆干事。此次学生纷扰,欲将文部省规则全部取消,仆最为反对。诸学生恨仆反对,有持刀枪,有杀仆并杀杨公使者。杨公使与仆皆不能挽救。且同盟休校之事及全体归国之事,皆仆所反对。今避众人之凶恶,故暂避于此。①

　　杨度之供词说明,他最反对"同盟休校之事及全体归国之事。"陈天华蹈海之前,将《绝命词》寄给湖南同乡杨度,而不是革命党人宋教仁。对此事比较合理的解释是,陈氏和杨度一样,反对学生们在反对日本政府颁布取缔规则运动中的激烈举动——罢课与归国。而冯自由为了表彰陈天华的革命形象,将其和秋瑾一齐列为主张罢课、归国的代表人物,显然是一种错误的叙述。

　　陈天华蹈海行动的思想与所持立场,还可以从他去世前所留下来的《致留日学生总会诸干事书》(1905年12月7日)得到证实。陈天华谓:

---

① 《在本邦清国留学生关系杂纂》(杨度供词原件),日本外务省外交史料馆藏。

  干事诸君鉴:闻诸君有欲辞职者,不解所谓。事实已如此,诸君不力为维持,徒引身而退,不欲有留学界耶? 如日俄交战,倘日本政府因国民之暴动,而即散机关,坐视国家之灭,可乎? 否乎? 今之问题何以异兹? 愿诸君思之。①

  日本警视厅报告云:清国留学生总会干事杨度、张继、范源廉、寒念益等与清国公使商议,图谋同日方交涉,修改文部省所颁布之取缔章程第一、四、九、十条。自5日来,清国留学生总会干事被投不信任票。激进的学生极力要求改选留学生总会。②

  警视厅报告还指出:1905年12月5日以来,"清国留学生总会干事被投不信任票",陈天华于1905年12月7日,即撰写此文,明确反对杨度等欲"引身而退",陈氏主张挽留杨度等干事,认为他们不当置身事外,其同情杨度之立场已跃然纸上。

  长期以来,人们形成了一种认识:一事当先,愈是激进,愈是受到赞扬。在清末那场反对取缔规则运动中,愈是要罢课,要全体归国,愈是受到称赞、讴歌;而那些主张理性思考的,则往往会被历史遗忘,甚至被数落。冯自由的《革命逸史》要唤醒人们对昔日革命壮士的怀念,因此,他的笔下就出现了似乎不是原来模样的陈天华。

四、冯自由甚至对自己参加过的历史事件记忆不清

  大约是年龄关系,冯自由撰写辛亥革命史著作时记忆力已经有些问题。譬如,亡国纪念会是革命党人组织的规模较大的反清

---

① 刘晴波、彭国兴编校:《陈天华集》,长沙:湖南人民出版社,1982年,第232页。
② 《在本邦清国留学生关系杂纂》(警视厅415号报告),日本外务省外交史料馆藏。

政府活动，由章太炎、秦力山与冯自由等人参与发起。此事对后来的革命运动发展影响深远。冯自由在记述纪念会之缘起时曾指出：

> 时湘人周宏业（号伯勋）、王思诚、浙人王家驹（号伟人）及余同寓东京牛込区早稻田大学附近榎木町。菱溪、犹龙（号桃痴，后易姓名曰左仲远）莅东后，与周王等有同乡关系，亦移居榎木町周寓。力山与王宠惠同居。太炎则居某旅馆为广智书局修订译文。众以周寓为谈话机关，每日恒在此讨论革命排满之宣传方法。壬寅（一九〇二年）三月初旬，太炎提议谓欲鼓吹种族革命，非先振起世人之历史观念不可。今距是年三月十九日明崇祯帝殉国忌日未远，应于是日举行大规模之纪念会，使留学界有所观感云云。众赞成之，即推太炎任起草宣言书。①

据此可知，此次纪念会发起者中，多为在早稻田大学附近居住的留日学生。冯自由是此次运动的发起者。作为当事人，冯自由应该是最有发言权的。他在《中华民国开国前革命史》《中国革命运动二十六年组织史》等书中，对亡国纪念会均有记述。后来在《革命逸史》中，冯自由又专门写了一篇《章太炎事略》，记载得更加详细。

我们在日本外交档案中，找到了一份与此事相关的专题档案。②

如果将冯自由关于亡国纪念会的记述与日档对照校勘，发现

---

① 冯自由：《革命逸史》（初集），第57页。
② 《在本邦清国留学生关系杂纂》（第3册），《亡国二百四十二年纪念会启》，日本外务省外交史料馆藏。

冯自由记述,有不少失误处。

首先,关于亡国纪念会十名发起人中的差错。

冯自由在《中华民国开国前革命史》一书中,曾记述发起人称:"纪念会之发起,壬寅清光绪二十八年三月,章太炎等为鼓吹种族革命,振起历史观念起见,发起亡国二百四十二周年纪念会于东京。署名发起者,有章炳麟、秦鼎彝、冯自由、朱菱溪、马同、周宏业、王家驹、陈桃痴、李群等十人。由章氏手撰宣言书。"①

可是,冯氏在《中华民国开国前革命史》中,仅罗列了九位发起人的姓名。后来在《革命逸史》中,冯氏在原来基础上有了调整,增加了一个王思诚的名字。

但是,据日本外交史料馆所保存的专题档案原文记载,亡国纪念会之发起人为:"章炳麟、秦鼎彝、周逵、唐蟒、马同、冯懋龙、王熊、冯斯栾、李群、朱愣。"②

将冯氏记载与日档比较,可以看出其明显区别如下:

首先,发起人顺序,冯氏的记述将自己的名字,由原来排列的第六名,提前到第三名,似有突出个人作用之嫌。

其次,冯氏记述的十名发起人,与日档中的人名殊不相符。

冯自由在《革命逸史》中,专门增加的发起人王思诚,不见于日档。冯氏多次强调的陈犹龙(桃痴)亦不见于日档。

现在看来,日档中的"王熊",很可能是个化名,可能是由书中所提及的发起人王家驹或王思诚中间的一个人。

再者,日档中所记载的唐蟒与冯斯栾二人,则不见于冯氏所开

---

① 冯自由:《中华民国开国前革命史》(上编),第114页。
② 《在本邦清国留学生关系杂纂》(第3册),《亡国二百四十二年纪念会启》,日本外务省外交史料馆藏。

列的发起人,此事最为费解,盖此二人很有特色。

先说唐蟒。唐蟒(1887—1954年),字圭良,湖南浏阳人。唐才常之子,时在日本留学,后来加入同盟会,日本陆军士官学校毕业后归国,参加了辛亥革命。历任岳州镇守使、湖南都督府参谋长、湘军第一混成旅旅长、国民革命军第六军参谋长等职。据时人记载:唐才常在鄂起兵反清失败,叶德辉竟至编述《觉迷要录》,以为"康梁逆案之定谳"。辛亥湖南独立,唐才常之子唐蟒任湖南都督府军政部长,怀疑其父之被害,与叶德辉有关,故将叶逮捕,旋即获释。在亡国纪念会宣言书上署名时,唐蟒年方十四五岁。

唐氏在日档中排名第四,相当靠前,说明这个十四五岁的少年,初生牛犊不怕虎,不怕签名带来的杀身之祸,也是参与发起者中的唯一少年英雄。冯氏似乎不应该忘记这位少年发起人的名字。

另外一个是冯斯栾。冯斯栾是发起人中与冯自由关系最为密切者。据冯自由之《中兴时期之革命同志》记载,斯栾号自强,广东鹤山人。"东京高等大同学校学生,与郑贯一及冯自由同创开智录。辛丑春以报载清廷割广东于法国之说,遂约李自重、王宠惠、冯自由等发起广东独立协会。后数年,毕业法律回国,易名贡世。"①

由上述可知,冯斯栾与冯自由同姓,且同为粤人,一起创办过《开智录》,组织过"广东独立协会"等重要活动,而冯自由却忘记了冯斯栾也是亡国纪念会的发起人之一。此事亦颇费解。

在亡国纪念会发起人名单当中,出现何人名字,是与回忆者本

---

① 中国史学会主编:《中国近代史资料丛刊·辛亥革命》(第1册),上海:上海人民出版社,1957年,第171页。

人的记忆力、认识与情感紧密相关的问题,比较复杂。笔者不敢妄加评论,只是觉得应该揭示真迹,以说明冯自由之记述,与日档不符。

再次,冯氏所记亡国纪念会召开之日期亦有误。冯氏记为农历三月十九日(4月26日),而日档中是三月二十日(4月27日),二者相差一天。冯氏所记亡国纪念会之发起宣言书本身,亦与日档中所存原件文字有异。尤为重要的是,冯氏刊落了会约五条,其中包括有"本会每岁开设二次,会期临时择定,要以阳历四月、九月为限","本会暂设东京牛込区天神町六十五番地,此次开会于上野精养轩"等重要内容。

最后,东京留日学生亡国纪念会,由于日本警方禁止,未能如愿举行,个中原因,据冯自由记载称:

> 会期原定三月十九日,驻清公使蔡钧据使馆学生报告,知留学界有此举动,极形恐慌,乃持此会宣言书亲访日本外务省请求禁止开会,以全清日二国友谊。日政府竟徇其请,特令警视总监解散此会。①

然而,据日本外务省档案记载,禁止亡国纪念会起主要作用者,是日本参谋本部的谍报人员福岛安正。福岛禁止此会,另有其个人企图。据中国第一历史档案馆所存电报档称:

> 收南洋大臣致外务部电。
>
> 准日本少将福岛来电,顷有贵国不良之徒,在东设会,抬出亡国纪念会之名,诱惑留学生,即由当局者已行严办矣。成城学校学生内有一名稍可疑者,现已饬令退学。其余学生则有事类儿戏,几未预闻者,请放心云。当复以:电悉。彼国之

---

① 冯自由:《革命逸史》(初集),第59页。

徒设会诱惑,承贵国当局严办,并于游学诸生详加防护,感荷关顾,实非浅鲜(显)。

谨复申谢云。谨闻。

坤。江。①

日档中亦存有福岛安正致外务省要员信函一通。其文曰:

拜启者,四月廿七日,不稳的清国学生十数名,发起在上野精养轩召开亡国二百四十二年纪念会,频频诱导该国留学生参加,闻讯之下,觉得形势颇为不妙。谨以奉闻,请斟酌考虑。又,此辈学生中的重要人物,多在(东京)牛込区天神町附近居住。

此敬具。山座贤台。

安正拜

四月廿三日②

上文中的山座,是日本外务省政务局长。日档所存福岛信函内容,与中文档案记载吻合,可知警视厅采取禁止开会之举动,正是由福岛安正强烈要求所致。外务省根据福岛之要求,并非蔡钧之交涉,方才动用警察,严厉禁止亡国纪念会之召开。③

福岛作为日本参谋本部谍报人员,一方面写信给外务省官员,另一方面又专门致电两江总督刘坤一,毫无疑问,有着不可告人的

---

① 《电报档》,《综合类收电档》,中国第一历史档案馆藏。
② 《在本邦清国留学生关系杂纂》(第3册),福岛安正:《致山座贤台函》,日本外务省外交史料馆藏。
③ 孔祥吉、[日]村田雄二郎:《从东瀛皇居到紫禁城:晚清中日关系史上的重要事件与人物》,广州:广东人民出版社,2011年,第324页。

目的。他是为了取得刘坤一的信任,以图得到更多的好处,才极力主张阻止亡国纪念会召开。

亡国纪念会是冯自由参与发起并积极参加的革命活动,而所记与档案的差异尚如此之大,至于冯氏未曾参加的历史事件,记述是否准确,是更值得探讨的问题。冯自由无缘接触第一手档案,仅靠回忆和手头现有的资料写作,难怪出现此类差错。此事如作为"逸闻轶事"本不必苛求,然而事过百年,对如此重要的事件,总以还原其本来历史面貌为佳。

五、冯自由有关辛亥革命历史记载不确之原因

冯自由作为同盟会之元老,长期跟随孙中山先生,对辛亥革命成功贡献至伟。中华民国成立后,又担任临时政府稽勋局之局长,搜集革命先烈史料,尔后又用较长时间分门别类地整理出版了多种辛亥革命史著作。冯氏对这一领域的研究,贡献丰厚,堪称是辛亥革命史的开山之作,为后来的研究奠定了基础。然而,随着时间的推移,历史研究的日渐深入,冯自由关于辛亥革命的著作亦被发现有许多不足之处,究其原因,有以下几个方面:

其一,对辛亥革命时期的档案,利用不够充分。

从孙中山先生领导的兴中会起义开始,直到武昌起义成功,革命党人浴血奋战,长达十六年之久,走过了漫长曲折的道路。这些斗争,有的发生在国外,大部分则在国内进行。因此,在清政府和外国政府相关各类档案中,有不少关于辛亥革命史的记载。冯自由撰写此类著作时,由于条件所限,对于清廷及日本等外国政府所存之档案,没有予以足够的重视。因此,冯氏所记事件与人物,每逢遇到档案中有相关之记载,则可以对应找出冯氏记载之不确与

遗漏。

其二，冯自由在撰写有关辛亥革命史著作时，对重要历史人物的日记、信札、笔记等原始史料，搜集不够全面。即使是担任稽勋局局长期间，也未能广泛搜集当时社会上所存有关辛亥革命之史料。

其三，革命党人长期处于奔波流离状态，没有条件书写、积累、保存那些记载革命党人所经历事件的档案资料。因此，孙中山等革命党人所进行的许多重要活动，或经历的重大事件，冯氏只能依靠当事人的回忆及口述史料来勾画当时的历史场景，而这种回忆及口述史料虽然弥足珍贵，但是却很难做到准确无误。

总之，冯自由的辛亥革命史著作，可以说是为后来学人搭好了一个框架，描绘了一个轮廓。辛亥革命史研究要真正深入下去，还必须靠当代学者花大功夫，用大气力，做一番原始史料的深入发掘与爬梳考证的工作。笔者认为，与中国近代史其他领域相比，辛亥革命史研究中的发掘史料，澄清史实的工作，显得更加刻不容缓。

代 后 记

本书的原稿没有后记,也没有代后记。

2020年12月,天津古籍出版社的王湉湉编辑与我联系,说要给孔祥吉老师出一本书,孔老师告知出版社,全权委托我处理最后编校过程中的问题。我很高兴地答应了下来。书稿我以前就看过,当我翻到孔老师新写的前言,看到他在最后还提到了我,就给他发邮件说,觉得与有荣焉。

这本书的编校有条不紊地进行,孔老师自己也选定了图书的封面。王湉湉陆续将编校中发现的一些问题发给我,我也做着核校等工作。

2021年5月11日晚,我收到孔老师的夫人发给我的邮件,说孔老师因突发脑出血,医治无效,于5月9日中午(当地时间)在波士顿去世。真是太突然了,我不敢相信。我第一时间将此告诉了王湉湉,她回信说,出版社也收到了消息,不胜痛悼,为未能及早出版孔老师的书而感到遗憾。

出版社希望我为这本书写点什么。我在得知孔老师去世的消息后,心底也一直有这样的想法。5月15日,我在线上参加了孔老师的葬礼,向孔老师的家人也表达了这一点。

我第一次看到、听到孔老师的名字，肯定是在中国人民大学历史系读本科学习中国近代史的时候。入清史研究所学习后，有了更多的机会听到并说起孔老师的名字，是因为他的学术成就与影响，也因为他是清史所的第一届研究生。我上大学的时候，孔老师已经离开了人大，远赴海外，没有见面的机会。

第一次见到孔老师，是在2004年，他回国参与清史纂修，身份是国家清史编纂委员会传记组特聘专家。这时他有一篇文章将在《清史研究》发表，恰好我做那期的责任编辑，就稿子提出一些问题，他就约我到他暂住的人大林园家属楼面谈。我们谈得投缘，尽管年龄相差二十六七岁，孔老师很高兴，临走时签名送我一本他的《康有为变法奏议研究》。从此我们之间的交流就多了起来。

2007年，我在波士顿孔老师家里住了几天，孔老师、师母热情招待。我铭感于心。每逢年节，我都写邮件问候。孔老师也时常打越洋电话，讲认识的人，讲经历的事，讲所做的研究。孔老师不时将他新写的文章，还有论文结集出版的书稿发我，希望我帮忙看看，提提意见。我总是对孔老师说，我做的是清前期的研究，对晚清史、近代史不熟悉，提不出什么见解。可但凡我给出意见或建议，不论大小多少，孔老师总回信表示由衷感谢。

孔老师著述丰厚，笔耕不辍，这和他身在国外安心写作，心无旁骛有关，和他勤奋治学，目光敏锐有关，也和他多年积累，掌握了大量史料有关。孔老师给我打电话，常感叹：我的脑子怎么还这么灵光，怎么这么多想法。感慨最多的是：我抄了十年的档案，到现在都没有用完呢。在电话的这头，我常常半开玩笑地说，我要是学近代史的就好了，咱们可以合作写些东西。2018年孔老师发给我一份录入好的材料，是他当年在故宫抄录的光绪皇帝诗文，希望能做些考证、释读，将来可以合作出本书云云。只是当时我们手头都有事情要做，这件事也就拖了下来。

2021年3月7日，孔老师给我打越洋电话（也是最后一次通话），这次畅谈了许久。他说道，小董，我抄的这些档案将来怎么办呢？现在回想起来，这是他第一次发出这样的感慨，以前没有过。我当时还劝慰说，您就是将这些档案给我，我也没有用啊。接着又连忙对他说，您说这些干什么呀？您着什么急啊？我用他常常向我提起的戴逸老师、林敦奎老师为例，说，两位老师比您年长那么多（两位老师出生于1926年，孔老师出生于1943年），那么健康，您身体这么好，一定也长寿的，您就慢慢利用，从容写呗。

孔老师的身体很好，常年坚持锻炼。他有时在电话中说常去他家附近的麻省理工学院操场跑步。2014年孔老师回国，和我在人大校内餐厅吃饭，他的胃口真好，饭量比我都大。我也经常问起孔老师的身体状况，他每每回答都是挺好的。

孔老师专治晚清政治史，是海内外公认的戊戌变法研究名家，是利用档案、日记、信札等进行历史研究的代表性学者。还是在上述饭间的聊天中，他给我说起他在档案馆将离析为四部分的康有为上书找出，拼成全璧。康有为在光绪二十一年（1895年）五月上书光绪皇帝，请求变法维新，这是他的上清帝第三书，也是迄今唯一发现的他上书的原件。孔老师是1985年从朱批奏折、录副奏折以及变法专题史料的三个折包中一一找出的，真是一段档案发现的传奇。我至今还能回忆起他讲到此事的得意神态，那真是一种幸福。就在昨天，我去中国第一历史档案馆的新馆参观明清历史档案展，这件珍贵的档案赫然在列。我驻足良久，感慨万千。

孔老师肯定还有许多文章要写，这些都因他的去世而不能实现了。在他生前编定的最后一本书出版之际，我写下和他交往的片段，权作代后记。心香一瓣，寄托哀思，献给敬爱的孔祥吉老师：若有天国，相信您一定还会继续从事心爱的清史研究事业。

董建中

2021年6月24日

于中国人民大学清史研究所